【法】让·伊波利特

著

马克思与黑格尔

研究

周 凡

主 编

齐 闯

译

Studies
on
MARX and HEGEL

中央编译出版社
Central Compilation & Translation Press

图书在版编目（CIP）数据

马克思与黑格尔研究／（法）让·伊波利特著；周凡主编；齐闯译. —北京：中央编译出版社，2024.6（2025.8 重印）
ISBN 978-7-5117-4708-2

Ⅰ.①马… Ⅱ.①让… ②周… ③齐… Ⅲ.①黑格尔（Hegel，Georg Wilhelm Friedrich 1770-1831）-哲学思想-研究 Ⅳ.①B516.35

中国国家版本馆 CIP 数据核字（2024）第 068485 号

马克思与黑格尔研究

选题策划	张远航	
责任编辑	郑菲菲	
责任印制	李　颖	
出版发行	中央编译出版社	
网　　址	www.cctpcm.com	
地　　址	北京市海淀区北四环西路 69 号（100080）	
电　　话	（010）55627391（总编室）　（010）55627392（编辑室）	
	（010）55627320（发行部）　（010）55627377（新技术部）	
经　　销	全国新华书店	
印　　刷	北京文昌阁彩色印刷有限责任公司	
开　　本	880 毫米×1230 毫米　1/32	
字　　数	192 千字	
印　　张	10	
版　　次	2024 年 6 月第 1 版	
印　　次	2025 年 8 月第 2 次印刷	
定　　价	98.00 元	

新浪微博：@中央编译出版社　**微　信**：中央编译出版社（ID: cctphome）
淘宝店铺：中央编译出版社直销店（http://shop108367160.taobao.com）
（010）55627331

本社常年法律顾问：北京市吴栾赵阎律师事务所律师　闫军　梁勤
凡有印装质量问题，本社负责调换。电话：（010）55627320

序 言

在欧洲，早在 15 世纪就开始使用"新时代"这个术语，欧洲史学家用它来指称从公元 1500 年前后到当代这整个历史时期，以别于中世纪和古典时期。而在新时代内，欧洲史学家又区分出"早期的新时代"和"较近期的新时代"。前者从公元 1450 年到 1650 年，后者从公元 1650 年至当代。在"较近期的新时代"内，西方史学界又有人提出以 1789 年的法国大革命为起点的"最新的时代"。

在马克思主义发展史上，第二国际领导人之一卡尔·考茨基（1854—1938）在 1883 年 1 月创办了著名的马克思主义理论刊物《新时代》，并尝试把马克思主义最大限度地"撒播"到各个学术领域之中。比如，他用马克思主义来研究农业问题，用马克思主义来研究基督教问题，用马克思主义来研究民族问题（如印第安人问题、犹太人问题等），用马克思主义来研究人口学，用马克思主义来研究历史编纂学，尤其是社会主义发展史，等等。到 1917 年 9 月，考茨基任《新时代》主编已达 35 年之久。考茨基离开后，杂志又办了 6 年，到 1923 年秋，《新时代》停刊。考茨基任

《新时代》主编的 35 年，是在马克思之后马克思主义承前启后接续发展的一个重要时期。在这个时期，马克思生前没有出版的一些著作和手稿得以面世；在这个时期，第二国际成立并运行 20 多年；在这个时期，国际共产主义运动蓬勃兴起，世界范围内一个又一个马克思主义政党纷纷登上历史舞台；在这个时期，马克思主义内部的理论争鸣空前活跃、空前激烈、空前自由，从而造就了马克思主义左派、中派和右派的差异性理论空间的形成。

在《新时代》的"风华正茂"时期，德国著名社会学家和哲学家斐迪南·滕尼斯（1855—1936）开始酝酿构思一部题为"新时代的精神"的书稿。由于战争的原因，写作时断时续，直到 1935 年，《新时代的精神》（第一卷）终于出版。《新时代的精神》从社会学的宽广视角系统考察了新时代的欧洲在经济生活、政治生活及精神—道德生活领域发生的一系列进化和革命，对欧洲社会转型过程中的社会生活、社会关系的变迁和发展进行了深入剖析和精辟的论述。新时代的欧洲在经济方面的显著特征是资本主义的产生、发展与壮大，资本主义决定着欧洲新时代最根本的发展方向。在政治方面，现代意义上的国家出现，欧洲世俗的国家政治统治逐渐取代罗马天主教的神权统治，主权、民族国家、人民主权、三权分立、议会制度等，都是新时代政治的新生事物。与之相对应的是在社会方面，随着市民阶层的觉醒与崛起，市民社会的形成以及以个人权利（尤其是财产权）为核心的个人主义的生成与确立，个人主义要求个人从封建领主的专制主义和僧侣教会的束缚中解放出来，从而获得社会自由。在滕尼斯看来，"个人主义的发展是新时代的一个非常突出的特征和新时代的优越性的永久的保障"①。因为，"个体的发展和在他身上的个性的发展，首先必须视为一种普遍自然的和必然的发展"②。在精神—道德方面，新时代充满理性思维和科学精神，它取代了中世纪的愚昧、迷信、幻想的位置，"新时代以各种科学的异军突起见称，在新时代，坚强思维的天资聪慧更经常出现"③，而各种艺术也在新时代取得了更伟大的成就从而成为现代文化的骄傲。

按滕尼斯的观点，发生在上述几个领域中的结构性变化，可以归之于社会学意义上的革命概念。在"作为革命的新时代"一章的开头，作者这样写道："在这里，作为真正的革命和更普遍意义上的革命，不应该理解为个别的事件，也不应该理解为实现了的事件是相近相随依次发生的，而是一个逐渐的和漫长的过程，这种过程继续几个世纪，而且作为新时代的过程今天尚未完成，因为毋宁说，我们正处在新时代的进程中。"④ 滕尼斯认为，在欧洲新时代的进程中，资本主义获得空前发展构成了 20 世纪社会生活的基本特征，与资本主义的高度发展紧密相联的是，工人阶

---

① 斐迪南·滕尼斯：《新时代的精神》，林荣远译，北京：北京大学出版社 2006 年版，第 59 页。

② 同上，第 55 页。

③ 同上，第 75 页。

④ 同上，第 81 页。

级已经崛起，并"成为一支自主的、政治上的潜在力量"①，而且，作为工人阶级运动的理论表述的马克思主义，也已成为"最朴实的真理"②。他宣称，恩格斯当年在马克思墓前的讲话对马克思的学说做出了最精准的解释，"我们完全可以接受这种解释"③。这是欧洲第一位系统研究新时代的社会学家把马克思主义置于宏大的新时代概念框架之内作出肯定性的评价。

更难能可贵的是，在宣告新时代是一项未竟的过程之后，滕尼斯极富远见地探讨了新时代的"历史方向"和"地理方向"。在"远东"这一小节，他声称，最新的时代的重大事件就是那些遥远国家、那些自己有过几千年的发展道路的国家的觉醒，而在提及中国时，不难发现，他的笔端洋溢着一种敬意和期待："追随在这条道路上的是偌大的中国，它也是 18 世纪和 19 世纪日本文化的原籍，成为欧洲理性主义惊叹的对象。"④ 作为一位把新时代作为自己研究主题的社会学家，滕尼斯早在 20 世纪 30 年代，就天才般地预见中国必然要走进新时代，中国必然迎来一个令西方世界惊叹的现代化进程。

诞生于欧洲的新时代的马克思主义不可阻挡地与中国的新时代相遇，这是历史发展的大势。马克思主义从历史

---

① 斐迪南·滕尼斯：《新时代的精神》，林荣远译，北京：北京大学出版社 2006 年版，第 174 页。
② 同上，第 195 页。
③ 同上。
④ 同上，第 143 页。

中走出，又向现实走来。历史给了它遗传密码，而现实则赋予它鲜活的生命。在距考茨基和滕尼斯80多年后的今天，我们把这套由中国学者编纂、翻译的马克思主义研究著作命名为"新时代马克思主义译丛"，它是把中国新时代的光芒照进欧洲历史长河中的新译丛，是着眼于马克思主义在中国新时代的最新发展，并回望180多年来马克思主义发展史的最长时段、最大包容量的新译丛。新时代孕育新希望，新时代产生新抱负，新时代召唤新创造，新时代成就新事业。

周 凡

写于北京昌平沙河高教园

二〇二四年五月十五日

译者的话

一、让·伊波利特及其著作概述

让·伊波利特（Jean Hyppolite，1907—1968）是 20 世纪中叶复兴法国黑格尔研究的重要人物，也是战后法国最具影响力的哲学家之一。伊波利特出生在法国西南部容扎克镇，青年时代曾与让-保罗·萨特、乔治·康吉莱姆、雷蒙·阿隆等人同时期就读于巴黎高等师范学院，他还是莫里斯·梅洛-庞蒂的挚友，更是吉尔·德勒兹、阿兰·巴迪欧、雅克·德里达、米歇尔·福柯的授业恩师。伊波利特有着良好的学术素养和勤恳的治学态度，为了钻研德国古典哲学，他自学德语，并于 1941 年首次将黑格尔阐述自己哲学观点和方法论原则的纲领性巨著《精神现象学》翻译成法语，从此声名大噪。巴迪欧曾将这部译著奉为法国哲学的杰出代表，甚至认为会让人产生这样的错觉——黑格尔的德语原著反而是通过伊波利特的法文译本翻译过去的。[①] 深厚

---

① Alain Badiou, *Pocket Pantheon: Figures of Postwar Philosophy*, David Macey (trans.), London and New York: Verso, 2016, pp. 38 – 39.

的学识为伊波利特的学术事业夯实了基础，也拓宽了道路。他于1945年受聘为法国斯特拉斯堡大学教授，后于1949年赴索邦大学任教。1954年，伊波利特回到母校巴黎高等师范学院担任校长，并从1963年开始任职法兰西学院哲学思想史首席教授，直至1968年在巴黎去世。

在著作方面，伊波利特以《精神现象学》法译本为开端，在1946年出版了解读性著作《黑格尔〈精神现象学〉的起源和结构》（*Génèse et structure de la Phénoménologie de l'esprit de Hegel*）。这一著作不仅追溯了《精神现象学》中的一切辩证运动，而且表明它们与哲学史以及其他德国观念论者的联系，还进一步探讨了黑格尔是如何从耶拿时期的反思中挣脱出来的。尽管亚历山大·科耶夫在20世纪30年代对黑格尔进行了一系列人本主义解读，并对萨特和梅洛-庞蒂产生了影响，但伊波利特却认为黑格尔已经完成了对人本身的超越。伊波利特探寻了黑格尔的现象学与本体论之间的关系，即完成了从现象学向逻辑学的过渡。在伊波利特看来，知识与存在的互动构成了黑格尔主义的核心，这一观点直接促成了1953年《逻辑与存在》（*Logique et Existence*）的出版。伊波利特在这部著作中，把黑格尔哲学视为一种文字层面的逻辑，即语言。从语言出发，我们可以看到黑格尔哲学实际是在重新发掘经验的根源，即从"感官之物"（sensible）回到"感观"（sense）本身。这意味着黑格尔像尼采一样反对柏拉图主义，认为感观世界的背后并不存在理念或本质的世界。毋宁说，理念应该与现实达到高度统一，这是黑格尔早期所保有的法国大革命式的激情，也是其晚期对理念所蕴含的必然性的阐释。正是基于对黑格尔的这种理解，伊波利特为黑格尔在法国的复兴做出了巨大贡献，并由此对马克思以及马克思主义哲学产生了浓厚兴趣。

1955 年，伊波利特出版了《马克思与黑格尔研究》（*Etudes sur Marx et Hegel*），该书英文版于 1969 年由美国基础读物出版社（Basic Books）推出。尽管学界可能首先会将伊波利特定位为把《精神现象学》翻译成法语的第一人，换句话说，将他与黑格尔哲学紧密联系在一起。但实际上，伊波利特对马克思主义的研究造诣颇深，因为马克思主义对社会现实的关切及其与黑格尔思想的关系，总能使伊波利特不断进行深度挖掘。正如他在自己书中表明的："对我们而言，在马克思与黑格尔关系中蕴含着一种普遍价值，而不仅仅是历史方面的遗产。它包含的问题向度可以被反复发掘，并且在任何历史时期都会焕发出崭新意义。"① 从这种"崭新的意义"出发，康吉莱姆认为，伊波利特"不断地重新提出问题并重新思考问题……也在不断地重新审视并重新评估那些思想家，尤其是黑格尔与马克思"。② 基于此，福柯进一步认为，在伊波利特的每一部著作中，"他

---

① Jean Hyppolite, *Studies on Marx and Hegel*, John O'Neill (trans.), New York: Basic Books, 1969, p. x.

② Georges Canguilhem and Michel Foucault, "Jean Hyppolite (1907 – 1968)", *The Warwick Journal of Philosophy*, Vol. 24, 2013, pp. 1–9.

都希望在经验与精确之间、直观与形式之间塑造一种从未完全建立，也从未完全掌控的新型关系，并要把握住一个崭新开端的微弱曙光与既成架构的精准模式之间的张力。"①而这种对于新型关系与不定张力的发掘，十分典型地体现在《马克思与黑格尔研究》一书中。

《马克思与黑格尔研究》以文集的形式，收录了伊波利特撰写的关于马克思与黑格尔的九篇文章。这些文章分为四个部分，分别是"黑格尔的生命与存在概念""黑格尔的历史概念""马克思主义与哲学"以及"真理与存在间的关系问题"，每一部分都涵盖了二至三个章节。全书不仅对黑格尔的生命意识、苦恼意识以及存在和意义等概念进行了探讨，而且对黑格尔的《精神现象学》《逻辑学》，以及早期的"神学笔记"和"耶拿手稿"进行了整体梳理。更重要的是，伊波利特在此基础上对马克思与黑格尔的思想关系进行了双向演绎。这种双向性一方面体现为马克思对黑格尔思想的继承、发展和超越；另一方面则体现为伊波利特把耶拿时期及其之前的黑格尔塑造成了一名马克思主义者。从这个角度来说，伊波利特对马克思与黑格尔思想关系的演绎，并不是对其中某一人的单独解读，而总是在一方的背景下去解读另一方。因此，这种演绎并非时间上的逻辑，而是意义上的安排，从而使得你中有我、我中有你，即马克思与黑格尔成了两位不可分割的思想家，在彼此的

---

① Georges Canguilhem and Michel Foucault, "Jean Hyppolite (1907 - 1968)", *The Warwick Journal of Philosophy*, Vol. 24, 2013, pp. 1 - 9.

辩证与对抗中成就了对方。伊波利特既保留了黑格尔的分析方式，也秉持着马克思的现实激情，进而在这种双向演绎中，表明了自己的理念与现实相统一的哲学观。

二、黑格尔：作为马克思之前的"马克思主义者"

在《马克思与黑格尔研究》一书中，伊波利特热衷于把黑格尔演绎为一名马克思主义者。这主要体现在两个维度上：一方面是政治学维度，即对当下现实的批判和对激进理念的坚守；另一方面是经济学维度，即对劳动、异化以及资本主义发展的认知。具体来看，伊波利特首先表明，青年时期的黑格尔不是纯粹的理念论者，他并非马克思眼中那种"不知道感性活动本身"的唯心主义者，而是热切关注着现实之思想者。黑格尔曾在"耶拿笔记"的一处评注中写道——坚持读报的习惯好似现实主义者的"清晨祷告"。这种现实主义诉求与他后来强调精神和概念的特质形成了鲜明对比。伊波利特认为，黑格尔的思想在本质上并非过度神秘，而是包含着一种精神，以期在现实的流变中发掘理念本身。黑格尔也没有强行把现实硬性契合于自己的"前在概念"，其诸多理念都是验证性的。在《精神现象学》中，黑格尔十分关注法国大革命及与之相关的重大变革。当他作为图宾根神学院的学生时，就与同窗赫尔德林和谢林一道，对这些历史事件产生了浓厚兴趣。伊波利特将他们当时的激情描述为："从历史中喷涌出的自由之泉或许只是传奇，但其捕获了德国青年的精神想象，可他们本国社会那些宗教与政治势力却丝毫容不得这些。然而，德国青年恰恰希望看到的是，由邻国革命所迸发出的激进转变作为一种必然，同样能在自己国家实现。"① 自那时起，黑格尔自诩已经预见到古代世界的瓦解，并对从这些废墟中涅槃的全新精神理念满怀憧憬。

1795 年 4 月，当黑格尔居住在伯尔尼时，在写给谢林的信中批判谴责了那里的败落和不公正现象，并迫切希望它们被新的理念一扫而空。因为当时的黑格尔坚称，现代哲学必须是一种理念哲学，即以"应当是"来替代"应当是其所是"。黑格尔在信中言明："通过揭示一切事物所应当成为的样子，必将清除那些惰性之人观念中的恒久存在意味，即一切事物只能永远是其所是。"② 在了解黑格尔后期对"应当"概念的强烈抨击后，我们不禁惊异于其早期表现出的浪漫主义态度，而伊波利特在《马克思与黑格尔研究》中，不仅着重诠释了这种激进情怀，更把它涂抹上了马克思主义色彩，也就是要求对现实世界进行积极改变。类似戴维·格罗斯对《马克思与黑格尔研究》书评中所写的——黑格尔青年时代的左翼视角可以概括为："意识的外化首先要求的是，如其所是的世界向尚未所是的世

---

① Jean Hyppolite, *Studies on Marx and Hegel*, John O'Neill (trans.), Basic Books, 1969, p. 37.

② Johannes Hoffmeister ed., *Briefe von und an Hegel*, Band I, 1785 – 1812, Verlag von Felix Meiner, 1952, p. 24.

界转变。"① 不仅如此，在研究符腾堡法制的文章中，黑格尔留给我们的印象，基本就是青年马克思的翻版。黑格尔对德国实证法表现出强烈不满，并将这种实证论的现实结果视作"把僵死之物生搬硬套在活人身上"。伊波利特注意到这一点，并顺着黑格尔的思路表明，若想幡然醒悟进而推翻当前体制的一切不公正，德国人的忍耐就"必须转化为勇气与胆识，以此来改变他们的境遇；否则他们只能在梦中游离，而这种游离状态恰恰是德国精神的永恒法宝"。② 伊波利特对黑格尔做出的总结，即从梦中游离的彼岸世界折返到人之境遇的此岸世界，无疑是从马克思角度凝练出的批判性概括。正如马克思在《〈黑格尔法哲学批判〉导言》中说道："如果说德国只是用抽象的思维活动伴随现代各国的发展，而没有积极参加这种发展的实际斗争，那么从另一方面看，它分担了这一发展的痛苦，而没有分享这一发展的欢乐和局部的满足。"③ 以上基于激进理念对德国现状的讽刺和对革新现实的渴求，使我们从马克思主义视角出发，以倒叙的方式重新认识了青年黑格尔。马克思在对黑格尔辩证法的批判中不曾想到，这位"用头着地"的唯心主义者在将近半个世纪以前，是和自己一样用双脚走路的。因此，伊波利特着力表明——作为一名义愤填膺且对

---

① David Gross, "Book Review: Studies on Marx and Hegel," *Science and Society*, Vol. 34, Iss. 3, 1970, pp. 373 – 378, at 374.

② Jean Hyppolite, *Studies on Marx and Hegel*, J. O'Neil (trans.), New York: New York Press, 1969, p. 41.

③ 参见《马克思恩格斯选集》2012 年版第 1 卷，第 11 页。

耶拿大战记忆犹新的青年人来说，黑格尔在相当程度上已经变成了革命的马克思主义者。

关于经济学方面，在"耶拿手稿"中，黑格尔已经注意到"为了生产而生产"的过程。通过对英国经济学的研究，黑格尔发现，劳动的贬值以及分工必将使劳动变得机械化。在这一过程中，人把智性的、整体的劳动转化成麻木的、单一的劳动，即形式的和非人的劳动。自然的人化导致劳动的非人化。生产与分配作为一种不对等的体系，必然无休止且不受限制地谋求提高技术和开拓市场。鉴于此，黑格尔在相当程度上预见了马克思的分析："在社会内部，个体的技能成了他谋生的手段，从而使自身完全暴露在充满偶然性的整体乱象当中。越来越多的人承受着有损健康又得不到任何保障的劳动，即在工厂和矿井中从事的那些荒谬劳动。"黑格尔最后总结道，有些人注定要忍受悲惨境遇，而另一些人则可以享受锦衣玉食。"所以，这正是巨富与赤贫间的冲突，它将由此在世界舞台上亮相登场。"①尽管马克思不曾看到"耶拿手稿"，但这些手稿内容却与马克思的结论惊人一致。类似卢卡奇在《1844 年经济学哲学手稿》出版前提出的马克思"物化"理论，马克思在《耶拿实在哲学》出版前同样揭示了黑格尔的"劳动"理论。伊波利特表明："正如黑格尔指出，财富由于盲目发展，将变得越来越集中，并最终统领一切人类的自我意识。这种

---

① Johannes Hoffmeister (ed.), *Jenenser Realphilosophie*, Vol. II, 1805 – 1806, Verlag von Felix Meiner, 1931, p. 232.

辩证分析后来被马克思发现了。虽然马克思对黑格尔耶拿时期尚未出版的著作一无所知，可在那些著作中，黑格尔已经准确掌握了由劳动的社会分工所导致的经济异化世界。同时，黑格尔也预见了马克思的相关结论，即资本的积累法则以及社会越来越变得无产阶级化。"① 黑格尔对资本主义发展模式的客观分析，与马克思对资本主义的历史批判高度契合，这是伊波利特把黑格尔演绎为一名马克思主义者的重要依据。

因此，伊波利特认为，在对黑格尔早期著作的研究中，当我们重点考察劳动的普遍本质及作为其产物的人类社会时，就会发现黑格尔与马克思间的差异越来越小。伊波利特为什么要不断缩小黑格尔与马克思间的"差异"，或者说，他为什么要反复从黑格尔早期文本出发，将其演绎为马克思主义性质的论证呢？究其原因，恰恰是伊波利特自己的激进情结使然。马克·波斯特认为，正是耶拿手稿"向伊波利特及法国人证明，黑格尔的意识辩证法与马克思晚期社会理论间存在根本连续性"。② 波斯特的这一表述相当精辟，但需要进一步完善之处在于——与其说是那些手稿向伊波利特以及法国人发起的证明，不如说是伊波利特主动利用它们向法国以及世界做出的求证。伊波利特不断把黑格尔的社会理论回溯到《耶拿实在哲学》那里。这个

---

① Jean Hyppolite, *Studies on Marx and Hegel*, p. 99.

② Mark Poster, *Existential Marxism in Postwar France: From Sartre to Althusser*, Princeton University Press, 1957, p. 31.

激进的黑格尔对伊波利特而言十分必要，因为他的崭新形象将不断激发法国人对马克思主义辩证法的重新思考。伊波利特竭力以马克思主义为背景，涂抹出一面马克思与黑格尔思想关系的底色。他坚信，在马克思的夙愿及其著作中，始终存在一种亟待我们实现的历史哲学模型。这里既体现出伊波利特描绘那一"底色"的初衷，也反映出他厘清这层色彩背后哲学前提的迫切希望，那就是黑格尔的思想。在《马克思与黑格尔研究》中，从篇幅上看，伊波利特讨论黑格尔的比重确实更大一些，但这不仅不妨碍我们对马克思思想的探究，反而会更有利于对马克思本身的理解。直言之，伊波利特越是着重解读黑格尔，也就越是在间接分析马克思；越是不断延展理解黑格尔的道路，也就越是在以此开启马克思思想本源的门户。客观地说，这种辩证演绎路径并非马克思对黑格尔的喧宾夺主，而是马克思主义历史哲学理论中的革命性和彻底性，把黑格尔"反噬"到其自身内部。所以，黑格尔既是马克思主义的原因，同时也成了它的结果，即马克思之前的马克思主义者。

三、马克思：再释异化的扬弃与辩证法的颠倒

通过深入反思法国大革命，黑格尔很快表露出对罗伯斯庇尔暴政的厌恶之情。他在 1798 年写给友人的信中描绘了大革命后的战争疮痍："许多村庄化成废墟，教堂也沦为残

垣断壁。"① 从以上经济学与政治学的分析出发，黑格尔把大革命失败的原因总结为：大革命既没能压制资产阶级以及诸个体的自私行径，也不能将他们彻底吸纳到政治国家当中。与马克思后来强调对国家的扬弃相反，黑格尔由此走上了依托国家解决问题的道路。在他看来，任何革命的结果最终都是在强化和复兴国家本身。国家不再被看作一种霍布斯意义的契约同盟，而成了诸个体的总命运。黑格尔彻底转换了理念的实现方式，这也标志着他从激进走向保守和对自己过去的否定，进而从理念的应然性退化到现实的实然性中。在黑格尔同年开始撰写的《德国宪法》开篇，这种转向就已显而易见："此篇文章出版后，其所包含的思想除了促进对'是其所是'的理解外，并没有其他目的或旨趣。因此，在言语交流以及现实交往中，我们都需具有一种更冷静的态度和更温和的隐忍。因为并非'是其所是'令我们变得暴躁和愤恨，而是'是其应是'使然。但如果我们认识到'是其所是'的必然，即它不是由任意性和偶然性构成的，那么，我们也就认识到了它的应然之意。"② 黑格尔曾极力呼吁把忍耐化为"男气与胆识"，如今却重新要求人们保持"更冷静的态度和更温和的隐忍"。如果说马克思经历了从意识形态转向科学的认识论断裂，那

---

① G. W, F. Hegel, *Briefe von und an Hegel*, Band I, 1785 – 1812, Johannes Hoffmeister (ed.), Hamburg: Verlag von Felix Meiner, 1952, p. 58.

② G. W. F. Hegel, *Hegel's Political Writings*, T. M. Knox (trans.), Oxford University Press, 1998, p. 145.

么黑格尔经历的认识论断裂则是——从理念的"应然"转向了事物本身的"必然",即从积极地"改变世界"退回到客观地"解释世界"中。但差异之处在于,马克思在转向科学的途中并不是以客观主义取代人道主义,其谋求改变世界的激进革命向度从未削减。人终将扬弃异化,从而在共产主义阶段真正完成向人本身的复归。但是,通过反思法国大革命,黑格尔向自己提出了如下问题:对异化的反抗是否会不断导致一种新的异化结果,并永远往复下去呢?他对这一问题做出了肯定回答。正如伊波利特表明:"黑格尔在某种程度上完全是马克思之前像马克思那样的人,但他放弃了彻底征服异化的可能。不仅因为他是一名或者变成了一名保守主义者,还在于他把所目睹的历史场景以及其他重大事件全都一并整合到了他的体系当中。"① 黑格尔一开始企图利用理念去改变现实,即否定和克服异化,而后却从现象学视角去捕捉异化甚至肯定异化,这不仅构成了黑格尔自己的"认识论断裂",也是他与马克思存在的重大分歧。

马克思与黑格尔面对异化的不同态度,已经得到学界的广泛讨论,伊波利特半个世纪前同样发现了这种差异视角的重要性。尽管《马克思与黑格尔研究》一书是对伊波利特不同文章的收录,但"异化"恰好发挥了整体的贯穿和结合作用。路易斯·杜普雷表明:"如果我们试图寻求把

---

① Jean Hyppolite, *Studies on Marx and Hegel*, p. 111.

这些文章串联到一起的共同主题，那么或许正是异化概念。"① 从伊波利特的论证中可以总结出，马克思与黑格尔的异化理论主要存在两方面的差异：其一在于认识论层面；其二在于实践论层面，也就是如何看待异化和解决异化的问题。这实际上是紧密相关的两方面，因为对异化的认识直接决定了相应的解决方式。在马克思看来，黑格尔混淆了对象化（或外化）和异化，这样的混淆使黑格尔不能有效面对他所提出的问题，而是以"抽象的精神的劳动"去掩盖积极的现实行动。简言之，黑格尔认为，对象化在运动过程中必将发生异化；但马克思认为，恰恰是在资本主义背景下，彰显了劳动本质的对象化才变为异化。从对象化到异化的转变，对于黑格尔是绝对的，而对于马克思则是相对的。

然而，伊波利特认为马克思对黑格尔的解读相对简单了。黑格尔并没有毫无根据地把人的异化与对象化相混淆，因为在自我意识的辩证法中，自我异化尽管首先对立于自身，但归根结底还是在更高层面回归自身。就异化能够发挥的积极作用而言，伊波利特同情黑格尔的观点，并为其进行了辩护。在他看来，黑格尔意义上的异化是人所必须承受和面对的命运。需要强调的是，这种异化形式并没有使自我在新的状态下倒退或迷失，而是提升到了更高维度。"所以，我们认为，严格基于马克思式的解读，认为黑格尔

---

① Louis Dupré, "Book Review: Studies on Marx and Hegel," *The Owl of Minerva*, Vol. 1, Iss. 4, 1970.

把对象化（即人在重新发现的自然中彰显的荣耀和归宿）与自我异化（即某一特殊历史阶段的发展结果）进行了混淆，这种观点并没能公正看待黑格尔的哲学分析，以及他对这些概念的解读。"① 黑格尔认为，异化是一种运动发展背景下的普遍结果，其必然性和必要性在于，可以像抗体一样不断增加有机体的免疫力。所以，异化的"病态"对于有机体而言并非坏事，因为它最后达成的恰恰是"健康"。马克思认为异化是资本主义发展阶段的具体结果，直接导致的是人本身的非人化境遇，其阶段性和暂时性在于——必将造就资产阶级自己的"掘墓人"，最终实现全人类的普遍解放。马克思反对黑格尔把对象化混淆于异化，是为了批判对象化过程中所包含的内在驱力，因为正是这一驱力辩证地令对象化发生异化。但在马克思看来，这种"力"并不是对象化本身所固有的，而是由外部资本主义环境催生的，从而把对象化推向了异化。因此，黑格尔根据"内在驱力"把对象化与异化相等同，马克思则根据"外在推力"对黑格尔进行了反驳，同时强调改变外部环境来消除那一推力。马克思的批判虽然深刻，但也无法把黑格尔全盘否定，因为从结果来看，以上两种异化运动最终都是对自我的重新确证。然而，从这种认识论过渡到实践论，即过渡到对异化的扬弃上时，马克思的主张显然更具现实意义。

---

① Jean Hyppolite, *Studies on Marx and Hegel*, p. 89.

伊波利特认为，在黑格尔与马克思那里，与异化的斗争规定了人的解放之维。黑格尔试图以绝对知识来扬弃异化，从而达到自我意识的胜利。但实际上，绝对知识或哲学却不能实现这种解放，它们反而构成了新的异化形式，即思辨的异化。其不仅不能改变现实，还会阻碍现实的改变。马克思以无产阶级代替黑格尔那里作为理念化身的国家，由此把目光集中于历史实践。为了克服由异化衍生出的"不幸"，伊波利特表明，"黑格尔的哲学性解答，完全不同于马克思的实践性及历史性回应。马克思从历史角度解释这样的不幸，他谴责生产过程，并坚信对象化变成异化，仅仅是某种历史情境下的产物。这种情境有其历史根源，并终将消失于历史当中"。① 但从黑格尔角度来说，这种异化不仅无法彻底被克服，还是存在所必需的，因为它是新一轮运动的前奏。所以伊波利特同样表明，异化"是与存在不可分割的张力。黑格尔由此体现的价值在于，他恰好注意到了这一张力，并将其置于人类自我意识的核心。另外，马克思主义最大困境之一，就是宣称能在不远的将来克服这一张力，并把它匆忙纳入特定的历史阶段中"。② 在这里，我们似乎看到一个矛盾的伊波利特，他既肯定马克思而否定黑格尔，同时又肯定黑格尔而否定马克思。但是，恰恰在这样的矛盾里，我们得以考察伊波利特本人的立场，即肯定马克思的实践维度，否定黑格尔的思辨维度；

---

① Jean Hyppolite, *Studies on Marx and Hegel*, p. 83.
② Ibid., p. 87.

同时，肯定黑格尔对异化的存在性解读，否定马克思对异化的历史性超越。

在对马克思与黑格尔的综合或者重组中，伊波利特强调的是一种"意识的觉醒"，也可将其理解为"意识"到异化并"觉醒"于行动。在伊波利特看来，尽管黑格尔意义上的异化将持续存在，但并不表明无产阶级为自由而做的斗争就成了无用反抗。人一旦意识到这种无法容忍的异化时，力求克服和超越它的反抗从来都不是无用的。在精神现象学的辩证法中，意识的觉醒具有重要地位。黑格尔开启了这一问题域，而马克思为了强化自己的革命目标，则直接将其以共产主义的历史形式固定下来。在马克思那里，意识的觉醒不仅成为建立全新社会秩序的根本条件，也直接构成了人的解放动力。伊波利特表明，这种传承性主要表现为，理念只有通过无产阶级才能变成现实。马克思并没有彻底抛弃黑格尔哲学，他试图在人的主体性中，为理念与现实的统一提供更坚固的基础。马克思用无产阶级革命的辩证法，代替了黑格尔的先验理念，也就是说，认为意识的觉醒能够完全呈现出辩证的矛盾，并从中寻求解决矛盾之道。正是在劳动中，无产阶级意识到寓于自身内部的固有矛盾——它是现实的矛盾，也是暂时的矛盾。由于人作为不可让渡的主体，不会一直把自己放纵为单纯的客体，所以这一矛盾必然能得到解决。在马克思的意义上，这一主体就是作为"普遍阶级"的无产阶级，他们要求在批判的反思和有效的革命中完成自身的觉醒，最终促进真正的人的价值实现。伊波利特认为，在黑格尔的理论架构中存在一个有力支点。作为黑格尔的学生，马克思牢牢把握住这一支点，并将其改造为革命现实主义的自我启蒙。

根据马克思与黑格尔关于异化的不同态度，伊波利特利用"意识的觉醒"对其进行整合，使之焕发出全新的现实意义。马克思把异化看作否定的和非人化的，而黑格尔将其看作肯定的和"有益健康的"。在这种比照的背后，实际隐含的是这两位思想家持有的不同辩证方法。黑格尔秉持主体性循环演进的一元论逻辑，对此，马克思不仅要在纵向上令这种辩证法倒转过来用脚站立，更要从唯物主义前提出发，在横向的历史总体性视域内考察不同元素间的对抗发展。这表明异化不再单纯遵循线性的否定之否定原则，而应被包含在更广阔的视域内，由此标示出马克思向"多元决定论"的转变。伊波利特认为："马克思主义辩证法不再阐明一种反复确证，也不再包含一种内在矛盾，更不再是一种对自我的整体重塑，因为已经不存在自我了；历史总体性中固然可能有相互对立的元素，亦可能有逐步演化出的各类关系，因而有相应形式的辩证法，但这却不再是黑格尔的主体性辩证法，即明确自身、与自身相矛盾并通过在更高形式下重新确立自身来解决这一矛盾。"① 所以，马克思对黑格尔辩证法的修正不是形式上的微观颠倒，而是认识上的宏观再造，即从客体的自我发展上升为结构

① Jean Hyppolite, "A New Perspective on Marx and Marxism," *The Warwick Journal of Philosophy*, Vol. 24, 2013.

的整体发展，从一元走向多元。

黑格尔认为，就自我意识而言，这种辩证反思内在于对象。但伊波利特指出，马克思遵循着另一种思考路径，因为我们必须考虑到如下根本差异：一方面是作为自然、社会和历史的总体性，另一方面是思考自身并反映自身的总体性，它们并不能完全重合或相互套用。在马克思主义视域内，前者对应于结构总体性的辩证法，后者对应于自我总体性的辩证法。这两方面的不符甚至冲突，从研究视角来说就是从意识形态转向科学；从研究方向来说就是从哲学转向政治经济学；从研究结果来说就是从《德意志意识形态》转向《资本论》。但伊波利特始终强调，这种科学性转向绝不能丢弃马克思扬弃异化的初心。"我们应该补充的是，有关结构—策略的那些研究，铸就了马克思主义科学，并且无疑契合马克思本人的思想。但其中不足之处在于，它们撤除了马克思青年时期的激情，以及他对异化的存在性反思。诚然，如果没有基于存在层面阐明异化意识及其克服方式，那么历史的意义和革命运动的重要性又体现在何处呢?"[①] 换言之，伊波利特承认马克思的思想出现了转向，但这种转向并不足以达到"断裂"的程度。在弥合所谓"马克思认识论断裂"的过程中，伊波利特再释了马克思主义内部科学与意识形态间的关系。这也直接反映出伊波利特秉持的信条，即理念对现实世界的改变作用，

---

① Jean Hyppolite, *Studies on Marx and Hegel*, p. ix.

或者说理念与现实相统一的重要意义。

四、伊波利特：理念与现实相统一的哲学观

马克思曾对科学与意识形态进行过有效区分，伊波利特对此有自己的解读方式。笔者将其简要总结为：首先，马克思对科学的理解并不是完全客观主义或结构主义的，他的视角始终伴随人的实践及意识的觉醒。马克思不仅发现了历史唯物主义，还极力呼吁人们朝着共产主义的方向前进。就像他知道巴黎公社运动的爆发略显仓促，可还是积极参与进去一样。因此，"我们要避免以任何方式对马克思进行纯粹客观主义的解读。当然，正是现实成就了一种谋求解放的社会阶级，但后者必须在其斗争中意识到自身的普遍角色才行。因为一旦离开了原初性的意识觉醒，人也无法完成自己的历史解放使命"。① 从这个角度来说，科学与意识形态间存在挥之不去的张力。但伊波利特所指的意识形态，绝不是马克思批判的虚幻意识，而是预示着历史必然性与人的根本性的人道主义。尽管这种解读会使我们像阿尔都塞那样认为，共产主义也必然允许意识形态存留，可在伊波利特眼中，这种存留方式正是回归"此岸世界"的有效指引。其次，这种科学观体现的是人的主体性，而非主体的消解。换言之，人作为主体的地位不可磨灭。

---

① Jean Hyppolite, *Studies on Marx and Hegel*, pp. 136 – 137.

伊波利特借《黑格尔法哲学批判》中的立场表明，真正的主体，即规定谓语的主体，是作为社会存在的人。黑格尔错误地将其看作主体和理念的国家，实际不过是人的社会本质的"谓语"罢了。再次，伊波利特反对巴什拉提出的"认识论断裂"，他倾向于以早期马克思统领其整个思想。在他看来，如果认为马克思逐步放弃了最开始"改变世界"的主张，并发展出一种脱离其原初愿景的历史唯物主义，那么，这一观点未免太过绝对和教条了。伊波利特同样反对发展主义的经济决定论，他认为，经济基础与上层建筑的封闭互动模式是以偏概全的。最后，伊波利特始终强调理念与现实相统一的重要性，这一点直接回溯到了马克思对哲学的解读上。马克思表明，哲学仅仅解释着生活世界的必然结果和发展趋势。即便哲学克服了自我意识的异化形式，却也只能在理念中获得实现，从而在理念与现实间留下一条鸿沟。伊波利特谋求理念与现实相统一的情结，归根结底反映的是马克思改变世界的诉求。所以，理念与现实的统一，实际上是黑格尔与马克思的统一。伊波利特对这两位思想家的双向演绎，也是在不断为这种统一做铺垫。

从马克思主义实践视角出发，伊波利特认为：一方面，科学并不是对现存世界的经验解读；另一方面，理念在主体思维中的创造，其重点并不在于理念化，而是要实现对象化。这种实践旨趣把理念的创造当作改变世界的奠基方式，它不仅否定了客观主义背景下人的缺失状态，也把马

克思主义升华为一种谋求人之发展的积极意识形态。以上
对科学、哲学与意识形态的重新思考，有助于我们不断发
掘马克思主义内部的潜在意义。伊波利特指出："在思考科
学、意识形态以及哲学的过程中，关键要从马克思主义视
角出发，建立起它们之间全新关系的问题域。由此，立即
会掀起一场理论革命，以及对意识形态的重新认知……最
终，哲学将成为这些差异的中心。"① 伊波利特对这三方面
进行了求同存异的布局，其中，哲学作为有效中介和根本
方法，令自身不再拘泥于学术与思辨，而是真正走向生活
并服务于人。伊波利特不仅双向演绎着马克思与黑格尔哲
学，更是在强调哲学本身的意义与时代性。作为伊波利特
的学生，福柯曾悼念这位老师说，我们听到的不仅是一位
老师的声音，而是哲学本身的声音。伊波利特教导我们，
哲学思考是一种永不停歇的实践。"在他的教导下，我们必
须不断提醒自己，'如果理论是灰色的，那么生命的黄金树
常青'。"② 福柯引用歌德这一名言，完美诠释了伊波利特的
哲学观：一方面，是"理论"与"生命"的对照，这种把
哲学寓于实践中的态度，与马克思有着高度相似性，也是
马克思的思想在当代法国的延伸和扩展；另一方面，则是
以理论的创新使僵化的"灰色"变得"常青"，即通过对理

① Jean Hyppolite, "The 'Scientific' and The 'Ideological' in A Marxist Perspective," *Diogenes*, Vol. 16, December 1968.

② Georges Canguilhem and Michel Foucault, "Jean Hyppolite (1907 – 1968)," *The Warwick Journal of Philosophy*, Vol. 24, 2013.

论本身的反复发掘，不断呈现出它的活力迹象。

在把哲学大众化和实践化的意义上，巴迪欧将伊波利特称为"摆渡人"（passeur）。这是因为，伊波利特摆渡的航船成功建立起一个联结，其一端是思辨领域的形而上学，另一端是这一领域之外的现实世界。"这些年，多亏了伊波利特，学术哲学紧紧旋死的螺栓才终被解开。"① 伊波利特更希望令哲学贯穿于文学和诗学的浪漫诉求中，从而回归当下、贴近生活并引领现实。他在一次访谈中说道，正因为每个人都是历史的参与者，所以每个人都应当对哲学有所了解。"哲学的视域不应被局限在所谓人文学科的学生那里，而应当普及到每个人，尤其是将来成为工程师与科学家的那些人。"② 换言之，伟大的哲学应当以普遍的方式，被转化为一切人的共同语言。这种哲学态度的旨趣，恰恰在于弥合理念与现实间的那条鸿沟。因此，巴迪欧也把伊波利特看作"历史柏拉图主义者"，即借助历史去构造"指向性理念"，而不是硬性梳理出发展主义的序列。只有建构出想要生活的世界才是面向未来，如果一味强调发展的序列，终究无法挣脱过去的束缚。与其他法国哲学家类似，伊波利特热衷于政治活动，也喜欢和朋友甚至对手讨论政治。但他并不属于革命派，而属于议会进步派。这种要求

---

① Alain Badiou, *Pocket Pantheon: Figures of Postwar Philosophy*, Verso, 2016, p. 37.

② Tzuchien Tho and Giuseppe Bianco eds. , *Badiou and the Philosophers: Interrogating 1960s French Philosophy*, Bloomsbury Academic, 2013, p. 10.

循序渐进的立场，既是他对马克思与黑格尔的综合，也使他站在马克思与黑格尔的中间。伊波利特曾因卷入"五月风暴"的历史现场而感到焦虑不安又欣喜若狂，可他的介入并不像大多左派那样激进，而是要求遵循事物本有的功能行事。

虽然伊波利特的革命观比马克思缓和许多，但其哲学观却与马克思保持一致，即实现哲学的同时消灭哲学，从而达到理念与现实的统一。"这种对哲学的扬弃并不是对哲学的否定，相反，它是哲学的真正实现，即设定哲学与理念的同一。这既是哲学的未来世界，也是世界的未来哲学。"① 当然，对于理念的恪守并未使伊波利特脱离现实，因为这种理念本身恰恰是高度现实性的。康吉莱姆曾指出，伊波利特"对理念的不懈追求没有令他不着边际；对于人们关心的东西，他既洞察深刻也都有所涉猎。他的哲学激情从未使他表现出行动力上的消极"。② 伊波利特始终密切关注现实，这一情结是他转向马克思的根本原因。马克思的思想对他而言，既是对黑格尔哲学的实现与颠倒，也是对其中一切唯心主义内容的批判，更是关于"世界成为哲学"和"哲学成为世界"的宣誓。进一步来说，伊波利特想要表达的是，哲学就像拉康笔下始终与我们若即若离的"对象 A"那样，它实际上从未获得过实现。这种永恒的

① Jean Hyppolite, *Studies on Marx and Hegel*, pp. 134 – 135.

② Georges Canguilhem and Michel Foucault, "Jean Hyppolite (1907 – 1968)", *The Warwick Journal of Philosophy*, Vol. 24, 2013.

"缺失"使一切哲学结果过程化,哲学只能在不断往复的缺失中发展、推进、积累和继承。福柯把这种"不完满性"(incompleteness)视为"永远无法偿还的债务",哲学正是通过这种"周而复始的分裂建立起来"的。① 在伊波利特那里,哲学不断处于空场的状态,它的缺失恰好印证了它的存在,而它的存在就是以理念形式不断成为现实的过程。从这个角度出发,伊波利特对黑格尔与马克思进行重新拼接,是为了建立一种对应关系:异化在认识论层面的持续性,以及扬弃异化在实践论层面的现实性。综上所述,伊波利特在对马克思与黑格尔思想关系双向演绎过程中,也借此表达了自己的思考路径与现实诉求,同时使我们能够顺势考察这位法国思想家的哲学观。

---

① Georges Canguilhem and Michel Foucault, "Jean Hyppolite (1907 – 1968)", *The Warwick Journal of Philosophy*, Vol. 24, 2013.

英文版序言

1907 年，意大利哲学家贝奈戴托·克罗齐（Benedetto Croce）发表了一篇长文，名为《黑格尔哲学中的活东西与死东西》（*What Is Living and What Is Dead in the Philosophy of Hegel*），这似乎标志了一个时代的到来，从而可以对黑格尔的影响（除了法国外，在欧洲各地都是巨大的）做最后的清算，并且看看他的哪些遗产还能被继承下来。克罗齐很难想象黑格尔会复兴起来，他也无法预见到黑格尔将以一种奇妙的悖论方式与存在主义流派汇合，只因这一流派的先驱们都是黑格尔体系的批判者。克尔凯郭尔（Kierkegaard）与马克思也秉持这样的立场而坚决反对黑格尔主义。黑格尔的绝对唯心主义不仅超越了它所认定的历史，也把过去所有哲学综合在一个同样浩瀚广博的体系中。但也恰恰在那一体系内，独立的思想者与历史性的个人消失不见了，他们都成了恒久历史框架下正在消逝的元素，而这一历史则表意着"绝对"的逐步实现。个体的目的以及人的现实规划并未被完全忽略掉，它们被看作诸多元素，同时由理性的狡黠裁决和吸纳，以此利用它们实现理性自身的实在。人的自由，包括与之相关的历险、进取、失败或者部分的成功，一切都被归结到这种"神正论"当中。

但在法国、欧洲甚至美国，似乎共同涌现了一场哲学运动，其源头时常可以追溯到克尔凯郭尔，有时也直指马克思。这场运动旨在维护生存的权利与现实中人的自由，并且诉诸这样一种历史观念，即历史的意义是模糊的，并不会获得任何绝对的保证，尽管某些风险能够被评估出来。在法国，与这场运动齐名的是萨特（Sartre）和梅洛-庞蒂（Merleau-Ponty）那些人，而这一运动并没有与马克思主义为敌。它与马克思主义保持距离的地方，仅仅在于对具体历史情境的分析和对人类生存的经济基础的反思，尤其是对通过无产阶级摒弃自身历史异化而达成人类解放的那种必然性反思。这一次他们发现了马克思与黑格尔的早期文本。黑格尔体系的源头体现在从《神学笔记》（一个颇具争议的标题）到 1807 年的《精神现象学》时期，而马克思与恩格斯的辩证唯物主义发源地，主要是从《黑格尔法哲学批判》历经《1844 年经济学哲学手稿》，直到 1859 年的《政治经济学批判》（《资本论》的前身），它们共同对整整一代人真正产生了启迪作用。黑格尔在构建其整个体系之前，已经描绘出一种苦恼的宗教意识和历史意识，这可以让我们回想起克尔凯郭尔与费尔巴哈的研究主题。

让·瓦尔（Jean Wahl）于 1929 年出版了《黑格尔哲学中的苦恼意识》（*The Unhappy Consciousness in the Philosophy of Hegel*）。本文作者则首次将《精神现象学》翻译成法语，并且把其中关于人类精神历险的令人迷惑不解的描述，尝试着进行了一次历史性论证，[①] 即把它评价为但丁的《神曲》在人间的再现。尽管这一著作以绝对知识结尾，而绝对知识似乎又把存在吞没了，但其在具体细节方面以及意识的发现之旅中却也饱含价值。它揭示了个人意识与自然，尤其是与其他个人意识之间的关系。它不是对历史有效基础进行的演绎，而是对此提出了精准描述，因为这一历史由诸多个体在彼此相遇中构成，他们为了承认而进行着至死不渝的斗争。按照克劳塞维茨（Clausewitz）的说法就是，进行着一场不达到极限就誓不罢休的绝对战争。的确，这样的斗争必将使人类历史陷入僵局中，而战争也必然因为缺少战士而最终结束。这就是为什么从一开始承认就不是一种互惠的结果；先是有着主人和奴隶，但是奴隶通过劳动终结了这一过程而开始统治主人，因为他是通过持续的生产而不是死亡的虚无，来实现其自身否定性的。诚然，产品、设备、工具以及机器，每一种手段都会成为实质性目的。历史是每个人也是一切人造就的结果，它将自身的景象与表意呈现在宗教中，呈现在艺术中，终有一天呈现在哲学中。但悲剧的要素却并未消失，其在行动意识与冥想意识的关系中存活下来。就像马克思所理解的，在这样的现象学中，黑格尔总是以极大虔诚去描绘人类状态的某

---

① Jean Hyppolite, *Genèse et structure de la phénoménologie de l'esprit de Hegel*, Paris, 1946.

些根本特征，尤其是通过人的劳动条件与生存条件去描绘他们的那些异化特征。马克思的《1844 年经济学哲学手稿》无非是对《精神现象学》的评注。

科耶夫的《黑格尔导读》(*Introduction to the Reading of Hegel*)① 囊括了许多他在 20 世纪 30 年代发表的讲演稿，在当时产生了极大影响。在超越其字面意义的同时，科耶夫还谈及黑格尔的无神论思想，以及黑格尔对拿破仑帝国的解读，他在那时（1807 年）把它看作法国大革命的完成。

黑格尔与马克思早期文本的发现，使西欧学者能够明确理解黑格尔现象学与马克思历史唯物主义的真正含义，而不是做出系统的百科全书式或者恩格斯那种图式辩证法的理解。这使我们能够以全新的方式提出黑格尔与马克思间的关系问题。对于仅仅进行辩证颠倒的过于简单化观念，即从黑格尔式的精神一元论倒向马克思的唯物主义一元论，这样的观念或许已经得到有效修正。正是有关异化以及对异化扬弃的主题，当下已经进入到我们视线的核心领域。实际上，它也是马克思早期作品的灵感源泉。但这却随之出现了萧条和变动，而且后来成长为存在主义一代的那些人，也开始注意到有关结构的重要旨趣，其在马克思的《资本论》以及黑格尔的《逻辑学》中占据了统治地位。进一步来说，这一论点更契合于东欧一些评论家的兴趣，似乎近来的一些分析，能够使我们在某种程度上，提出有别

---

① Alexandre Kojeve, *Introduction to the Reading of Hegel*, edited and with an introduction by Allan Bloom, New York: Basic Books, 1969.

于之前关于黑格尔与马克思间关系的问题。

　　既然已经发现了青年黑格尔与青年马克思所遵循的路径，我们便可反思这些探索旅程的相关结论，以及他们成熟时期的伟大作品，即黑格尔的《逻辑学》与马克思的《资本论》（参照 1859 年的开端之作《政治经济学批判》）。现在，存在主义潮流并没有在本质主义（一直处于被替代状态）那里被击退，却在结构主义那里投降了。截至目前，只有很少一些例子基于这一研究思路，去探寻黑格尔《逻辑学》与马克思《资本论》的结构主义特征，因此，我们要特别指出路易·阿尔都塞（Louis Althusser）发表在《思想》（*La Pensée*）杂志上的两篇文章①，我们认为它们对这一问题进行了清晰阐述。在马克思对人类社会与资本进行的分析中，如果我们认真考察辩证法概念所发挥出的实际效用，就会发现这与黑格尔那里的辩证法并不一致。它绝非应用到某一体系中的雷同方式，其中一种方式只不过是对另一种方式的颠倒。黑格尔的确是一个观念论者和一元论者，对他而言，存在一种单一性原则，即一种不可分割的天然总体性，其历经自我分裂和自我对立之后，最终是为了达到自我和解的目的（列宁在他评述黑格尔的笔记当中，正确指出了这一过程的晦涩之处）。它包含着一个绝对的主体，这一主体使自己外化并成为自身的现象，以此重

---

　　① Louis Althusser, "Contradiction et surdétermination", *La Pensée*, 1962, pp. 3–22; "Sur la dialectique matérialiste (De l'inégalité des origines)", *La Pensée* 1963, pp. 5–46.

新征服自身。精神失去了自我，并且又重新寻找到了自我。绝对精神之旅就是最终辗转回到它出发的地方。我们由此获得的是一种神学，而当东欧那些评论家们用物质代替了黑格尔的绝对精神，并且保留了一元论的辩证法时，即以否定之否定方式来否定自身进而重现自身的时候，他们实际上与黑格尔一样，也都成了神学家。他们以黑格尔故步自封，但马克思深谙这是必须加以反对的。与神学的形而上学相类似，他们深陷教条主义而无法自拔。

黑格尔及其《逻辑学》值得肯定之处在于，他并没有固执于前面的一元论，这在有关本质论的学说那里体现得尤为明显。在他所描绘出的结构内部，本质与非本质彼此交相互映，主要矛盾的存在条件也是作为矛盾本身的要素出现的。对马克思而言，根本不存在任何绝对主体，即绝对的物质（Matter）或者精神（Spirit），其遵循着一种连续的辩证发展路径。除了具体的预先存在的结构，别无其他。并没有不可分割的遗传式的总体性，而是有着诸多的总体性，例如，资本主义发展阶段的人类社会就是其中之一。这些总体性并不能归结为本质，而要诉诸结构。就像阿尔都塞表明，生产力与生产关系的主要矛盾反映在其存在条件上，而不再是上层建筑与其基础结构所任意关联的偶然性。主要矛盾能转换以及呈现出多个维度（马克思并没有无视历史的这些特殊性，从他对法兰西阶级斗争以及拿破仑三世描绘中可以明显看到这一点，对它们的解释都不应是简单化了的结果）。结构并非独一无二的主体化身，而显示出一种原初的大全，是与黑格尔的精神原则完全相异的一种总体性。无论对抗仅仅表现为差异形式，还是已呈现为显要的斗争形式，亦或作为一种包含了突变的整体性的爆发形式，在以上任何阶段里，只有在结构的整体中，才会使发展得以进行。如果我们把目光回溯到列宁对黑格尔《逻辑学》的著名论断上①，例如，当他表明自然发展与精神发展间的关系，或者表明在一种象征场景中，即与本质论逻辑的联系中，强调河里每一滴水的位置与运动的重要性时，就会再次发现这一法则的相关概念。在把视线转向结构—策略的研究中，西方学者或许更多地关注东欧方面对黑格尔与马克思承袭关系的论述，但在一定程度上却与之保持着距离。他们反对恩格斯的辩证图式、一元论以及决定论，因为那些看起来更像黑格尔而非马克思。我们应该补充的是，有关结构—策略的那些研究，铸就了马克思主义科学，并且无疑契合马克思本人的思想。但其中不足之处在于，它们撤除了马克思青年时期的激情，以及他对异化的存在性反思。诚然，如果没有基于存在层面阐明异化意识及其克服方式，那么，历史的意义和革命运动的重要性又体现在何处呢？让-保罗·萨特或许就会这样问，"自为"将如何从"自在"当中，或者从先于意识的存在当中产生。马克思在巴黎公社时期就已经考虑过不成熟以及

---

① V. I. Lenin, "Conspectus of Hegel's Science of Logic", *Philosophical Notebooks*, *Collected Works*, Vol. xxxviii, Moscow: Foreign Languages Publishing House, 1961.

无效的反抗，但当事件爆发时他还是立刻参与进来，并得以在其中观察到一种新革命传统的基础。对我们而言，在马克思与黑格尔关系中蕴含着一种普遍价值，而不仅仅是历史方面的遗产。它包含的问题向度可以被反复发掘，并且在任何历史时期都会焕发出崭新意义。

黑格尔与马克思论作为人类历史的历史

马克思主义者们为了寻求一种解释和批判社会主义现状的架构，对"异化"概念进行了再度挖掘，这已被公开为复现黑格尔思辨观念的尝试，而马克思曾用更精准的"剥削"概念取而代之。所谓"历史性的马克思"，也就是《共产党宣言》和《资本论》意义上的马克思，已经被马克思主义者们交还给历史了。这样的马克思，如今湮灭在了以革命事件发生所创建出的历史中，即马克思发现了所有权体系中的异化，以及通过所有权集体化的乌托邦式解决途径来终结异化和人的史前时期，从而以这种革命事件的方式所创建出的历史。① 这些事件足以表明，至少马克思对黑

---

① J. O'Neill, "Alienation, Class Struggle and Marxian Anti-Politics", *Review of Metaphysics*, XVII, No. 3 , 1964, pp. 462 –471.

格尔的批判似乎事与愿违了，并且黑格尔那里原始的"异化"概念，作为本体论的经验乃是更加普遍性的概念，马克思主义者们现在需要借助它来理解社会主义的苦恼意识。

我认为需要指出的是，通常被看作马克思对黑格尔"异化"概念进行再定义的相关内容，其无非就是在《精神现象学》框架上的累积发展。如果这样的话，那么黑格尔"异化"概念的"存在主义"理解，就不完全契合于黑格尔对个人与社会之间关系的解读，并且也不能用来修正马克思。借用早期马克思来修正晚期马克思的尝试，这一举措需要黑格尔的帮助，并且前提同样是，这样的黑格尔在早期对"苦恼意识"的现象学解读中完成了自我修正。然而，如果这种讨论遵循的是自我异化与教化的历史性描述，那么异化的经验在原初意义上就既不是个人的，也不是社会的，而是通过自我表现以及教化过程，成了社会与个人的历史性中介。在这个过程中，异化最终将被悬置起来。因此必须承认，这种对黑格尔"异化"概念的更加全面地解读，或许比马克思自己在《1844年经济学哲学手稿》中对异化的理解更接近于他本来的想法。但如果我们非要把马克思的哲学与经济学思想作为一个整体，① 我认为我们必须这样做。那么，对黑格尔也必须保持这种相同态度，进而才会达成一致，就像马克思喜欢向恩格斯表明的那样。

---

① J. O'Neill, "The Concept of Estrangement in the Early and Later Writings of Karl Marx", *Philosophy and Phenomenological Research*, XXV, 1964, pp. 64 – 84.

我所说的正是黑格尔与马克思间的趋同性问题，而我想要表明的是，这一现象的"存在主义"说法并没有恰当地以黑格尔或者马克思为基础。或许这样的结果见诸萨特在《辩证理性批判》（*Critique de la raison dialectique*）内部的挣扎，他试图将承认他者的辩证法中的本体论异化，与主体间性的概念统一起来，以此作为政治行动与组织的必然基础。

自我意识的最终目的就是重获自我与世界的统一，它把它们抽象地统归到精神与其对象的统一当中。对世界的重新获得需要以欲望作为中介，这使世界显现为"我个人的实践"。但它仍然只是一个抽象的世界，直到我的利益受到他者的承认。有关承认的辩证法似乎成了一场生死搏斗，因为欲望既把意识与物的世界连接起来，同时又显示出其超越性，从而力图对事物以及他者进行否定。但是主体、客体、否定、他者以及承认，这些范畴都不是先验范畴，它们源于意识的诸多生命经验模式的自我解读过程，这些模式把意识包容到主体间性与不可化约的本体差异性之间的辩证当中，而这样的差异性，恰好生成了世界以及对他者的承认。原因在于，如果意识并没有与事物以及他者的反抗性相遇，那么，意识就只能以感知的方式去知晓事物，或以类比的方式去体察他者，而不能构成有机的或者社会的生命。但这表明，意识在对客体以及他者的欲望中是从不会感到满足的，因为在这一过程中，鉴于意识需要一种共在的世界，其中事物与他者会令意识反观到其自身之上，这样，意识就只能耗费它自己。"绝对自为存在的自我意识，直接赋予其对象以否定特征的自我意识，或者说首先作为欲望的自我意识，因此将通过经验真正发掘出这个对象的独立性"。① 欲望进而将不会是自我意识的现实性，却仅是自我意识在共在的世界中，以及在主体间性中为了实现其自身而表现出的潜在性。所以，跟死亡进行的斗争源于欲望，它被外化到与对象的关系当中，而这种根据主人与奴隶的构型而建立起的关系，在一种生存依赖的形式上却保留了各自独立性。"在这种体验中，自我意识开始认识到，生命与纯粹的自我意识对其都具有同等的重要性"。②

生命源于和死亡的较量，伴随着对生命的敬重（敬畏），将会开启一轮更深层的辩证关系，其中奴隶对世事学徒式的把握，使其得以对事物运动规律进行实践观察。尽管奴隶为他人而劳动，但却学会了使用外在对象，现在这些对象的独立性服从于奴隶的生产，尽管他们还不能对此进行消费。出于同样的原因，主人相对于事物的独立性，需要以奴隶作为中介，这已成为他对奴隶劳动的依赖性。

另外，劳动是受到限制和检验的欲望，是延迟以及缓期了的消逝；换句话说，劳动勾勒并且陶冶着事物。与对象形成的否定性关系成了对象本身的形式，成了某种永久存留下来的东西，因为正是对于劳动者而言，对象才具有

① Hegel, *The Phenomenology of Mind*, J. B. Baillie (trans.), p. 221.
② Ibid., p. 234.

独立性。①

　　对生命价值的承认和对死亡的畏惧，主要表现为为了生命的达成而对物的屈从。由此看来，支配与奴役的经验便开启了教化的轮转，从而成为自我表征与外部世界间的客观中介。正是通过劳动，世界才能显现为意识的实践，以及个人利益的领域，而个人利益又会反过来向他者利益敞开大门，进而缔造出一种共同的善恶标准。作为一种实践意向的领域，世界乃是意识的要素，意识的现实性将世界的"原初本质"规约到它的目的当中。黑格尔十分清楚的是，自我借助于行动把自身外化到对象世界的过程里，其中并没有为异化保留空间。意识通过行动将自身寓于躬行和劳动当中，这恰恰是它的本质。

　　　　行动是某种被简单规定了的、普遍的东西，也可以被把握为一种抽象的、独特的大全；它是一场谋杀、一次偷盗、一件善举，以及一种见义勇为等，总之，我们可以说出它究竟是什么。行动就是这个行动，它的存在不仅是一个符号，而是事实本身。行动可被一目了然，有什么样的行动就体现出什么样的个人。在由行动所示的简单事实当中，个人对于他者而言，完全能够表现出"是其所是"，并且又伴随有一种普遍的本质，而不再仅是一种"意欲的"或者"假设的"这

———————

① Hegel, *The Phenomenology of Mind*, J. B. Baillie（trans.）, p. 238.

样以及那样的东西。不错，他在这里并不是被认定为精神的形式，但是既然这里所谈的是他的作为存在的存在，而且他的形象和行动的这种双重存在彼此对立，两者都主张自己是他的现实，那么，这就毋宁只能肯定行动是他的真正存在——而非形态或者形象，因为它们所表示的，乃是他通过他的行动所"意欲"传达的东西，或是别人"揣测"他仅可能去做的事情。同时，从另一方面来说，既然他的行动表现跟他的内在可能、能力或意图相对立，那么，只有前者才能独自被视为他的真正现实，即便他也许会在这一点上发生错觉，或者从他的行动回到自身以后，在他的"内在精神"里意欲成了其他东西，而不是他在行动中所表现的那样。把自身指代为对象要素的个体性，当它传递为一种行动时，就不免置自身于被篡改和颠覆的冒险中。但是，行动的特征仅仅取决于——这个行动究竟是一种持存的、现实的事物，还是仅为一种伪装的或者"假意的"表现，其不过是自在的虚幻、空无以及转瞬即逝。对象化并不会改变行动本身，它只表明行动是什么，也就是说，只表明它究竟是什么或者什么也不是。①

我们只有对目的、手段以及对象进行抽象化的时候，

---

① Hegel, *The Phenomenology of Mind*, J. B. Baillie (trans.), pp. 349 –350.

才能言及意识对其已经完成了的行动与劳动的超越性。但是除了劳动过程外，意识也将保留为一种空洞的规划，而它的自由会成为一种与世界无关的纯粹否定性。正是在劳动的过程中，意识才体验到了自由与自然的同一。意识的外化是具有本质维度的体验，通过它创建出了一种对象性的教化史，而这一历史又对个体进行了塑造，使其由此获得了根本的以及一般的人性。

老生常谈的是，黑格尔对行动进行了精神化，而马克思却对其进行了物质化。马克思自己也坚信——这里蕴含着他对黑格尔批判的根基。但我认为，有些证据足以表明黑格尔与马克思都致力于一种相似的批判，即把异化表达为与行动的疏离。因此，黑格尔的《精神现象学》与马克思的《1844 年经济学哲学手稿》之间是存在连续性的。

黑格尔在对有关面相学的讨论中指出，意识的外化并不是偶然关联到其目的上的，而是意识作为具体现实存在所必须的。因此，人的手以及人的言语乃是呈现意识的本质器官，恰恰通过这样的方式，我们才建立起一个人造的、共同的意义世界。正是借助于肢体，我们方能将"普遍的人类轮廓以及形态，或者至少是一种天气、一种世界的某些成分的普遍特征"，嫁接到我们身边的环境当中，就像我们以不同的风俗和文化界定世界的不同区域一样。也正是借助于手以及言语的表达，我们才意识到目的与对象的统一，这种统一又把我们呈现在世界当中和他者面前。人的躯体因此变成了精神的表达工具，而不是简单的对象性异化；恰恰是在工具的意义上，教化与历史才能伫立起来，它们又反过来塑造了人的感性、思想以及洞察力。

如果说器官之所以一般不能被视为内在表现，是因为在这当中行动呈现为一个过程，同时作为身体力行或者（已经完成了的）活动而言，行动仅是外在的，因此"内在"与"外在"便以这样的方式互相分离，彼此互为或可以互为外来物，那么，即使按照这个规定来说，器官也还是必须被视为这两者的中间项……①

所以，自我意识并没有因其自然的存在而被异化，因为人的躯体乃是一种表达性的器官，只有借助于此，言语才会呈现出意义，而经人类之手所生产的物件也才能共同结合出人的本质属性。

然而，就个体命运而言，手必须被呈现或者表露为个体性的固有本质，这从如下事实就可以看出：除语言器官以外，手是人类最多地用以实现和证明其自身的一个器官。它是人面向未来的灵巧的创造者；我们可以说，手就是人的行动的结果，因为手作为人的自我实现的有效器官，由此使人呈现出富有生机的灵魂，而既然人本来就是他自己终极的以及原初的命运，

---

① Hegel, *The Phenomenology of Mind*, J. B. Baillie (trans.), p. 343.

那么手就将呈现出这种先在的固有本质。①

人的精神的表现，并不是一种"纯粹内在"与一种"简单外在"的抽象对立，而是意向性、姿态以及行动的互惠成果。由此，喜悦、悲伤以及神圣感就会通过人的眼神、声音以及手势描绘出其独特意义。

人类教化程度的提高就是人类感性的提升。既然教化有赖于掌握资源与财富的阶级统治，那么，其中从善的评判便表现为权力能够有效操纵财富，而从恶的评判则表现为为了使权力凌驾其上而使财富不断被削减。但是，蕴含在劳动的表现性活动之中的教化，它的普遍化正在被逐步表露为一种舆情的力量，以此将自我表现呈现为智识的、政治的以及经济的行动理念，这种前革命表征的最高形式就是狄德罗的《拉摩的侄子》（*Neveu de Rameau*）。自我表现与社会组织的自由融合，其作为一种需要体系，生成了一门融合性的政治经济学。正是由黑格尔开创的政治经济学批判，为马克思搭建起一座桥梁。黑格尔对自由社会批判的关键在于，自由社会所依赖的是对以下二者的混淆：一是在激情的运作方式中发掘出的法则，即市场领域看不见的法则；另一个是被理性的自我意识所接纳的伦理法则。这一区分是黑格尔过渡到国家哲学的基础，例如，卡尔·洛维特（Karl Löwith）就把这看作自由社会明显的辩证转

---

① Hegel, *The Phenomenology of Mind*, J. B. Baillie (trans.), p. 343.

型，或者更精确地说，就是自由社会"通过城邦理念的悬停"。① 因此，我们并不能把黑格尔对自由社会的批判荐举为"国家"对"社会"的替代，而是应当认清，律法对激情的经验法则的自由从属，以这样的标准组建出的社会是必须被替代的，其替代方式在于社会以律法的概念体系组建起来，同时，这样的律法完全根植于以下基础之中，即自我意识的至高需求能够在其对象性和活动性中获得自我表现。

不论《精神现象学》与《法哲学原理》的本质区别有多大，马克思似乎注定会以对黑格尔国家概念体系的抨击来批判黑格尔。马克思反对黑格尔的国家概念具有一种教化的普遍性，它仅是对以下两方面的分离物进行了抽象中介：一方面是统归到自然权利信条中的资产阶级个人利益；另一方面是被假设性地集结于权利信条中人的本质。"在这里，人远没有被看作普遍阶级中的一员，更别提这一阶级本身的存在了。社会被看作外在于个人的结构框架，是对他们原初独立性的限制。能够把他们绑定在一起的唯一链接就是……需要以及个人利益"。② 马克思总结道，资产阶级社会是无法在政治层面被扬弃的，因为国家有赖于并且也正是利己主义社会的合法化。对资产阶级社会的批判只能根植于反复检验如下过程，即人的生命与表现的总体性，

---

① Karl Löwith. *From Hegel to Nietzsche*, David E. Green (trans.), New York: Holt, Rinehart, and Winston, 1964, p. 242.

② Ibid., p. 245.

被还原到一系列由劳动的贫困所界定的需要之中。

并没有必要追溯马克思对异化的体制性前提所做的经济和历史方面的分析①，这只是马克思研究的某一方面，尽管它在黑格尔那里也并不欠缺，但却把马克思与黑格尔彼此分离开来。然而，一旦我们把注意力放到马克思有关劳动的普遍本质以及作为其产物的人类世界和感性的概念上时，就会发现这两个人的差异越来越小。我在早前试图表明黑格尔并未把人看作纯粹的自我意识。意识作为具体的现实存在，其中手和语言器官对人类世界的形成发挥着本质上的表现性和创造性机能，黑格尔对意识所具有的以上态度至少能够澄清外界对他的相关批判，即黑格尔的"异化"（alienation）概念，混淆了外化（externalization）与疏离化（estrangement）这两个过程。由于黑格尔有关"人"的概念表现为一种具体的现实意识，因此，我认为黑格尔很可能会欣然接受马克思借之反驳他的人类学概念，其具体表述如下：

> 说人是肉体的、有自然力的、有生命的、现实的、感性的、对象性的存在物，这就等于是说，人有现实的、感性的对象，作为自己的本质即自己生命表现的对象；或者说，人只有凭借现实的、感性的对象才能表现自己的生命。说一个事物是对象性的、自然的、

---

① J. O'Neill, "Marxism and Mythology", *Ethics*, LXXVII, No. 1, 1966, pp. 38 – 49.

感性的，又说，在这个事物之外有对象、自然界、感
觉；或者说，它本身对于第三者来说是对象、自然界、
感觉，这都是同一个意思。①

最后，我认为通过马克思"异化"概念的几个方面，
能够提炼出一个核心要点，它将再次说明马克思与黑格尔
秉持相同的观念，即都把行动作为自我表现。对马克思而
言，异化是政治经济学范畴里的事项，却并不体现在现象
学方面。也就是说，首先，人在资本主义体制下与其劳动
产品相异化，又反过来使他与自身的本质，即感性的、社
会的存在相异化。在这样的条件下，劳动的意义仅仅成了
维持生存的手段，仅仅是为了满足纯粹动物性的需要，而
失去了作为人的需要的本质，那就是——即便物质需要极
端匮乏也具有的创造能力。因此，人与自然应被蕴含在教
化的母体里，其中，人类的自然史便与人化了的自然史交
融在一起。

只是由于人的本质客观地展开的丰富性，主体的、
人的感性的丰富性，如有音乐感的耳朵、能感受形式
美的眼睛等。总之，那些能成为人的享受的感觉，即
确证自己是人的本质力量的感觉，才一部分发展起来，
一部分产生出来。因为，不仅五官感觉，而且所谓精

---

① *Economic and Philosophical Manuscripts of* 1844, Moscow: Foreign
Languages Publishing House, 1956, p. 156.

神感觉、实践感觉（意志、爱等），一句话，人的感觉、感觉的人性，都只是由于它的对象存在，由于人化的自然界才产生出来的。五官感觉的形成是迄今为止全部世界历史的产物。①

人的本质演化在人与自然的互动当中不断推进，这一过程以技术和社会生产关系为中介。在这个意义上，人的本质潜在性或许可以被看作生产方式及生产关系的一种机能。

后来的每一代人都得到前一代人已经取得的生产力，并当作原料来为自己新的生产服务，由于这一简单的事实，就形成人们在历史中的联系，就形成人类的历史，这个历史随着人们的生产力以及人们社会关系的日益发展，而日益成为人类的历史。由此必然得出一个结论：人们的社会历史始终只是他们的个体发展的历史，而不管他们是否意识到这一点。②

所以，我认为我们的结论在于，黑格尔与马克思都没有把自然和历史相分离，同时他们又都把世界历史看作一

---

① *Economic and Philosophical Manuscripts*, p. 108.

② Marx to Annenkov, Brussels, December 28, 1846, *Selected Correspondence*, 1846 - 1895, Dora Torr (trans.), London: Lawrence and Wishart Ltd., 1934, p. 7.

种教化史，其中人的需要提供了一个对多种教化形态保有开放性的原初结构，而这些教化形态又反过来塑造了需要的存在特征，但它们却都指向了真正的人的需要，即创造性与社会性。

约翰·奥尼尔（John O'Neill）

1969 年 1 月，多伦多

目　录
CONTENTS

第一部分

黑格尔的生命与存在概念

M&H

第一章
黑格尔耶拿时期哲学中的
生命概念与生命意识

意识与生命

《精神现象学》中讨论"自我意识"的章节，构造出黑格尔辩证法的一个首要元素。意识发现它的对象不再外化于它，"事物的本质"或"内在结构"也不再是逃离于一切意识关系的"自在对象"。① 自我意识在其直接形式中就是欲望，而它所直面的对象就成了意识的欲望对象。从这个角度出发，意识便与生命相同，同时，这种受欲望驱动的生物，并不会把它的欲望对象当作某种完全外化了的东西。作为一类富有生机的物种，他只有在真正获得了满足的相

---

① G. W. F. Hegel, *The Phenomenology of Mind*, J. B. Baillie（trans.），London：George Allen and Unwin, 1964, p. 218.

遇过程中，才会体现出"成为他者"的特征。这类富有生机的物种占有对象，并把它同化到自己的本质属性当中，由此成就了自身的血肉之躯。通过这种方式，他把对象和自身确证为内在的同一性。黑格尔早在《精神现象学》之前的耶拿手稿中，就反复阐述了这类生命物种与无机环境间的关系问题："有机物表现为无中介的力量，可以说，这种活力能够将无机物置于有机物的流动之中"。① 在别的地方，黑格尔也强调，"正是通过吃与喝，我们才了解了无机物就其本身来说以及在其真正意义上究竟是什么……那就是它们无意识的概念"。② 我们在这里看到了黑格尔是如何理解概念运动的，也就是说，他把它看作通过符合对象发展的知识模式而对对象本身的渗透。这种与人的生存经验相一致的意识概念，把我们引向了黑格尔早期沉思的内部。当他在伯尔尼以及法兰克福时，对哲学的思辨并无太大兴趣，反而醉心于对人类境况的描述。的确，如果撤除了黑格尔早期论述亚伯拉罕以及关于"爱"的文本，那么，尝试着对他就意识与生命做出的更为晦涩的反思而进行有效解读，几乎是不可能的。

然而，黑格尔的早期作品与首卷《耶拿体系》（*Jenenser System*）或者《精神现象学》之间却存在巨大差异。在后面的文本中，黑格尔致力对生命进行概念化，而早期却倾向

---

① G. W. F. Hegel, *Jenenser Realphilosophie*, Vol. II, 1805 – 1806, J. Hoffmeister (ed.), Leipzig, 1931, p. 118.

② Ibid., p. 120.

于描述它。① 思想与生命原来是彼此分立的两个领域，其中
生命总是超脱于思想，同时思想也从未诠释好生命。但这
两方面却不会再如此继续下去，它们将获得统一。因而，
生命将被概念化为生命，思想也将打破传统禁锢从而抓住
并表达生命本身。当然，德国浪漫主义早已把这种生命概
念作为一个共同主题。在《浮士德》的第一部分中，歌德
就把鲜活的思想与垂死的思辨进行了对比：

> 神创造人类，
>
> 让它进入大自然，
>
> 你不投身于这生动的自然，
>
> 却在烟雾和霉腐里被兽骨和尸骸所围困。②

　　谢林打破了《判断力批判》的束缚，从而把自然看作
具有生命的大全。从黑格尔在耶拿时期的文本可以看出，
他就是根据这位朋友的《自然哲学》（*Philosophy of Nature*）
而将生命概念进行整理和系统化的。然而，黑格尔对生命
的思辨却与谢林不同。黑格尔并不把生命看作生物学的概

---

　　①　对于第一位评论《耶拿体系》的人来说，埃伦伯格（Ehrenberg）
将黑格尔早期作品与其第一卷《耶拿体系》间的差异看成一个"秘诀"。
在其后期作品之前，黑格尔就已经竭力将有限转化为无限，进而试图将其
概念化，由此宗教开始臣服于哲学。参见 Ehrenberg's Preface to *Hegels erstes
System*, H. Ehrenberg and H. Link（ed.），Ehrenberg, 1915。

　　②　Goethe, *Faust*, Part One, C. F. MacIntyre（trans.），New York：New
Directions, 1957. ——英文版译者注

念，而是作为心智或者精神意义上的生命。黑格尔的概念也并不是对自然的直观定义，而是人类意识的发展。他更关心人类的欲望，而非生物性的驱引。如果人们非要从整体角度概括黑格尔哲学，以此表达其出发点以及根本的直观性，那么不得不说，它就是在谋求成为对人类生命的思考。黑格尔在其早期文章中曾这样强调，"思考生命去吧，那才是问题所在"，同时他还补充道，"自在的生命意识与关于什么是人的意识，这两者本来就是一回事"。①

谢林的自然哲学被吸纳进黑格尔体系当中，由此更好理解的是，精神作为"自然的真相"，同时又预设出了自然。黑格尔在他最早讨论形而上学的章节中，把自然看作理念的从属元素，而不是作为绝对的彻底呈现：自然的精神是一种隐性精神，"它并不像精神的形式那样发展自身，而仅仅是能够意识到自身的精神，它是自在的精神，而不是自为的精神"。② 进一步说来，"黑格尔的自然哲学绝不是一种自然的形而上学，而完全是一种自然科学的形而上学，也就是说，是关于整个人类自然知识的形

---

① G. W. F. Hegel, *Early Theological Writings*, T. M. Knox (trans.), with an Introduction and Fragments translated by R. Kroner, Chicago: University of Chicago Press, 1948, p. 254. 类似的结论详见于柯耶夫在黑格尔时间概念中对"未来的根本意义"的研究，参见 A. Koyré, "Hegel à léna: A propos de publications récentes", *Revue d'histoire et de philosophie religieuse de Strasbourg*, No. 5, 1939, pp. 420–458。

② G. W. F. Hegel, *Jenenser Logik, Metaphysik und Naturphilosophie*, G. Lasson (ed.), Leipzig, 1923, p. 113.

而上学"。① 因此，黑格尔把在耶拿时期对自然概念的研究成果全部归功于谢林。但不管怎样，黑格尔由其反思之物而得到的基本经验都成了关于人的经验。黑格尔缺少谢林思想中那种原始特征，即"宇宙式的同感"；另外，谢林所缺少的对精神关系的理解则在黑格尔那里体现出来。《精神现象学》中讨论无限以及自我意识的大量段落表明，通过思考以及反思，生命意识的发展已经成了本质角色。在黑格尔辩证法内部，意识的发展具有创造性与动力性作用，原因在于，就像他在耶拿手稿中讲的，精神乃是"自我发现之旅"，② 而自然仅仅是精神自我发现的一隅。

生命，无限与关系

自我意识面对的对象将不再是一种抽象存在，或者从平行对立的视角所感知到的"事物"，而成了基于生命总体性立场所把握的鲜活存在。因此，自我意识就把自身的影像投放到其对象之上。从斯宾诺莎的角度来说，自我意识乃是在生命与生物之间、种属与个人之间以及实体与样式之间的关系中发现自身的。这样的关系驱使知性打破了它的原有范畴，因为知性总是在彼此的外在关系中掌握部分内容，并且当它设定出一种总体性时，它会把自己作为那些

---

① J. Hoffmeister, *Goethe und der deutsche Idealismus*: *Eine Einfuhrung zu Hegels Realphilosophie*, Leipzig, 1932, p. 65.

② *Jenenser Logik*, pp. 184 – 185.

多样性之外的实在物。外在性、空间性以及机械论是认知立场的典型特征。最终，它所表现出的实际立场，将比它假装表现出的立场显得更加抽象。对知性而言，"从多重外在性中体现出的单一的全在"① 是谜一般的存在，但正是这种大全般的不可分割性，以及它在宏观全在中表现出的诸多部分，共同构成了无限。生命概念与无限概念是同一的。在《耶拿逻辑》那里，黑格尔基于"一"与"多"的辩证关系构思出了无限，但也正是通过这种辩证法，我们才能够发掘出生命概念。反过来看，生命本身也是这种辩证法，因为恰恰是生命使得精神或者心智可以辩证地进行思考。

然而，我们不能把这种作为总体性的生命概念，看成黑格尔思想的原创起源。霍夫迈斯特（Hoffmeister）在讨论黑格尔实在哲学（Realphilosophie）的卷集中已经清楚表明，这一概念为所有德国浪漫思想所共有。在《浮士德》的一段著名独白当中，歌德召唤出了生命的源泉：

> 我到哪里去把握你，不朽的自然？
>
> 哪儿找得到你，是乳房吗？
>
> 你是众生之源头，天地之所系，
>
> 是憔悴的心绪所向往的地方，
>
> 你迸涌着，你滋养着——我难道是在枉然渴望着？②

---

① *Science of Logic*, W. H. Johnston and L. G. Struthers（trans.）, Vol. II, London：George Allen and Unwin, 1961, p. 403.

② *Faust*, Part One, C. F. MacIntyre（trans.）. ——英文版译者注

赫尔德、歌德和谢林都曾用斯宾诺莎的话，来比对"能动的自然"（natura naturans）与"被动的自然"（natura naturata），以及作为"具有无限生产力"的自然与作为"有条件且受制约的生产"① 的自然。在浪漫主义哲学当中，以太（Ether）乃是世界精神的对应物，精神、力量以及物质都被调和在其中。实际上，这是一种超感性的自然基础，康德宣称其为不可知的东西。② 谢林的同一性概念设定出了世界精神的最初形式，也就是说，"这种至高统一是一切的始源和一切的归宿"，③ 其十分类似于斯宾诺莎的实体。

因此，黑格尔思想的本源并不根植于生命概念，而在于对生命进行概念化的尝试，其路径是通过将"有限的规定"合并为"中性物"的辩证方法。就这样，早在1802年对"量"的范畴研究中，黑格尔就批判谢林的"力"（forces）无法区分存在的质性特征。④ 谢林把一切有限的实在仅仅看作源于绝对的些许偏离，是围绕在"同一性"附近的振动。这种思维模式或许能够很好契合于自然直观，

---

① "Einleitung zu dem Entwurf eines Systems der Naturphilosophie", Sämtliche Werke, K. F. A. Schelling (ed.), Vol. I, Part 3, Stuttgart and Augsberg: J. G. Cotta, 1856 - 1861, p. 284.

② "谢林对比于歌德，就好似康德对比于牛顿一样"，参见 E-. Cassirer, The Problem of Knowledge, New Haven, Conn.: Yale University Press, 1950, p. 145。

③ J. Hoffmeister, Goethe und der deutsche Idealismus, p. 34 - 37.

④ 埃伦伯格的如下洞见无疑是正确的，即黑格尔在讨论质的范畴时，他攻击了费希特；而在讨论量的范畴时，他又批判了谢林。黑格尔自身的体系建立在无限的范畴之上，而无限的范畴正是对其他范畴的代替。参见 Jenenser Logik, pp. xiii - xxiv。

但在构思精神生命时却显示出不足，因为精神中存在的乃是诸多根本的且为质性的对立。"对立是质性的，同时，既然绝对之外没有任何存在，那么对立本身就是绝对的，并且正是由于它是绝对的，才能扬弃自身"。① 反思与对立都不能被置于绝对之外，而恰恰应当处于绝对的核心处。与费希特不同，黑格尔并没有把无限设想为对知识的超越，他也不认为应将对立的世界还原为简单的偏离，即像谢林那样把差异仅仅变成外在的表现。黑格尔的观点在于，量上的差异显示的正是具体事物的本质。被确证为"生产力"的无限却使一切具体的对立空洞化，而只提供了一条消除所有差异的深渊。如果关乎发展的直观仍然只是纯粹的直观，并且不能感知到其一切现实性上的障碍物以及某种内在的东西，那么它就不是"精神从未停止进行否定"的直观。如果绝对真的是生产性的，那么它就一定会被认作一

_____

① *Jenenser Logik*, p. 13。关于"对立本身就是绝对的"，这意味着对立（Gegensatz）成了矛盾（Widerspruch），并且对立已经内在于绝对当中；换句话说，绝对乃是主体或者自我的现实化。值得注意的是，黑格尔对多样性、对立以及矛盾进行了区分。他认为多样性可以通过外在于事物的反思活动而进行把握；对立乃是通过相互对照，进而彼此具有了相互关联的两种事物间的关系；而矛盾则显示为对立在其中已经是每一个事物的内在属性了（每一个事物在自身中都包含着它的对立面）。矛盾因此成了主体内部的矛盾，这也是主体获得发展的原因所在。最终，关系就不再是两种预先存在且独立的事项之间的对比结果。黑格尔以下三个方面主题从而变得一致了：绝对即主体，对立即绝对，实在即发展。我们进而也能理解黑格尔为何坚持使用主体概念了，主体先于它的判断存在，而正是生命判断创造了主体。被归置于远离了其自身发展的那种绝对什么都不是，不过是一种空洞直观罢了。

种否定的力量，一种内在的活动性，它会把分裂与对立置于自身当中，以此来否定自己。我们在这里看到了一种关于绝对的神秘图景，它为了成为绝对，而把自身分裂、撕碎为断片。但在黑格尔那里，这个神秘概念却通过辩证哲学得到了改造，而这样的哲学则是通过把智识的推力融入存在当中，以此种韧性来获得印证。① 黑格尔的创造力并不表现在那个神秘图景中，而是致力于对其进行概念转化。驱使人们阅读《耶拿逻辑》的奥妙，就表现在神秘直观与思想体系的互动关系中，因为它抓住了各类逻辑关系的鲜活实在。

无限并没有超脱于那些有限的对立，相反，后者本身恰恰应被看作是无限的。在黑格尔的概念体系内，无限比有限更为"焦躁不安"——"无限的分化流动只能通过将存在进行分化才能获得自身的实现，从这个角度来说，扬弃仍然是一种绝对，它正是在分化过程中表现自身的，因为后者预设出一种毁灭自身的存在"。② 尽管以上叙述在表面上略显模糊，但其中却蕴藏了相当明晰的深层思想。就像黑格尔在1800年强调的，必须通过"关系与非关系间的联结"进行思考。使他能够通过关系进行思考，或者不单以非反思的方式进行思考的关键概念，就是无限。正是这

---

① 黑格尔掌握了思想的运动，它致力于对不同事项以及相关事项间的差异进行无尽联合。在这一过程中，抽象化（否定性的力量）乃是一种本质元素。相对就彼此相关的事项进行区分，联合只能是一种抽象化，反之亦然。

② *Jenenser Logik*, pp. 33–34.

一概念为黑格尔 1802 年的辩证逻辑思想提供了支撑，从而使我们能够窥探到黑格尔体系的原初框架。

从笛卡尔到康德，关系问题已经成为理论知识的核心问题。笛卡尔的"我思"（Cogito）呈现出一种直观，在纯粹的精神活动中，它抓住了思维与存在最为重要的统一，而这也曾受到笛卡尔最根本的质疑。康德哲学是一种律令哲学，或者说是一种关于各类有限规定性间关系的哲学。黑格尔继承了这种对律令本质的反思，他表明一切天文学方面的知识都能够设定出时间和空间的关系。他并没有单纯致力于对这两种定量反思出经验上的关系，而是呈现出时间概念如何能够设定出空间概念，以及它又是如何被空间概念反向设定出来的。但恰恰是在对生命概念化的过程中，需要由此展示出统一与分裂的范畴。无限是对应于关系的鲜活原则，也就是说，通过这一辩证原则，关系中每一项的发展都能获得构思。把有限的规定性看作无限的，就是在根据其为了自我扬弃或"成为他者"，而表现出的不安分态势来把握它——"由此，规定的特殊性在本质上乃是不成为其所是的那种绝对的躁动"。①

然而，这却不足以设定出一个先验的实在物在任何时候都能超越每一个特殊规定性。每一种规定性都通过它的相关演变来否定自身，但同时也正是通过后者而发现了自身，因为它的相关演变恰恰是借助自身来否定自身。最终，

①　*Jenenser Logik*, p. 31.

这种无限，或者说这种双重运动彰显出的总体性，不能被设定为一种无法企及的先验物。呈现在关系中的统一，既预设出了各项间的差别，但差别中也体现着关联。原因在于，这种统一乃是"先验性的活动，却不是一种先验实在物"，① 因为在其中各项间的差别会消失不见。万物都会通过这种关系达到无限，因此，一切也都具有了生命的灵性和运动的特质。

这种关系性的生命见诸黑格尔的辩证法当中，它不能被看作一种形式技巧可以无差别地应用于任何对象上。辩证法是对象的生命，同时，辩证思想绝非抽象范畴。每一种生命关系都有其自身的特殊结构，它必须就其自身进行概念化。为了达到这一点，一定要在无限的范畴内把握住其中每一环节以及关系本身。因此，无限就成了一种中间项，能够对生命和生命关系进行概念化，进而，它又成了使知识问题与生命问题化为同一问题的手段。② 黑格尔的第一篇逻辑学论文，即是在回应他青年时期向自己提出的问题：人类生命的明确条件究竟体现在何处？然而，关系的动力论学说，抓住的仅仅是生命活动意识所具有的真正意义，可只有精神关系才是一种辩证的"自为"。这就是为什么黑格尔说自然"仅仅是一个自在的概念"。因此，生物性

---

① *Jenenser Logik*, p. 31.

② 黑格尔思想通过以下三个术语的等效性构建起来：人的生命，其必须被赋予哲学表征；关系，即思想本身；无限，它是对生命与关系进行概念化的条件，或者表现为思想与生命的契合。

的生命只能终于死亡，或者以普遍与特殊的激进解决方式而告终。但在黑格尔那里，死亡恰恰是精神生命的开始。

生命辩证法与生命载体

这种无限的生命作为自我的镜像，是如何呈现到自我意识层面的呢？在对生命的反思上，我们可以从以下两方面入手：或者始于生命的统一（能动的自然）直到相异的个体；或者始于独立的个体（被动的自然），他把大全看作外在性的统一，而后发觉那种统一乃是个体的固有本质。辩证关系的典型代表就是那种环形模式，而以上两种路径确实可以在其中达到互补的效果。①

让我们从独立的个体视角出发，黑格尔把这叫作生命形态或者个体结构。这一实体把自己从大全中剥离出来，并宣布自身独立，其乃斯宾诺莎称作的"样式"。但是，鉴于斯宾诺莎的样式纯粹是否定性的，黑格尔则把样式归之为自在的否定力量，或者类似于莱布尼茨单子式的活力。②它通过与普遍的分离而构成自身，并将自身诉诸成"自为

---

① "（个体）存在仅仅是因为生命的总体性分裂为不同部分，他自身构成其中一部分，而剩余的一切构成为另一部分；继而，他的存在仅仅是因为他并不是任何部分，以及他并没有进行任何分裂"。源自"体系的断片"（Fragment of a System），参见 *Early Theological Writings*，p. 310。

② 黑格尔在耶拿时期受到了莱布尼茨的强烈影响，但是莱布尼茨的单子论对于外部世界来说是封闭的。黑格尔对单子论的批判在于——在单个单子活动的意义上，它才会显示出超越性。

的存在"。黑格尔耶拿时期的生命哲学就是对这一生物学辩证法的描绘。个体生命把自身推举为掌控"无机的世界"以及"自身否定性"的力量，它反对外在于其自身的大全，因为大全是"多重的综合"，而个体作为一种"否定的统一"是与之相对立的。宇宙与有机物之间、普遍与个体之间的关系，能够呈现为环境与有机物之间关系的生物学形式。在这里，我们很难不去和黑格尔的相关描述做比较，即他早期作品中对亚伯拉罕的讨论。

亚伯拉罕使自己成为超然世外的异者。他确证着他自己，进而在自身之外设定一个总体，因为他把这一总体作为自我满足的对象。但是，否定性在其中并未被有效意识到，同时那种满足又始终寓于未来当中，而当下的个体生命也总是指向对当下进行否定的未来。这便是一种内在矛盾的源泉，它在欲望的核心处表现为悲伤。悲伤本身就是这一矛盾，它是一种生物学意义上的辩证法。然而，自为的存在依靠普遍来繁荣自身，进而统领着它……"其具体方式表现为，基于自身的特权或者固定框架而成为一个无限实体，它提出了与普遍实体的对立，舍弃了与那一实体的顺畅连续性，并坚称它不会消融在那一普遍要素之中。相反，它会通过并且借助于它与无机自然界的分离，并且通过消耗这一无机自然界的事实，来保持自身的存在"。①因此，自为的存在把自身等同于普遍或者种属，它是一种

---

① *The Phenomenology of Mind*, pp. 222 – 223.

纯粹的否定力量，在其绝对的自我确证当中，它所否定的恰恰是它本身。"它消耗自身……扬弃自己的无机自然界……自给自足……建立自己的认同……这正是发生在其自身内部的过程"。①

个体作为一种生命存在体，其自身就是那种流动性，其中诸元素不断地进行着否定和扬弃。他的成长伴随着自己的否定和成熟。个体即生命，因而也等同于暂时性，而这样的暂时性则是一种永久的自我否定。② 个体的生命隶属于活动范畴，而非"事物"。通过活动，个体否定了固化于自身内部的东西（他的内在无机自然界），同时扬弃了自身。生命的这种内在固有矛盾，外化在了种属的发展以及性别的分立上。个体观察外在于他自己的对立成员并将其同一到自身当中，因此，欲望将不再指向对象，而是把目光反观到自我身上。这一描述源于黑格尔早期对爱的反思，他将其寓于"以生命感知生命"③ 当中。但两性之间的关系仍然是直接的关系，它不具备能够使其成为一种无限"自为"的意识。实际上，在两性关系当中，生物性的个体作为一种个体将会消失。个体死亡并通过生命的周期循环过渡为另一种存在，父母的离去乃是孩子的新生。因此，这一循环最终会闭合在自我当中。黑格尔表明，生命的无尽循环"恰恰是独立个体的构型轮廓，同时也是舍弃这一预

---

① *Jenenser Realphilosophie*, Vol. II, 1805 – 1806, p. 116.
② *The Phenomenology of Mind*, p. 221.
③ "Love", in *Early Theological Writings*, p. 305.

定轮廓的途径”。① 生命的存在体在肯定自身的同时又否定自身，他的发展与完善暗含着他的死亡，或者从更积极的意义上说，就是在创造新的个体。生命的转瞬或者生命的时间，既体现着存在也表达着非存在，生与死乃是其中不可分割的两个方面。普遍性的设定最终把个体分裂为以下两方面，即外在于他自身的宇宙和固有在其自身中的总体性：“因此，我们在这里获得了一个相互关联的体系，一端是作为普遍性或者种属的一般生命，另一端则是作为单一大全或者一般个体的相同生命”。②

　　在生命的圆环当中，普遍性与个体性在彼此间相互渗透，这一现象可以被转化为否定性原则的力量逻辑概念。作为一种总体性，生命等同于扬弃其差异属性的活动，因此，它的概念化预设出了诸多相互分离的外在结构，相应地，每一个这样的结构又都是一种生命形态，也就包含着绝对否定性的力量。由此，它作为一种实体形态就可以否定自身，通过否定之否定最终回归于总体性上。在这里，我们就获得了无限概念的一个实例，尽管它在生命的漩涡中没有实现自为，并且缺乏独自使无限获得有效实现的意识。这种意识的发展乃是绝对精神的辩证性根源，它第一次出现在“耶拿形而上学”篇章当中，并且主要涉及下面的内容：“对于单子来说，本质的存在只能作为先验的统一；而实际上对我们（认可精神的哲学家们）来说，这种

---

① *The Phenomenology of Mind*, p. 224.

② Ibid. , p. 324.

先验性正是单子所固有的实在"。①

生命意识与作为历史的精神

在《精神现象学》里论述自我意识和生命的章节中，黑格尔写道，"前者表现为统一，对它而言，诸多差异的绝对统一是存在的；而后者则仅仅表现为这种统一本身，所以，这种统一并不同时也是自为的存在"。② 除了在自我意识当中，将自己分崩离析为多重生命存在的虚假无限，这样的生命过程不可能获得其无限性的意识，即作为"联结关系与非关系"的无限关系的意识。"（生命）既不是所要表达的那种开端，即其本质上的直接连续性与现实固定性，也不是那种稳定的、持存的形态，即自为存在的独立个体，同时也不是这种形态的纯粹过程，更不是这些元素的简单链接。生命统统不是以上那些方面，而是发展自身同时也消解了自身发展的，并且在这种运动中简要保持了自身的大全"。③ 然而，生命只有对生命意识来说才是大全。在生物学的意义上，这种简要性只有通过死亡才能意识得到。在有意识的存在当中，死亡被看作一种积极的现象，或许我们由此便可理解黑格尔在《精神现象学》序言中对死亡

---

① *Jenenser Logik*, *Metaphysik und Naturphilosophie*, p. 177。我们在后面会具体谈到耶拿时期精神哲学的演变及其与"绝对精神"概念的关系。

② *The Phenomenology of Mind*, p. 221.

③ Ibid. , p. 224.

的论述。死亡并不是某种令我们在其面前颤抖的事物，或者对其避而不谈的理念。真正的精神生命"能够包容得下死亡，并且恰恰是在死亡当中维持它的存在……这种与死亡的相伴相生是一种魔法力量，其能够把否定灌输到存在那里"。① 这些论述或许有效阐明了黑格尔在《逻辑学》中的著名辩证方法，并提醒我们生命意识是与生命本身完全不同的。生命意识生成了生命的真谛，但只有在人类经验当中才能意识到这种真谛。生命中的各种元素一旦被整合到人类意识当中，就会以历史的形式发展，而人的意识就是绝对主体，它在时间的流动中探寻到了自己的身份。②

"精神即时间"，③ 黑格尔在其耶拿时期的文章中就做过这样的表述，对这一神秘结论的具体阐释详见于《精神现象学》。因为只有在意识的暂时性中，"发展自身同时也消解了自身发展的，并且在这种运动中简要保持了自身"的大全，才会获得自我呈现。这就是为什么说只有精神才是历史，并且还是一种永远面向未来的历史，因为精神乃是否定性的绝对原则。④ 这或许是一条把握黑格尔体系总体方向的有效线索。当理性对自然进行观察的时候，它并没有发掘到介于作为总体性的生命与有生命的个体之间真正的

---

①　*The Phenomenology of Mind*, p. 93.

②　在《精神现象学》的序言中，黑格尔把绝对看作主体而非实体。

③　*Jenenser Realphilosophie*, Vol. I, 1803 – 1804, p. 4.

④　辩证法预设出一种无限的发展原则，并把一种无尽的否定性寓于未来之中。但是，总体性是每一元素的固有本质，而这样的总体性必须被概念化为一种体系，可这种体系与辩证法并不具备相同的条件。

中间项。在种属与个人之间当然存在着以类作为中介的结合，但是，类并不是自为的存在，并且呈现为类的个体也极容易受到普遍的个体性、地域、气候以及其他诸多环境因素的影响。相反，"意识设定了认知体系，即它的个体化或感性意识，并成为它们与普遍精神的中介，同时又能够作为精神生命有序从自我中建构出的大全——这种自觉的生命形式之体系正是本书（《精神现象学》）所要考察的，并且它还会发觉到，其客观的外化表现将幻化为世界历史。但是，有机自然界却没有历史"。① 正如黑格尔所言，在生物性的个体当中，总体性并没有获得真正呈现，"并且大全亦不会呈现，因为大全在这里并不是自为的存在"。② 真正的无限存在于总体性的意识当中，它是每一个个体元素的核心。由此可见，历史乃是这种意识的具体的自我发展，也是精神生命在个体与普遍的重要统一中的实现。这是一种关于统一的动态概念，而不是一种直观，并且这种表现出无限的辩证概念的统一，黑格尔早在 1802 年的《逻辑学》著作中就提出来了。

作为历史的精神，这一概念从耶拿时期的早期笔记开始，经过研究概念与直观的一系列对比性文章后，形成了黑格尔在《精神现象学》中的成熟表达。通过概念与直观的对比，黑格尔从哲学角度呈现出了生命与生命意识间的对比。在他看来，概念乃是认识的活动，它与它的内容是

---

① *The Phenomenology of Mind*, p. 326.
② Ibid.

分不开的；而直观恰恰是意识的自明之理。在耶拿时期，黑格尔逐渐对他的哲学理想有了全面认识。他开始在根本上反对费希特的观念论，认为其存在根深蒂固的片面性。费希特的体系仅包含对意志的纯粹反射性活动，最终，观念不仅永远无法达到，并且在任何场合都与鲜活的实在相对立。相反，谢林完全把生命概念与知识概念等同化，他的体系根植于"同一"当中，并且在一切实在的核心处发现了这种"同一"，即作为精神的自然。知识与实在能够达到同一，其方式主要体现为直观或者"主观与客观的总体趋同"。① 在《费希特体系与谢林体系间的差异》（*Differenzdes Fichteschen und Schellingschen Systems*）② 当中，黑格尔似乎已经接受了其朋友谢林的观点。可我们看到，在 1802 年的《逻辑学》著作里，他却提出了一种关于无限的辩证法，这又与谢林的概念体系相去甚远。

然而，在与《逻辑学》同时期完成的《伦理体系》（*System der Sittlichkeit*）中，即黑格尔《精神哲学》的初稿中，却没有对这种无限辩证法做任何说明。黑格尔最开始对精神哲学的探讨远在《逻辑学》和《形而上学》（*Metaphysik*）之后，并且由于精神哲学是他的主要研究领域，从而使得学者们对此感到甚是诧异。③ 但这一问题还是可以解

---

① "Darstellung meines Systems der Philosophie", *Sämtliche Werke*, Vol. I, Part 4.

② *Erste Druckschriften*, G. Lasson（ed.），Leipzig：Verlag Felix von Meiner, 1928.

③ 参见 *Ehrenberg's introduction to Hegels erstes System*，以及 J. Hoffmeister, *Goethe und der deutsche Idealismus*, pp. 102 – 103。

答的。1802 年，黑格尔开始投入对精神哲学的具体研究当中。他站在谢林一边而反对费希特，因此也第一次把绝对等同于一个民族的生命。① 精神生命中的诸多元素，如劳动、机器、家庭、语言以及法律等，即那些黑格尔深入全面研究的东西，构成了社会生活的各类规定性。观念领域和日常生活世界并不应是相互分离的，它们会在有机总体性的国度里被共同把握，其中，概念将会结合到直观那里去。但由于"直观乃是对非规定性之物的无视"，并且会把总体性作为对象性的实在。因此，在黑格尔这个时期的作品中，我们并不会看到"绝对精神"现身，它似乎含蓄地被包含在写于同一时期的《形而上学》著作中了。一个民族的生命通过自身并不能获得自我反思，精神的意识生命也不能扬弃或者修正它的鲜活实在。意识在真正意义上的觉醒，必须把焦虑和不安引入直观的核心当中。但是，直观对概念的超越，就好似社会生活的有机实在对个体意识的超越那样，因为在直观当中，精神将被它的对象所吸收。最终，直观并不是能动的，即便它假装把握了生命本身或者看穿了生命的纯粹生产特性。早在 1802 年，黑格尔就洞察到了直观的无力，在耶拿时期《逻辑学》著作中，那种关于无限的辩证法就是对谢林的"绝对"的批判，其原因恰恰在于，"绝对"在自身中缺乏一切对立，因而也就不能

---

① 宗教指的是一个民族或者一个城邦的宗教，就像希腊人的宗教那样。参见 G. W. F. Hegel, *Schriften zur Politik und Rechtsphilosophie*, G. Lasson (ed.), Leipzig, 1923, p. 466。

与真正的发展产生任何关联。

但从 1802 年到 1806 年，黑格尔开始不断延扩其精神哲学的发展。《伦理体系》就是伴随之前一篇研究"自然法"① 的论文诞生的，进而，我们便看到《精神哲学》② 以及随后的《精神现象学》这两部著作。因此，我们可以从这一角度重新建构黑格尔的思想发展轨迹，或者说重述他的学术发展历程。我们见证了直观对概念的屈从，见证了创造性意识的发展，也见证了精神单纯通过其自身的历史中介而获得了实现。在讨论"自然法"的文章当中，黑格尔就已经向人们表明"精神优于自然"，③ 因为其能够转向自身从而反思自身。但在那篇文章中，黑格尔并未提出由意识观念所引出的内在发展动力。他对柏拉图的有机城邦观点很着迷，其被看作每一个历史城邦的固有结构。黑格尔试图把谢林的审美直观转化到道德与社会的生活当中。通过令概念位列于直观之前，黑格尔将历史发展置于精神生命的核心处。因此，在《精神现象学》中能够表明的是，精神即历史，因为意识的发展同时也是一种历史过程。

在《精神哲学》（1803—1804）中，意识的发展已经明确被置于"直观"之前。黑格尔摒弃了不包含自我反思的以及一种客观的和固有的直观。"现在，直观被意识制

---

① "Ueber die wissenschaftlichen Behandlungsarten des Naturrechts, 1802", in *Schriften zur Politik und Rechtsphilosophie*.

② *Jenenser Realphilosophie*, Vol. I, 1803 – 1804; *Jenenser Realphilosophie*, Vol. II, 1805 – 1806.

③ *Schriften zur Palitik und Rechtsphilasophie*, p. 392.

约着"。① 独立研究主体精神，即研究作为社会实在的精神成为可能。在 1805 年到 1806 年的文章当中，黑格尔已经发现自己是一名彻头彻尾的精神哲学家。精神是历史性的，它延续着一种辩证的进程，就像古代城邦进化为现代社会组织形式那样。世界历史或者世界精神，将民族精神扬弃为它的内在元素。② 精神哲学作为一种具体辩证法，它的任务就是超越直观，并以自我发展的历程而成为一部有关精神的哲学史。

在《精神哲学》（1805—1806）中，黑格尔提出了成熟的绝对精神概念，这在 1802 年的《形而上学》著作中曾被部分地提出来。精神是对自然与民族生命的双重扬弃，并且在艺术、宗教以及哲学中获得了普遍性。基督教能够超越民族性的宗教，就是因为精神在其中获得了自我意识。③ 从这个观点出发，黑格尔对自己创造的精神哲学信心满满，并且在《精神现象学》的序言中，他随即直接用自己的概念哲学去抗衡谢林的直观哲学，并以"把绝对作为主体"的哲学去反驳"把绝对作为实体"的哲学。

显然，黑格尔哲学是一种关于人类生命的哲学，也是

---

① J. Hoffmeister, *Goethe und der deutsche Idealismus*, p. 107。马克思的阶级意识理念可以在黑格尔那里找到根源，因为在马克思看来，阶级意识的出现乃是历史发展的生成性要素。

② *Jenenser Realphilosophie*, Vol. II, 1805 - 1806, p. 273.

③ 在这里，黑格尔重拾了他早期对宗教演变的研究，即研究从民族性宗教到基督教、从伦理体系到绝对精神的演变。但在黑格尔晚期体系当中，这一问题仍是在艺术、宗教以及哲学形式中呈现出来的，并将世界历史作为各民族历史而关联于绝对精神。

关于生命意识的哲学，而不是谢林那样的自然哲学。一方面，只有通过黑格尔早期文本才能够理解他对生命的描述，比如他对亚伯拉罕和爱的讨论；另一方面，生命意识就是无限的实现，它已经成为真正的"自为"。黑格尔耶拿时期精神哲学的发展证实了以上说法的互补性。我们已经指出，在黑格尔到达耶拿后，他试图提出一种关于生命的哲学概念，并且又把关系与生命进行了同一化。相应地，通过"无限"这一概念，黑格尔将关系转化为一种辩证关系，换言之，他把其看作一种具有生命力的关系。黑格尔在对每一个术语的运用上都包含了能动性的反与和，因此，综合与分析不过是关系中表现出的某些方面，而关系则包含着与自身的分裂以及和解。但最为重要的是，能动且富有生命力的关系乃是一种精神性的关系，也就是说，它是因意识才显示出生命力的关系。总体性中诸多要素所呈现出的动力论，只有在意识那里才得以可能，因为意识克服了直接性并提出了中介指向。

我们从黑格尔的早期文本中，已经竭力呈现出一种极具创造性的尝试，即对精神的关系进行哲学解读，并对人类的境况进行有效描述。遵循这一路径，我们相信已经发掘到了黑格尔辩证思想的源泉。① 对黑格尔来说，在经验中最为根本的东西乃是精神关系的经验及其发展：人与人之

---

① J. Hyppolite, "Les Travaux de jeunesse de Hegel d'après des ouvrages récents", *Revue de métaphysique et de morale*, XLII, 1935, pp. 399 – 426 and pp. 549 –578.

间、个体与社会之间、神与人之间，以及主人与奴隶之间的关系。这就是为什么在《精神现象学》里论述"自我意识"的章节中，我们发现诸多现实之间存在的直接关系能被意识转化为两种自我意识间的精神关系。我们还提及了著名的主奴辩证法。① 在认识论的辩证法中，支配与奴役的直接关系被颠倒了，主人成了他自己所奴役之物的工具，而奴隶作为对象的生产者塑造（shape）② 自身并成为主人的主人。被奴役的意识"实际上真切地在其自身当中，包含了这种纯粹否定性的真相"。众所周知，焦虑并不仅仅体现在时间上的这个或那个瞬间之中，而是"对应于它的整个存在，其感受到了死亡的恐怖和主人的威权"。③ 开始觉察到这种恐怖并因此遭受强制劳役的意识，从直接性的状态中挣脱出来，进而走入一种间接性情境中，这一情境乃是精神关系的根基。像伊匹克提特斯（Epictetus）那样能够认识到有关某个部分意识的这种关系，乃是斯多葛学派的入门基础。精神的关系在自我发展中成了一种"自为"，也就是说，这种关系内部明显具有固定性和独立性的诸要素，被寓于一种真正的运动当中，在那里，生命与辩证法会彰显出一致性。沿着这一路径，我们便进入了人类历史领域，

---

① 关于黑格尔的辩证法，详见 N. Hartmann, *Die Philosophie des deutschen Idealismus*, Vol. II, Berlin: Walter de Gruyter, 1960, pp. 324 – 338。

② 黑格尔使用的是 Bildung（教化）一词。参见 *The Phenomenology of Mind*, p. 238。

③ Ibid. , p. 237。我们在这里可以看到黑格尔否定性原则的具体含义。黑格尔的体系远非一种文字游戏，而是有关思想生命的逻辑。

也正是为了理解这一历史以及人的生命所在，黑格尔建构
了辩证法。最终，恰恰在文化学角度，辩证法始终是一种
富有成效的方法。

第二章
黑格尔现象学中的存在概念

　　"存在"（existence）一词是由克尔凯郭尔（Kierkegaard）引入哲学中的。克尔凯郭尔对黑格尔最根本的批判在于，在黑格尔浩瀚的哲学体系内，始终没给存在留下一席之地。这一体系审视了各类"世界图景"，却没能对任何一个方面进行具体详述。当然，黑格尔给人的印象一直是把冲突引入哲学之中，可这也永远是为了在更高层面的综合中消解冲突。黑格尔深化了呈现在生命与哲学内部的诸多冲突，如艺术与宗教、外在与内在以及人与上帝等方面，但他最终扬弃了这些冲突并使对立获得了和解。可能问题的确在于——黑格尔是否已经忘记了存在的本质，因为这在他的体系中并未获得呈现。但这一体系却也恰恰反映出了存在概念的缺失，而克尔凯郭尔则花费了他毕生的精力，来反思存在以及由它所引发的诸多悖论。因此，克尔凯郭尔决不会建立一种把存在置于世外的体系，相反，他的思想完全根植于存在，并且自始至终都力图阐明存在的原初性与不可还原性。进一步说，把人的存在表述为先于其存在的本质，这是不可思议的。诚然，这的确令人十分费解，但它却通过思想自身中难以克服的矛盾而逐渐呈现在了思想内部。

就我们而言，克尔凯郭尔与黑格尔的对立再熟悉不过了，但也正因此而使我们没能认真对其进行考察。此外，克尔凯郭尔在一般意义上较黑格尔无疑显示出更多有效性，可我们的目的并不是通过捍卫黑格尔的体系来抵御克尔凯郭尔的攻击。我们意在表明，借助黑格尔的早期著作以及《精神现象学》证明，较一般观点而言，黑格尔乃是一名更接近于克尔凯郭尔的哲学家。黑格尔早期著作中所显示出的具体性以及存在性特征，已经在让·瓦尔的《黑格尔哲学中的苦恼意识》①一文里获得了精彩表述。黑格尔的早期作品全部指向了《精神现象学》中的"苦恼意识"章节。和解与综合在《哲学全书》那里达到了巅峰，但早在发现这些问题之前，黑格尔就已经意识到无限与有限以及人与绝对的悲剧性对立，而在犹太教与浪漫主义的研究中，他则仔细考察了这种冲突的存在形式。黑格尔由此得出的结论详见于《精神现象学》，即他赶在耶拿大战前夜完成的著作。我们应主动忽略《精神现象学》中的相关内容，包括意识的旅程，或者人类意识在寻求终极的和谐及和解中所经历的文化历险，这一历险最后成就于绝对知识，也就是

---

① *Le Malheur de la conscience dans la philosophie de Hegel*, Paris: Presses Universitaires de France, 1951.

说，成就于扬弃了多元世界图景的体系。与此相对，我们要着重考察的是——黑格尔这一著作中是否显示出了与当代一般存在主义概念相对应的存在概念。

"精神现象学"是人类意识逐步达到绝对知识的历史，这种历史与其说是对意识经验的建构，不如说是对它的一种描绘。此外，通过"经验"一词，我们不仅要了解理论知识，也要把握好宗教、伦理以及艺术的相关概念。基于以上视角，这位哲学家描绘了人类经验的整体向度，并且，尽管他从未在其理论的终极目标上有过一丝松懈，即详细阐明他的整个体系，但是，他也不惧怕停留在经验的某一具体阶段来描述其相应旨趣。在这种发现之旅的每一阶段，他都尽力把握住特定世界图景的本质，而有些时候，这种呈现本质的方法则表意出对本质的现代性的现象学描述。当黑格尔言及"文艺复兴"以及"恐惧"的时候，以及当他谈论安提戈涅和克瑞翁的时候，人们就会觉察到，他的思想已牢牢把握住了它们的本质，并且深入到人的经验核心处。对这些经验进行逐一分析，终究是不可能做到的。《精神现象学》则是这样一笔财富，往往也是一笔晦涩的财富，即我们必须规定自己去选择某些特定方面，因为这些方面会以某种别样的方式，来阐明可被描述为存在概念的那些东西。

因此，我们将过渡到"自我意识"的章节上，并思考黑格尔在自我意识——或者我们也可称其为人的存在——与一般生命间发掘出的冲突。"苦恼意识"恰恰见诸这样的冲突中，也正是"苦恼意识"，有效阐明了黑格尔所秉持的关于人的存在的概念。

黑格尔在分析自我意识的最后一个段落中表明，"生命意识，即其存在以及活动的意识，仅是对这种存在以及活动的痛苦与感伤"。① 一个人所感知到的关于他自己的意识，也正是我们所要表明的生命意识，其最终引发了苦恼意识的生成。为了体悟到普遍性的生命，就必须将自身置于其对立面，同时又在其中重新发现自身。对人而言，生命成了关于它本身的知识，但这一切发生的前提是——人的存在要在生命的意义上有所显露，并且又在它自身之中把握住那一最为悲剧性的冲突。当然，生命意识不再是一种天真幼稚的生命，作为对其一切特殊形态的否定，它成了关于生命大全的知识，以及关于真正生命的知识，但同时也是关于这种"真正生命"缺失的知识。因此，在体悟生命过程中，人也游离于天真幼稚且饱受规约的生命边缘处，他的欲望渴求着一种自由，而这种自由却并不会敞开为特定形式；进而，他为使自己获得自由而付出的一切努力终将付之东流。

由此观之，自我意识将现身为某种与纯粹且单纯的生命完全相异的事物，而人的存在作为事关生命的知识，也就成了一种新的存在模式，我们能够合理地将其称之为"存在"。的确，人的自我意识特征恰恰在于，它暗含着与

---

① *The Phenomenology of Mind*, p. 252.

天真幼稚且简单直接的生命决裂，同时表现为处于存在的静态规定性之上的高瞻远瞩。这样的存在，作为对每一种特定存在形态的不断否定，本就源于世界内部。在生命的总体性中感悟生命，也就是在反思死亡，即向死而在，而这才是我们怎么能够感受到真正的自我意识的应有方式。

如果我们把目光回溯到黑格尔的著作中，包括他对犹太民族及其祖先亚伯拉罕的研究上，或许就能进一步加深对直接性生命与生命意识之间的冲突的理解。在黑格尔看来，犹太人是历史上的"苦恼民族"，在这一点上，与之形成对照的则是希腊民族。希腊人知道如何把思想与有限的生命调和起来，但亚伯拉罕却致力于一种激进观念——有人可能会把它说成是一种总体观念——他把自己从一切特定的生命形态中隔离出来。他离开了自己的祖国，徜徉在沙漠之中，并寻求一个人过活，但这种思绪却驱使他超越了直接性的生命："亚伯拉罕不再懂得如何去爱"。他不醉心于有限且受制的客体，生命在他那里成为一种总体性，即对一切固定形态的否定。这就是为什么亚伯拉罕把上帝作为超越既定生物的存在，因为无限的上帝不是任何具体形象所能表现出来的。犹太民族以其作为上帝（一种绝对先验的形态）的选民自居，他们渴望提升到他应有的高度，尽管这显然是不可能的，因为这一上帝或共相的每一种规定性表达，呈现的都是一种偶像崇拜形式。在这里，黑格尔主要参照了我们今天所称的"生命价值"与"智识价值"或者说"精神价值"间的冲突。在犹太人对生命的反思中，尽管他们有着满腔自觉的热忱使其甘于皈依一方净土，并在规定的事业上宁愿死而后已，但他们却"成功地"将自身对立于幼稚且有限的生命，而没能归返到那一有限中。这位犹太人认识到了共相，即生命的大全，但同时这一观念也把他排除到生命之外。我们在这里看到了一种错位，黑格尔在其早期文本中就有选择性地进行过研究，在《耶拿体系》中也回溯过这一问题，而在《精神现象学》的"自我意识"章节中，他则对其进行了哲学上的程式化。

　　或许需要补充的是，这种生命的自我意识，在某种程度上乃是根据死亡的思想而凸显出来的。尽管这看上去似乎是一种奇怪的联结，但如果我们进一步分析黑格尔的生命以及自我意识概念，就很容易看出个中的合理性。我们不应忘记，每一事物在"是其所是"的同时，与他物也是绝对对立的。正如接下来这段话清晰显示的那样："前者（自我意识）表现为统一，对它而言，诸多差异的绝对统一是存在的；而后者（生命）则仅仅表现为这种统一本身，所以，这种统一并不同时也是自为的存在"。①

　　黑格尔主义反对浪漫主义的论调。像谢林以及荷尔德林（Hölderlin）那样，黑格尔希望以哲学的形式表达无限的生命，而这种生命则通过多种规定的生命形态表达着自身。无疑，这一生命归于统一，但其显现形式却多种多样。每一个特殊的生命存在就其自身而言的确是对生命总体性的

_____

①　*The Phenomenology of Mind*, p. 221.

表达，即对共相的表达，就像斯宾诺莎的样式乃是对无限实体的表达模式那样；但它也仅是对那一生命的特殊表达，同时说明了——为什么其在赋予其他生命存在以新生的过程中完成了自己的死亡。普遍生命的运动将自身呈现为绵延不绝且持续平缓的"死与生"，但是，当特定的生命载体死亡时，它并没有体悟到这种无限的生命，亦即自我，因为它只是无限生命的部分实现。有机体意识不到它的死亡，死亡不过是对转瞬即逝的生命规定性和有限性的否定，但生命的绝对力量却通过它达到了无限和统一。生命的无限体现在死亡与繁殖这两方面，但这种否定之否定（无限的否定性，否定之否定孕育的乃是真正的肯定）却被特定生命体忽略掉了。有机生命并非存在，因为其并未感知到死亡。

可当我们转向自我意识或者人的时候，情况就完全不同了。在动物那里，疾病是否定性的可见踪迹，也就是说，由于它是一种特定存在，只有在这样的境遇里才会否定自身。黑格尔在《耶拿体系》中有讨论此问题的相应段落，他在其中指出人是会生病的动物，他能意识到自己的死亡，而正是在这种有效认识意义上，他将生命不可动摇的自在寓于自身的自为之中。现在，我们终于看到究竟在何种程度上，人的存在是高于动物生命的了。动物意识不到生命在其大全之中的无限总体性，而人却成为那一总体性的自为存在，同时人又内化于死亡当中。这就是为什么——人的自我意识的基本经验，不能与死亡的根本经验相分离。

　　人的自我意识首先表现为欲望，但这种欲望是从来不会获得满足的。通过对每一种离散形态的消灭，欲望所期求的正是对于它自己绝对的自我控制。人借助欲望而过活，但其身体中的生命，却表现为既同化于他又异化于他的事物。他活着，但他自己的生命却异化于他，一旦他意识到这一点，就不断地使自己疏离它并在相当程度上否定它。对每一种离散模式的否定，总会见诸欲望的否定原则之中，它是推动欲望之物，尽管欲望具有绝对的自我掌控形态作为其冷静的界线。欲望的终极目的就是在生命的核心处重新发现自己，也就是说，发现自己作为普遍生命的统一，或者作为那种通过特定生命形态而无尽扩展自身生命的自为存在形式。

　　这一目标只能依附于如下条件，即位于自我面前的生命把它看成另一个自我。自我只能发现自己表现在生命的核心处，而生命又会以自我的形式外在于它。因此，自我意识，或者说人的存在，只有在两个自我意识相互照面的情况下才得以可能。在这样的相遇过程中，自我通过另一个自我而获得了关于自我的一种对象性知识，而另一个自我却仍旧是自我。举例来说，在爱情当中，一个人全部生命的意义表现在被爱的另一方那里，因而另一方就是自我，即外在于自我的自我。但黑格尔并未把有关爱的辩证法观念化，就像他在《精神现象学》中表明的，"如果根据我们喜好的话，那么上帝的生命与神圣的智识便可以说成是与自身的相爱相融；可如果这一过程缺乏了否定性的严肃、苦痛、忍耐以及劳动，那么以上理念就会走向一种虔诚，甚至沦为无谓之举"。①

这就是为什么——自我意识或者自我的欲望，只能出现在与另一个自我意识相遇的普遍生命当中。生命就这样以另一个意识的形式达成自我意识，而从它作为自身外在表现的角度来说，它又必须否定这种离散。自为存在（being-for-itself）与为他存在（being-for-another）这组概念现在是互通的了，也正是这两者间的冲突生成了人的自我意识。一方面，恰恰在对另一方的反思当中，它才将自身视为外在且规定的存在，即为他的存在；另一方面，这也是它如何成为另一个自我的过程，以及说明为什么意识觊觎着另一个自我的消亡，其刚好意味着它倾向压制或否定那种疏离化了的存在模式，因为在这样的存在中，它正是令自我显现成了他者。让人无法接受的是——既作为自我或者纯粹的自为存在，同时又作为一个他者存在，即一种固定形态或生命对象；但也正是在这样的情境中才会生成自我意识，因为此乃具体化为一种生命形态的纯粹自我意识。由于这是一种赋有生命的存在体，所以自我也就不可避免地成为对他者而言的固定对象，而在他者那里，自我也被反思为一个对象。这种为他存在的状态是无法承受的，但其却是自我的"在世之在"的条件。从动物开始意识到死亡逼近自身的角度来说，这种冲突在人那里，则成了贯穿其整

① *The Phenomenology of Mind*, p. 81.

个存在的否定性，因为他也会死亡，但同时他就是他自己的自为存在。死亡的本质角色就是摧毁生命的特定形态，它也成为自我意识的原则，而这一意识又会驱使它扬弃每一种离散的及其独特的"在世之在"，因为这种"在世之在"就是它本身。

我们至此或许便可理解——人类的自我意识如何出现在自我意识间的斗争当中。每一方都想要置对方于死地，因为每一方都谋划将己方的有限表意盖过另一方，并要求另一方承认自己是纯粹的自为存在。这样的殊死搏斗构成了历史的条件，并且，尽管它的根基可能蕴藏着偶然因素，但其真正本源却饱含自我意识的必然性，以此向另一方以及它自己证明它并不仅是一个生命对象或者简单的有机体。因此，自为的存在，或者我们简言之的存在，通过这种斗争将意识到——自身乃是纯粹的自为存在和绝对的否定性。黑格尔下面这段话就是和当代存在主义论证模式的对照："只有通过冒生命之危险才可以获得自由；唯有借助此般考验，才能证明自我意识的本质不是赤裸的存在，不是像它最开始出现那样的单纯直接的形式，也没有沉陷在生命的膨胀之中。相反，自我意识能够确证的是，除了行将消逝的元素外，并没有任何东西呈现其中——自我意识仅仅是纯粹的自我存在，即自为的存在。"①

人如果不借助于死亡的否定性就无法存在，他将这种

---

① *The Phenomenology of Mind*, p. 233.

否定性加诸自身之上，以此发出对每一种有限境况的扬弃和取代。但我们也从不能彻底宣布放弃他的"在世之在"或者离散模式，因为如果没有它们的话，人就会缺乏普遍意义的以及超越自身的否定力量。这就是为什么——那种构成历史本源及其永恒根基的殊死搏斗只能走向僵局。为了证明人可以是一种纯粹的自为存在而选择放弃生命，这只能像动物那样从存在的场域中被移除。因而必须始终保有生命及其离散形态，同时还要否定后者。通过死亡的内化过程，终将发现有别于生物性死亡的另一种死亡形式。我们可以回忆这种斗争的辩证法是如何转化为著名的主奴辩证法的，而主奴辩证法又成为马克思主义哲学的灵感源泉。奴隶是这样的人，他在使生命趋向自由的过程中，却发现了把自己表达为自我意识的另一种途径，从而拯救了自己。他成为他主人的主人，因为他洞穿了什么才是对死亡的畏惧，而这正是通过劳动的服役实践和塑造自身而完成的。尤其是借助于劳动，他以自我意识的形式塑造出作为他者的存在（being-as-other）或者对象世界。他创造出一种属人的世界，即他的世界。从反面来看，他又赋予其自为存在的永久否定性以自在存在的持续稳定性。偶尔发生于自在存在与自为存在之间的冲突，在这里通过一种个体性而获得解决，因为个体性设定出了其作为他者的存在，并以自为存在的方式重新组建了作为他者的存在。

我们不应沉迷于对精神的个体性理论反思而无法自拔，尽管这是由人类生产中的自在与自为的具体统一而得出的。

相反，我们应回到"死亡情感"这一主题上，因为它引导了奴隶，并通过把奴隶解脱于任何特定存在的束缚，而为其提供了意识到生命作为无限实体的可能性。正是通过这种死亡意识，即面对死亡而产生的焦虑感，人的存在才成为了它本身的原点。让我们从黑格尔那里引述几段文字①加以说明："这种（奴隶的）意识并不因为这个或那个要素，以及此时或彼时的瞬间，而显得具有危机感和恐惧感，它的担忧伴随其整个存在；它感受到了死亡的恐惧，即来自威权的主人的恐惧。"死亡的确是否定性原则——为此它不会呈现在动物的生命那里——其捕获了人的自为存在，并将人的有限存在提升到自由存在层面。这种否定性原则的效能就是彻底消除了与动物式生命的联结。"在这一经验的意义上，它已融为它内心深处的灵魂，令其每一寸肌肤都为之颤动，并且一切固态而坚定的东西，在这当中都发生着震荡"。死亡对有机生命所具有的意义与自为存在对人类所具有的意义是等效的。"然而，其整个实存状态的彻底扰动，也就是它的一切稳定性彻底消解为流动的连续性，恰恰是自我意识，即绝对否定性的单纯而又终极的本质"。

　　文章的最后涉及"向死而自由"的观点，它贯穿整个《精神现象学》。因此，正是借助恐怖，革命群众才会再造自身，即获得重生。也正是通过战争使他们全部被规定的生命处于危险境地，城邦与民族才会提升到精神生命层面，

---

　　①　*The Phenomenology of Mind*, p. 237.

或者如黑格尔所言的"真正自由"那样，从而避免沉迷于私人经济与家庭生活的无意识福禄当中。1807 年，黑格尔写道——只有作为一名德国人才可以写出的——"为了不让这些体系如此根深蒂固地孤立下去，使整体化变为碎片，也为了不让公众精神瓦解，政府必须时不时地利用战争将其置于震荡的中心，借此方式扰乱已经建立且施行了的秩序，并分化他们的独立权"。① 只有通过这样的途径，国家才能抵御——谋求从内部毁灭它的离心力量，并以此获得自由。

我们已经引用了足够的段落表明，在人通往自我意识的途中，普遍生命是如何成为一种自觉否定性原则的。只有人把这种否定性内化于心——借助死亡而在生命中表露生命本身——并在他自身内部以及超越自身的意义上来否定每一个固定的存在，由此，人的存在才能不再是动物那样的给定状态。然而，我们已经看到，黑格尔并未止步于这种"向死而自由"。人与自身的斗争，设定且动员了他自己的每一种规定性，尽管他否定它们，就像死亡否定每一种特定生命那样，但是，他又会保有它们并赋予其崭新的意义。因此，人的存在生成了历史，即关于人类自己的历史，在这一过程中，相关元素在被不断否定的同时，为了获得超越性也总是在被重塑。精神的真正生命不仅体现在从死亡那里全身而退，或者意识到它并与之坦诚相待；还

① *The Phenomenology of Mind*, p. 474.

在于把死亡内化于心，同时认识到"它确实是把否定寓于存在之中的魔法力量"。①

这一后发力量等同于黑格尔所称的"主体"，而这一主体在其发展中既涵盖了人类历史，也不受一种特定存在的历史性所限制。诸个体的存在与其创造的历史相互交融，而历史作为一种具体普遍性，也正是评判以及超越他们的东西。当我们考察这种超越性与固有性的统一时，上帝在人那里就死了，而人通过把历史作为自己的判官，直接将自身提升到了神圣层面。这种对于一切存在的扬弃，达到了《精神现象学》的巅峰——就像克尔凯郭尔思考的那样，我们完全有理由发问，这可能并非存在主义哲学的对立面，但它却不是我们的理论目标。我们仅希望——通过把目光集中于黑格尔对生命与生命的自我意识之间的冲突描绘上，换句话说，就是关于死亡知识的描绘，以及考察他对自为存在作为纯粹否定性的研究，加之在他看来，自为存在与为他存在不会发生却真实发生的冲突，最终表明黑格尔的相关主张与某些现当代主张间的关联。但这终归只是《精神现象学》的某个方面，这一神圣著作是通向十九世纪的门户，它的其他方面更能勾起当代哲学家的兴致。

---

① *The Phenomenology of Mind*, p. 93.

第二部分

黑格尔的历史概念

第三章
法国大革命在黑格尔《精神现象学》中的意义旨趣

在《精神现象学》序言中，黑格尔独具慧眼，将他的时代描述为迈向新时代的过渡期。作为一种超个体的实在，精神当然从未止步于停歇状态；相反，"这里孕育的正是胎儿出生的道理；经过漫长而沉寂的滋养后，身形的逐步成长，即量变上的连续性，被胎儿的第一口呼吸迅速打断——这是一种质变过程的断裂——新生儿随之诞生。同理，时间中的精神在缓慢成长绽放为它所预设的新形态过程中，也将其从前世界的结构一块又一块地零星拆卸。只有征兆随处可见时，它才显得摇摇欲坠。充斥于各类事物既有规制中的轻浮和倦怠，以及一些未知事物的模糊预兆——这些都预示着某种其他事物正在酝酿成形。这种并未改变全貌及其整体轮廓的渐进式破坏，会在黎明到来那一刻戛然而止，因为这一黎明，将如电光火石般为我们带来新世界的形式与结构"。① 从图宾根时期开始，黑格尔就热衷于探索那些致使法国大革命发生的不同历史阶段。在柏拉图的影响下，黑格尔认为，他已经看到了古代世界的瓦解，并对从那一废墟中诞生的新精神满怀希望。这就是为什么在《精神现象学》中，他对那种个体性保有强烈的批判态度：个体"通过他的行动……把自己的位置设为或者说作为存在着的现实性普遍原理；而他的行动甚至在他自己看来都具备了一种普遍规制的价值"。② 黑格尔既亲历了来自体制内意见相左者的轻蔑（例如他的爸爸，曾是符腾堡财政部门的一名官员），也见证了那些单纯为了改变而改变之人的幼稚热情，即他在《精神现象学》序言中暗指的那些极端革命者。③

因此，不足为奇的是，我们发现《精神现象学》对法国大革命及其衍生出的重大变革，给予了相当多的关注。的确，在《精神现象学》中，黑格尔着力考察了他的时代的一切文化根源，并以其本来的面目对它们进行概念化。一般来说，一个时代的诸多理念，并不会有意识地呈现在借助其过活的那些人面前；因为它们对每个人而言都太熟悉不过了，以致他们无法做到不遗余力地分析。黑格尔预见到重新发掘如下路径的必要性，即通过这一路径，人类的精神能够抵达历史的当下，并根据其早前的发展来解释

---

① *The Phenomenology of Mind*, p. 75.
② Ibid., pp. 393 – 394.
③ Ibid., p. 116.

后者。精神只有通过"它已经变成了的样子",① 换句话说,通过它自身的历史,才能呈现出"是其所是"。

然而,想要恰当解读《精神现象学》中的相关段落也绝非易事,因为它们呈现的乃是诸多具体、特殊事件,与一般或者普遍概念间难以解开的网络。有些人看来,黑格尔可能既会被批判为建构了一种文字游戏,其中每一种历史事件都会被还原到逻辑性的对立游戏之中,又会被批判为把历史上的那些特殊事件全都纳入到他的逻辑学内部,②但是,这两种责备都包含着对黑格尔理论中真正本源的忽视,那就是将特殊与普遍相关联的伟大尝试,而它们在平常的意识中都是未达到和解状态下的并置。在开始文本解读前,我们先了解一下黑格尔对法国大革命的态度或许会更有裨益。

黑格尔在《精神现象学》之前持有的态度

黑格尔在耶拿笔记的一处评注中写道,坚持读报的习惯就好似"现实主义者的清晨祷告"。③ 正是从当前世界的某一特定时刻提取出的信息,才使我们接受了审视实在的既

---

① *The Phenomenology of Mind*, p. 276.

② 这些批判第一次在鲁道夫·海姆(Rudolf Haym)的 *Hegel und seine Zeit* (Berlin, 1857, p. 241) 中被明确提出,但是海姆混淆了许多现象学层面的分析。

③ *Dokumente zu Hegels Entwicklung*, J. Hoffmeister (ed.), Stuttgart: Frommans Verlag, 1936, p. 360.

定向度。黑格尔的论断并未走向神秘，而是揭示了一种精神，而这一精神同具体事件紧密联系，并有感于每一个变化中的理念和过程，以期在其中发掘自身。① 在正式进入黑格尔宏大的哲学体系之前，首先研究黑格尔早期思想则会达到事半功倍之效。我们所认识的黑格尔并没有尝试将实在强行契合于他自己的前在概念，他的诸多理念都是验证性的，并且在这些领域中也都没有撰写出超越验证范围的文章。

作为一名在图宾根学习神学的学生，黑格尔接触到了所处时代的宗教精神，接触到了席勒与莱辛，也接触到了十八世纪的法国思潮。他学习孟德斯鸠的"不朽"② 杰作，并与好友赫尔德林一起从卢梭那里获得灵感，因为卢梭为理解法国大革命中的各类事件提供了一条体悟之道，而赫尔德林、谢林以及黑格尔都对这些事件有着浓厚兴趣。从历史中喷涌出的自由之泉或许只是传奇，但其捕获了德国青年的精神想象，可他们本国社会那些宗教与政治势力却丝毫容不得这些。然而，德国青年恰恰希望看到的是，由邻国革命所迸发出的激进转变作为一种必然，同样能在自己国家获得实现。③

---

① 对于这种"实践的现实主义"与黑格尔理论著作的明显对照，可参见 R. Haym, *op. cit.*, p. 269；以及 E. Vermeil, "La Pensée politique de Hegel", *Revue de métaphysique et de morale*, XXXVIII, No. 3, 1931, pp. 441 – 510。

② *Schriften zur Politik und Rechtsphilosophie*, p. 406.

③ J. Hyppolite, "Les Travaux de jeunesse de Hegel d'après des Ouvrages récents", pp. 399 – 426, 549 – 578.

这些新理念开始在符腾堡这座保守城市落地生根，而随着自由理念的流行，记者舒巴特（Schubart）成为对自由充满焦灼热情的典型代表。他呼吁自由的统治，并宣称"伟大的事件"即将发生，同时盛赞腓特烈大帝与约瑟夫二世的开明专政。① 即便黑格尔带有保守气质，但无疑已被吸纳到群众情绪当中。在他笔记的边角留白处，他的朋友们像在讨论僭主那样潦草地写下了如下字迹——暴君必亡。几年后在给谢林的信中，黑格尔把他们共有的观念描绘为"理性与自由"。

从黑格尔在图宾根及伯尔尼时期开始，我们就应该区分其文本中两种差异巨大的"自由"概念，今天可称之为"寓于国家中的自由和源自国家的自由"。一方面，黑格尔有意提高了城邦的地位，他相信在城邦中，公民能够在不僭越它的情况下成就自己的命运。另一方面，在基督教中，他又看到这种个人宗教能够发挥如下可能——那就是令个体与普遍达成联合，并使其升越至社会层面之上。这种对照或许可以在教会与国家关系问题的意义上进行构建。"黑格尔以国家的名义反对教会，又以教会的名义来反对国家"。② 但我们要避免做出任何轻率的谋划，因为一旦把视域置于这样的对照中，就会把问题摊开得过于宏大。的确，

---

① G. Aspelin, *Hegels Tübinger Fragmellte*, *eine psyclzologisch-ideengeschichtliche Untersuchllng*, Lund: Ohlssons Buchdruckerei, 1933, p. 21.

② F. Rosenzweig, *Hegel und der Staat*, Vol. I, Munich and Berlin, 1920, p. 29.

从早期黑格尔的犹豫不决及其某些命题的模糊性中，我们完全可以发现两种无法和解的"自由"概念。一方面，个体在他自己的国家中实现了自身，那么他当然是真正自由的。在这样的国家中并不存在先验精神，却满是这一世俗王国本身的固有精神。个体意志能够在国家以及某一特定国家的一般意志中获得实现，是因为将公民们团结起来的爱不进行自我解构就不能达到无限。① 在这里，人成了独一无二的公民。而根据另一种解读，国家并不是对人的完满表达，个体必须为自己保留国家之外的私人自由。在第一种情况下，宗教在由人所创立的世俗城邦中消逝，而人也不会"游离于世界之外"，或者寻求"保留属于他们的私有之物"。在后一种情况中，国家仅作为个人目的的工具，而他独自一人便可达到普遍。

　　一方面是社群主义式的自由，另一方面是个人主义式的自由，这两种概念在黑格尔早期文本中并没有获得明确的区分，而我们恰恰应当保持开放批判的态度，把刚好发生在我们时代的问题带入这两个概念中。黑格尔在伯尔尼时致力于研究古代社会向现代社会的转变，他把古代公民的自由看作寓于国家中的自由。这一时期有一段著名论证表述如下，"自由就是遵守自我设定的法律，遵从自我选择的领袖，并遵照人人共同参与其中而制订出的计划"。②

---

　　① 关于爱的使命论述，在黑格尔早期著作中占据重要地位，参见 *Early Theological Writings*, pp. 246 - 247。

　　② Ibid. , p. 157.

　　因此，对公民而言，绝对就是其生于斯长于斯的城邦。相比之下，现代世界的公民已变成独立个体，他的上帝不会再化身为城邦；他不仅置换了古代诸神，还取缔了古代国家本身以及"自由人"① 的绝对观念。然而，也正是从伯尔尼时期开始，即在黑格尔撰写的《耶稣传》② 中，尽管这并非对黑格尔这一时期思想的独到表达，却也可以从中发现一种完全不同的"自由"概念。至此，人成了国家的尺度，他在其孤立状态中觉察到了自身的普遍。人的尊严——席勒与黑格尔借用这一术语，对法国人权进行了转接——在于"拒绝崇拜教会的规章或者遵守国家的律法"。人就是"理性，他的律法是内在律法，并且不管在尘世中还是天堂里，都不会有任何其他权威能够为其提供更加合理的正义标准"。③ 黑格尔意义上的基督将这样说道，"我不会称你们为爱徒或信众——因为他们经常对其行动理由不假思索，进而盲从于他们的师长；你理应使自己独立，跟从意志的自由"。④ 在这些早期文本中，两种"自由"概念并未得到明确区分，这也部分解释了黑格尔对宗教的矛盾态度。但从对当时世态的批判角度来看，其实际结果基本没有受到

---

　　① 当国家观念不再主导个体的灵魂时，那么，"死亡……就一定会变成某种令人恐惧之物，因为没有什么能够挽救他了。但城邦人的全部灵魂由于处在城邦共同体中，便会在其精神内部孕育出永恒的思想"。*Early Theological Writings*, pp. 246 – 247。

　　② 也就是 "The Spirit of Christianity and Its Fate", Part Ⅴ: "The Fate of Jesus and His Church", in Hegel's *Early Theological Writings*。——英文版译者注

　　③ Herman Nohl, *Hegels theologische Jugendschriften*, Tübingen, 1907, p. 89.

　　④ Ibid. , p. 126.

影响，那就是——黑格尔是一位人权与公民权的坚定捍卫者。①

黑格尔并非革命者，从其个人气质来看，他首先是一名改革者，尽管他所要求的是基于法国事件影响下的彻底激进改革。在 1795 年 4 月 16 日写给好友谢林的信中，黑格尔谴责了当时居住的小国伯尔尼的彻底败落。② 他紧随这个国家的友善外表之后，批判性地审视其社会基础结构以及内部的非正义现象，认为它们都应当被新的理念一扫而空。现代哲学乃是一种理念哲学，即以"应当是"来对抗"应当是其所是"，由此唤醒那些完全沉迷于当下的诸多思想——"通过揭示一切事物所应当成为的样子，必将清除被那些惰性之人所秉持的——一切事物只会以其现有的形式而体现出的永久性"。在了解黑格尔后期对"应当"概念以及一众空想家们的激烈抨击后，我们会相当惊异于黑格尔早期所表现出的激进主义。黑格尔对法国律师卡特（Cart）的相关文本翻译③，同样体现出对理念所具有的解放力量的信仰。卡特是一名吉伦特派，在山岳派取得胜利后，他被强制流放于自己祖国之外。卡特思维缜密，他谴

---

① 实际上，尽管黑格尔那里存在两种国家概念的对立，但他在这时已经明确认识到了令这两者和解的重要性。因此，他构思出一种共和国，其目的就是尊崇人的权利，但其本质却是公民普遍意志彻底且直接的表达。

② *Briefe von und an Hegel*, Vol. I, 1785 – 1812, J. Hoffmeister（ed.），Hamburg：Verlag von Felix Meiner, 1952, pp. 23 – 25. ——英文版译者注

③ 关于黑格尔对这些文本的评论，参见 *Dokumente zu Hegels Entwicklung*, p. 247ff。

责伯尔尼的贵族们在其统治的沃州地区专横跋扈，强征各类苛捐杂税，进而描绘出沃州的爱国者们遭受了多么残酷的虐待，及其最基本的自由遭到了何种程度的摧残。黑格尔对理想充满激情，他在其翻译文本抬头处赫然写下了这个短句：*Discite justiciam moniti*。① 另外，黑格尔还对这些文本进行了批注，以表明个中情节与他的观点存在惊人的相似性。正如韦尔梅伊（Vermeil）观察到的，"我们在这里看到了一位神学院穷酸学生的愤懑，他目睹了身边那些教育浅薄的青年人轻易就能不劳而获的现状"。② 可黑格尔对伯尔尼寡头政治的控诉却略显迟滞，因为法国部队的侵入直接结束了这些非正义现象，并且重整了沃州人民的自由。

黑格尔对卡特文本的某些评论，时常会让人联想到孟德斯鸠的话语，这也特别凸显了黑格尔这一时期的政治思想。他蔑视伯尔尼公民宁愿放弃自由而缴纳税款，他们这种小市民情结与英国人形成了强烈对比。"英国人是自由的，他们沐浴在自由的自然权利当中，简而言之，他们能基于自身提出自己的需要"。③ 在谈到与美国独立战争的联系时，他奋笔疾书，留下了重要的评论："英国议会对进口到美国的茶叶所征加的关税其实很少，但美国人相信，一旦支付了这笔款项，那么同时也就表明他们让

①　翻译为"倾听并且学习正义"。

②　E. Vermeil, *op. cit.*, p. 444.

③　*Dokumente zu Hegels Entwicklung*, p. 249.

渡了自己最为珍贵的权利，这种信念最终导致了美国独立战争"。①

我们在黑格尔最开始研究符腾堡的文章②中，可以发现以上相同的抗议情绪。他谴责现行的实证法，认为其中所体现的实证论，只是把僵死之物生搬硬套在活人身上。若想避免法国式的暴力革命，就必须毫不迟疑地推进每一项基础改革。黑格尔看到了符腾堡人民在恐惧与希望间的痛苦挣扎。"是时候结束在期盼与醒悟间的徘徊了"，为此，隐藏在那早已千疮百孔体制中的一切不公正都必须被推翻。黑格尔的态度是"究竟要忍到何时？"③。人的耐性必须转化为勇气与胆识，以此来改变他们的境遇；否则他们只能在梦中游离，而这种游离状态恰恰是德国精神的永恒法宝。

以理性之名所要求的改革，或许归根结底只是一场梦境，这样的反思，从法兰克福末期直到整个耶拿时期都占据着黑格尔的思想。他不再试图改革现存状态，却更愿意解释它们并发现其中的必然命运。后来，他在其历史哲学的讲座上强调，"哲学逃离了激情中令人生厌的、

① *Dokumente zu Hegels Entwicklung*, p. 249.

② "Über die neuesten innerm Verhältnisse Württembergs, besonders über die Gebrechen der Magistratsverfassung", in *Schriften zur Politik und Rechtsphilosophie*, pp. 150 – 154.

③ *Quo usque tandem abutere, Catalina, patientia nostra?* M. Tulli Ciceronis in *L. Catilinam*, Oratio, I, 1. ——英文版译者注

"喀提林，你觉得我们的耐心还能纵容你多久？"——中文版译者注

把社会表面扰得鸡犬不宁的争端，从而转向了沉思的平静地域"。① 从这一总体评述出发，或许能解析出一种更为特殊的发展理论，同时必须查明它的历史原因。但这并不是专属于黑格尔的发展理论。许多德国思想家在一开始都是满怀激情来迎接法国大革命的，后来却都没能理解它的进程。到 1794 年末，黑格尔已经向谢林表明了——他对罗伯斯庇尔血腥暴政的厌恶之情。由共和国军队（后来则变成了帝国军队）所发起的战争，已经在乌托邦主义者那里引起了第二轮思考。黑格尔近距离观察了这场战争，他看到许多村庄化成废墟，教堂也沦为残垣断壁。② 关于法国大革命的新思想开始出现。根茨（Gentz）在 1793 年把伯克（Burke）的保守性著作《对法国大革命的反思》（*Reflections on the French Revolution*）翻译成德文，这对"国家"概念进行浪漫而有机的阐释发挥了相当重要的作用。

　　和许多人一样，黑格尔同样经历了态度上的波动，但却是以他自己的方式，而且也并未改变其保守主义立场。

---

　　① *The Philosophy of History*, with Prefaces by Charles Hegel and the Translator, J. Sibree, and a New Introduction by C. J. Friedrich, New York: Dover Publications, 1956, p. 457。起初，黑格尔似乎将国家看作一种契约，随后又将其看作一种表达了个体命运的权力。最终，他看到国家本身的更深层命运，即迷失在财富以及各种个人利益之中。当个体因为变成公民而与国家达成和解时，国家也把自己所面对的经济世界看作它自己的命运。国家与经济利益的和解，在黑格尔耶拿时期论述自然法的文章中得到了正视，参见 *Schriften zur Politik und Rechtsphilosophie*, p. 327。

　　② "Hegel an Nanette Endel, 25 Mai 1798", *Briefe von und an Hegel*, Vol. I, 1785 – 1812, pp. 57 – 58.

他的新观点在《德国宪法》①一文中获得了完美呈现。黑格尔不再把国家作为一种契约同盟的产物，而是会驱使自身成为诸多个人的命运。国家的统一乃是强力与伟大政治天赋的创造——就像法国的黎塞留主张的那样——而不是意识形态。众所周知，黑格尔对日耳曼国家的现状进行了深入且具有预见性的分析，他将其看作思想中的国家，没有能力带领人民发起一场决定性的战役。黑格尔在这篇文章中表明，"本文所要阐述的思想并无其他目的或旨趣，仅仅是为了帮助理解事物是其所是"。②

尽管几年前黑格尔还在推崇"应当"，但随后却开始提倡"理解事物是其所是"，并发掘理念在其中经历的必然发展态势。然而，我们万不能被此误导，因为在这样的理论架构内存在一个着力点，而这一着力点，则被他未来的学生卡尔·马克思以革命现实主义深深固着在了头脑当中。

正如我们看到的，黑格尔在《精神现象学》之前的思想发展经历了一个转变过程，即从改良主义立场转变到沉思的立场，从"应当"转变到"理解事物是其所是"。这也是为什么在这篇囊括了黑格尔早期思想所有主题的文章中，黑格尔开始解读——导致法国大革命及其相关后果必然发

---

① *Hegel's Political Writings*, T. M. Knox (trans.), with an Introductory Essay by Z. A. Pelczynski, Oxford: Clarendon Press, 1964. ——英文版译者注

② *Schriflen zur Polilik und Rechtsphilosophie*, p. 5。黑格尔补充道，我们的问题源于并未发掘事物本来的一面，但通过知识，我们能够把自己从个人欲望的偶然性中解放出来，从而学习并认识到必然性及其背后隐藏的原因。

生的整个过程。尽管这些后果是必然的，但它们却因当局者迷而变得隐秘起来。

法国大革命的背景

黑格尔在《基督教的实证性》（*The Positivity of Christian Religion*）一文中研究了古代世界向现今时代的转变，他察觉到"一种时代精神中平静且神秘的革命，这种革命并不在每个人的视力所及范围内，尤其不能被当代人觉察到，对它进行细致甄别以及文字叙述都十分困难"。[①] 黑格尔已经描绘出这种向异教世界发生重大转向的结果：希腊城邦的那份美好——《精神现象学》中的伦理国度——只能存在回忆当中。黑格尔同时代人只是在徒劳寻求将希腊的过去再现于当下生活罢了。

我只能用灵魂去寻找希腊那片热土。[②]

古代世界的解体，构成了现代世界永恒分化的根源。自此，意识便具有一种双重目的，它将同时寄居在彼此相异的"两个世界"中。其中一个是社会与政治实在的国度，

---

① *Early Theological Writings*, p. 152.

② *Iphigenia in Tauris*, Act I, Scene I, *The Dramatic Works of J. W. von Goethe*, Sir Walter Scott, E. H. Bowring, Anna Swanwick（trans.）, London：G. Bell and Sons, 1918.

精神在其中发生了自我异化，从而生成了与自我意识相对立的具体实在。"精神的第一种世界，是精神的自我离散性存在的延展领域，也是在独立个体的构造和形态中确证自我的领域……第二种世界包含着种属的原则，并且是终极内在本质（自在之在）或者说根本性真理的领域，这是与个体的确证性相对立的"。① 这样的重叠使得"当下"由此缺乏了"本质"，而本质又成了超越当下的先验实存。现实性的领域与精神性的领域彼此分立，因而，先验世界就成为一种单纯的"逃离"，以及一种信仰意识的庇护所，它将自身置于当下之外②。

仅作为"关联性存在"的这两个世界，正在经历一场巨变前的"无声的革命"，这些平行变化的结果，最终在法国大革命的尝试中获得统一。当下的世界摧枯拉朽般垮台了，先验世界成为纯粹意识中戏剧性冲突的根源。借着破除迷信的由头，"启蒙"作为十八世纪纯粹思想上的构型，有效为人的这两种世界的"和解"奠定了基础。在这两种运动行将结束之际，我们得以描绘出，"两个世界已然和解，天堂由此降临人间"。③ 与此类似，对于被压迫的德国农民以及可怜的城镇无产阶级来说，被黑格尔称之为"德

---

① *The Phenomenology of Mind*, p. 597.

② 在这里，我们就转向了上文已经提到的段落，其中黑格尔重点考察了从古代世界向现代世界的转变。在《精神现象学》中，黑格尔对信仰与宗教进行了区分，前者是从现实世界的抽离，后者乃是"绝对本质的自我意识"。

③ *The Phenomenology of Mind*, p. 598.

国革命"（German Revolution）的改革，并不仅仅是一个
"因信称义"的问题，而是"依照基督与先知的话语令正义
在尘世得以实现"的问题。但众所周知，路德的观点却颇
为不同——"非正义以及暴政都不能激起反抗……基督的
精神王国，并不能被转化为外在的和尘世的王国"。

我们需要厘清的是，如做适当变动的话，黑格尔自身
的结论是否完全相异于路德。

（一）"高贵意识"从封建主义向革命运动的演进

当下世界乃是具体实在的世界，意识由此在自我培养
过程中形成。这种教化过程必须在其最普遍意义上进行把
握。个体宣布放弃自然意义上的"自由"，成为一个社会与
政治世界中的人，而这一世界恰恰是此类异化活动的结果。
但通过这种投降方式所换来的，却是获得了文明的力量，
并且收到了驾驭自然的可能。① 这一世界的两大要素就是
"国家权力"和"财富"。② 国家权力乃第一本质，但在其
获得完全实现的过程中却走向了它的反面，即走向了财富。
文明世界的全部意义寓于这两个要素的不断进化当中，其
被看作两种自我意识——高贵意识与卑贱意识，它们既是
这一世界的载体，也在把这一世界推向完满的同时促成了

---

① *The Phenomenology of Mind*, p. 515.

② 对于《精神现象学》中的这部分内容（"教化及其现实王国"），
应以黑格尔早期耶拿笔记中的相关章节为前提，即"Ueber die wissen-
schaftlichen Behandlungsarten des Naturrechts" and the "System der Sittlich-
keit", in *Schriflen zur Politik und Rechtsphilosophie*。

它的消解。

高贵意识通过把自己调配到社会与政治世界中，以及调配到统领世界的权力，即国家权力与财富当中，从而获得了自我界定。与此相反，卑贱意识总是饱含一种不公正的情结，它正是一种反抗的要素，也就是整个发展过程的革命酝酿。当然，卑贱意识也不得不遵从既成权威，但即便它低下头颅，也是伴随有内在反抗的静谧感而这样做的。它同样寻求视作快乐源泉的财富，但却憎恶施舍。进一步来说，就像奴隶是主人的真相那样——或者像主人实际上全然不知就是奴隶那样——卑贱意识因而也是高贵意识的真相。在这里（正如马克思指出），我们无法忽视黑格尔辩证法中的革命特征。① 不论黑格尔体系中包含多少保守维度，辩证法的结果也始终是革命性的，不论他是否意识到这一点。

让我们以更翔实的论述来解释这种辩证法：高贵作为旧制度的伦理观念，总在成为它所"不应该是"的东西。这一背后的真相就在于与之对立的卑贱意识，而高贵必须通过发现自身来终结它。高贵意识首先以"忠实的侯爵"自居，他宣称完全放弃任何私人的以及特殊的意志，时刻

---

① 这当然是一种革命的辩证法，但却表现在心理或者精神的特征上。高贵意识与卑贱意识的对立，这场大戏从来没有被黑格尔搬到两种经济阶级冲突的舞台上。在追求荣誉的世界中，本质的东西乃是"获得不朽"的野心或欲望，但这种欲望却单独成为财富的欲望，从而引发另一种具有完全不同本质的辩证法。

准备为国家献身。[①] 通过这种异化的行径，他赋予了"国家权力"存在的第一种形式。作为交换，他因为他的勇气及其理想的高尚，获得了相较其个人而言更多的尊重，他的放弃同时成就了个人价值的实现。黑格尔将其称作"荣誉感"，进而联想到孟德斯鸠的一篇文章，其中把荣誉看作君主制的"根本原则"。然而，在宣布放弃他的特殊欲望时，"虚荣的侯爵"却并未对"自我"俯首称臣。尽管他志愿为国家利益而奉献自己，但只有当国家不呈现为某种特殊意志时，他才会如此——"……他心系的乃是国家权力的利益，前提是后者不是一种个人意志（君主），而是单纯的本质意志"。[②] 这就是为什么荣誉，或者说个人意义上的共相，乃是傲慢与美德的模糊交织。如果高贵意识并没有在斗争中死去，那么就像拉罗什富科（La Rochefoucauld）在十七世纪早期表明的那样，即高贵的真实面目根植于自负，没有什么能够反驳这样的指责。"个体的自我存在，也就是对尚未作为意志就投降了的个体意志的占有，乃是不同阶层秘密保留下来的内在原则，也是一种保证自身利益合理化的精神，尽管它以普遍的至善作为说辞，并企图令这种有

---

① 孟德斯鸠对君主制不断演化的研究，在黑格尔那里产生了深刻影响。"因此，荣誉有其至高的原则……首先，人的财富可以被评估，但人的生命绝不允许被评估"。Montesquieu, "De l'esprit des lois", Vol. IV, Chapter ii, in *Oeuvres complètes*, texte présenté et annoté par Roger Caillois (trans.), Paris: Bibliothèque de la Pléiade, 1958; *The Spirit of the Laws*, Thomas Nugant (trans.), New York: Hafner Library of Classics, 1949, p. 32。

② *The Phenomenology of Mind*, p. 528.

关普遍至善的花言巧语来代替其真正的实现"。① 因此，高
贵意识与"总是饱含反抗"的卑贱意识并没有什么不同，
正如黑格尔在其他地方②表明，黎塞留正是秉持正义而驳回
了贵族的要求。

然而，一种新的发展形式将必然导致绝对君主制。在
这一过程中，国家权力依照一个个体凌驾于一切个体的形
式，以及依照单一的且决定性的自我形式，从而达到巅峰。
其得以发生的原因在于，高贵意识表达出虚假的荣耀，并
通过谄媚的语言放弃了自尊，将"鞠躬尽瘁的英雄主义"
置换为"阿谀逢迎的英雄主义"。③ 在这些辩证模式背后出
现的，就是路易十四的统治。黑格尔在这里进行的描绘，
后来被泰纳（Taine）称为"古典精神"。④ 通过这样的发
展，高贵成为谄媚，社会结构由此发生重大转变。国家的
结构被颠覆，进而为法国大革命的到来奠定了基础。"因
此，通过它的名义，君主从所有人那里脱颖而出，成为孤
家寡人。正因为它以独立的原子形式出现，所以其本质就
不能获得任何传递，也不存在与之等同的匹配物……反过
来讲，这位特殊的个体之所以认识到了他自己，认识到了

---

① *The Phenomenology of Mind*, p. 528。尤其在德国，这种狭隘精神甚
至取代了人们对公共事务的关注。黑格尔发现，黎塞留作为一名出色的政
治家，已经在法国尽一切所能去抗衡狭隘主义，也希望在德国培育它。

② "Die Verfassung Deutschlands", in *Schriften zur Politik und Rechtsphilosophie*, especially pp. 107 – 108。另参见，*Hegel's Political Writings*, pp. 216 – 217。

③ *The Phenomenology of Mind*, p. 533.

④ 黑格尔有效指出了"语言"为创造这种谄媚文化所发挥的重要
作用。

这个独立的自我成为了普遍的权力，是因为他知道贵族们不仅为效忠国家权威而时刻严阵以待，而且他们还始终簇拥在王座周围，同时不断提醒坐在上边的人究竟代表着什么"。①

一旦"太阳王"（Roi Soleil）的统治被树立起来，封建制度的活力便受到挤压，它们只能作为装饰而存活，而那些更加琐碎的、曾与国家有机绑定在一起的特权，现在则被连根拔除了。法国完全是在这一进程中革新最彻底的国家，其常被列举出来与北日耳曼诸国做对比。在黑格尔之后，托克维尔（de Tocqueville）评论道，"封建体制即便已不再作为一种政治制度，仍然充当着法国经济组织形式的基础"。② 然而，在放弃其荣耀之后，贵族转而获得了抚恤金和物质利益。国王成了满足于阿谀逢迎的个体，当他扬言"我就是国家"时，他仍不知道在这些话语中，国家已经消解了，其不过是"空洞的名词"。真正的权力现在掌握在财富的手中，它是国家解体的深层表现。高贵意识再一次与卑贱意识联合，以此"审时度势"，③ 从而使其认为，在当下最现实的东西即金钱，超脱出国家。我们在之前提到了拉罗什富科，在这里指的则是拉布吕耶尔（La Bruyere），因为他在十七世纪末就发现了这一过程。"这些

---

① *The Phenomenology of Mind*, pp. 533 – 534.

② Alexis de Tocqueville, *The Old Regime and the French Revolution*, translated by Stuart Gilbert, New York: Doubleday Anchor Books, 1955, p. 31.

③ Diderot, *Le Neveu de Rameau*, in *Oeuvres*, texte établi et annoté par André Billy, Paris: Bibliothèque de la Pléiade, 1951, p. 500.

人既不是父母也不是朋友，既不是公民也不是基督徒，或许他们根本不是人；他们有的只是钱"。这种社会结构转变的实际效果，就是贵族意识与卑贱意识之间对立的彻底瓦解。① 伴随它们的消逝，一种文明也随之流走。"卑贱意识已经达到了它的目的，那就是使普遍权力归附于自我的自我中心隔绝之中"。②

（二）前革命社会的氛围：分裂意识

富有活力的文明必然具有共识性以及稳定性的价值体系，其社会秩序有赖于对是非善恶秉持的观念普遍一致。但历史上也常有批判时期，即旧的秩序已然成为桎梏，而新的秩序尚未生成的时期。这些酝酿着每一场革命的转变期，就是精神分裂的时代。在这样的时代中，辩证法对于意识只显现出否定的形态，而构成这种否定性基础的肯定形态还无法被察觉到。尽管其他人后来也认识到了社会秩序中的这些危机，但黑格尔先前对这些现象的体察，就我们而言似乎更有原创价值。

旧制度建立在高贵意识与卑贱意识的分立上，但曾经甘愿为国家鞠躬尽瘁的贵族却放弃了这一荣耀，以此换得

---

① 财富欲望代替了荣誉欲望，随之导致社会结构上的诸多变化，但这些变化不过是量上的变化，而真正支撑起社会机体的质性差异，却由此失去了全部意义。

② *The Phenomenology of Mind*, p. 536。不仅如此，我们知道法国大革命实际始于一场"贵族起义"，即一场否定历史的徒劳尝试，以期复辟古代君主制并使贵族重获政治权力。

一种更加现实的权力，即金钱。已经设定出君主专制形式的国家权力失去了它的普遍特征，进而变得只是徒有其表。结果，财富成为唯一值得追求的东西，高贵意识与卑贱意识的分立，被还原为一种形式上的分立，其找不到任何现实基础。但这却显现出一个门面，在其背后隐藏的正是新的秩序。即便财富已经成为一种本质追求，在特权者与无权者之间，以及傲慢的富有者与无耻的谄媚者之间，仍存在社会秩序认同上的巨大差异。"赋予财富以自身的本质意义，进而令自己成为财富主宰的表达方式，同样是一种谄媚的语言，但却是一种无耻的谄媚"。[1] 一旦财富——这里所指的并不是普遍意义上的劳作或者生产，而是一种获得直接满足的条件[2]——成为唯一的本质，就会导致社会结构的重大颠覆。原因在于，"它所分配出去的以及给予别人的，都是自我存在。然而，它却并没有把自己分享为缺乏自我的自然对象，或分享为无意识生命那种坦率的、随意的被给予状态，而是作为具有自我意识的、能够掌控自身的

---

① *The Phenomenology of Mind*, p. 540.

② 实际上，在《精神现象学》的这一章节中，存在两种不同的关于财富的辩证法。在阅读了亚当·斯密后，黑格尔接受了斯密的观念，即接受了行将出现的崭新社会秩序。以劳动、生产以及消费的形式而逐渐形成的财富，是自在的普遍性过程，但它并不以自我意识的形式出现……"他的独乐乐成了众乐乐，他的自我劳动也成了为一切人和他自己的劳动……"因此，个人利益便成为有效说辞，以及唯一被摆在台面上的东西。我们现在谈及的第二种辩证法，则是关于曾经渴望的财富而现在却颠倒为自身目的的辩证法。

一种实在"。① 随之导致的结果就是全面的堕落，其中富人灵魂的禁锢程度，完全不亚于其代理人灵魂的禁锢程度。然而，正是在代理人的灵魂中，在其分裂的灵魂深处，对社会瓦解的最清晰认识却在那里觉醒了。

为了描绘分裂意识和古代世界及其文明的消亡，黑格尔从狄德罗（Diderot）那里遴选出一部作品，而狄德罗当时在法国还籍籍无名。歌德把它翻译成德语并送给席勒，席勒对其做出了如下评述："这是一篇对话集，发生在音乐家拉莫（Rameau）的（假设出的）侄子与狄德罗之间。这个侄子是个典型的寄生虫，但也是一位阶级英雄。正如他是这样描绘自己的，他对社会以及繁衍生息于其中的世界做出了最尖酸的讽刺"。② 席勒这一评述恰好抓住了黑格尔在其中所察觉到的东西，也就是说，这不仅是单纯刻画出某个独立个体的肖像，或者体现了一种细致的性格描绘，而是表现出一种极端的社会视域，并观察到了其道德分裂的结果。

黑格尔表明，这一对话令两种相去甚远的人格相遇在一起：寻求真理的哲学家与放荡不羁的人。哲学家寻求秉持并且保留若干固定价值，却被对话者口中的辩证转移以及恒常变化震慑到了，可他又不得不承认后者绝对的坦率

---

① *The Phenomenology of Mind*, p. 539.

② "Schiller to Körner, Weimar, April 25, 1805", *Correspondence of Schiller with Körner*, Leonard Simpson（trans.）, Vol. III, London: Richard Bentley Publisher, 1849, p. 333.

与真诚。"面对夹杂着卑贱的聪颖，在这一刻确证无疑而下一刻又荒谬无比的诸多理念，以及每个人情绪上的反常，即表现出的彻底堕落与非凡坦诚，就这样，我被彻底搞糊涂了"。① 哲学家无法调整自己的良知以适应这种道德上的剧变，黑格尔自己也常常试图逃离根据其辩证逻辑而得出的结果。但从这个角度来说，真理却恰好站在了放荡不羁的人那一边，因为他完全按照"是其所是"的方式来描绘社会世界中的每一项事物，也就是说，站在了事物表象的对立面——"金钱就是一切，但我们却不愿这样表述之"。② 高贵意识与卑贱意识实际上都成了"应当所是"的对立面。由此，善的即是恶的，而恶的也就成了善的。③ 这位放荡不羁的人表演了一场社会秩序的喜剧，因为它在任何本质实在的意义上都缺乏根基。对于这种缺失的认识，使得行动变成了喜剧，也使意向性变得虚伪不堪。以此为背景，唯一的真相就是对金钱的觊觎和渴望，以及对权力的希求。但也正是从这一角度出发，拉莫的侄子坦言"世界所想的却是其碍于表达的"，他由此变得怅然释怀，并以其直言不讳的坦诚为傲，进而通过归顺这一卑贱的行为，而使自己

---

① Diderot, Le Neveu de Rameau, p. 441。另参见 *Rameau's Nephew and D'Alembert's Dream*, translated with Introductions by L. W. Tancock, London: Penguin Books, 1966.

② Diderot, Le Neveu de Rameau, p. 491。"在这一切当中，人们总是对它梦寐以求，并据其行动，但却从不肯把它明确表述出来"（Ibid., p. 492）。财富导致了分裂意识，如下这段话也启发了黑格尔对这一分裂意识的描述："多么邪恶的经济啊！有些人享受着一切，而另一些人的需求又那么迫切。他们总是饥肠辘辘，却连一些面包屑都得不到"（Ibid., p. 500）。

③ *The Phenomenology of Mind*, p. 541.

显得比一切卑贱都要高贵。就这样，他在其分裂的灵魂深处达到了与自我的同一。① 由此可见，黑格尔对分裂意识的分析，使其联想到了早期对怀疑意识与苦恼意识的分析。但他对分裂意识描绘的根源——除了后来人们在陀思妥耶夫斯基（Dostoievsky）那里发现的有关侮辱和羞耻的辩证法外②——在于其揭示了这样一种社会精神，它从前革命时期就消灭了苦恼意识。所以，在剥开了这一世界的表面之后，拉莫的侄子大声疾呼道，"虚荣没有国界，我随处见到的只有暴君和奴隶"。③

正如黑格尔指出，这位表达了社会世界虚荣面的人，他所使用的语言就像一位音乐家的狂言疯语那样，"将意大利的、法国的、悲剧的以及喜剧的所有种类的三十余种迥异的曲风糅合到一起"。④ 相反，哲学家诚实的灵魂却力求使得善与恶彼此和谐。"诚实的灵魂把每一个元素都看作永恒且根本的事实，它同时也成了非教化且无思想的条件，

---

① 相对于音乐是通过差异而获得同一的唯一方式，自我通过外在且独立的对象，即通过金钱而发现自我，则是在最大程度上失去了同一。"一切同一以及和谐都被打破了，因为占统治地位的乃是纯粹的无序和失联。成了绝对本质的东西恰恰是绝对非本质的，原本只是自我存在的东西，恰恰具备了自我之外的存在：纯粹的自我本身成为绝对分裂的了……然而事实上，它作为自我又超越于这一矛盾之上；它成了绝对的弹性存在，并再一次放弃了这种自我的扬弃"（*The Phenomenology of Mind*, p. 538）。

② 陀思妥耶夫斯基在某些场合也引用过狄德罗的话："必须将一种不可剥夺的尊严赋予到人的本质当中，或许一双靴子就能唤起这一点，即便是一双靴子"（Diderot, op. cit., p. 438）。

③ Ibid., p. 452.

④ *The Phenomenology of Mind*, p. 543。引文源自 Diderot, op. cit., p. 484。

即不思考也不知道这同样是在做一种颠倒的事情。然而，不安的、分裂了的灵魂却意识到这样的颠倒，它实际上就是关于这种绝对颠倒的意识；概念原则在那里占统治地位，把游离于诚实灵魂之外的诸多思想聚合为简单统一。因此，传达其意义的语言就充满着机敏和智慧"。①

智慧所迸发出的灵动语言，不仅被悲喜交加的放荡不羁之人借用，同时也成了流行于整个社会中的语言，而这一社会只有在某种特定情况下直接谴责其内部的虚荣，才能保存些许自尊。它享受着现存的秩序，但也知道自身凌驾其上，因为它正是作为显露自己"耀眼的智慧"，以及精准的判断而出现的对象。亦如狄德罗表明，"没有一个人不像你一样去思考和揭发整个社会秩序，但最终发现，他所谴责的不过是他自己的存在罢了"。②

若要真正表达对这种颠倒之物的强烈抨击，就应当回溯到卢梭所描绘的那种自然状态。③ 但是，即便第欧根尼（Diogenes）在他的木桶内，也同样会受到他妄图逃离的世界制约。这样的回溯无法设定个体性的形式："需要完成的恰恰是令一切回溯到它本身。"因此，黑格尔自己也被囊括

_____

①　*The Phenomenology of Mind*, p. 543.

②　Diderot, op. cit., p. 433。黑格尔区分了两个方面，一方面是对少数人持有特权的社会建制的批判，另一方面是全社会中的每个人都应保有权利。意识"把这些分散的要素集合为一个普遍概念，它表达出了每个人的思想"。与这两方面相对应的，就是《哲学辞典》（*The Philosophical Dictionary*）和《波斯人信札》（*The Persian Letters*）。

③　卢梭的著作是那个世纪最消极的产物，但它却为一种新生的积极路径奠定了基础。

在了他对卢梭的主题解读中。这一回溯只能包含文化自身的精神，"并且单纯意味着它必须作为精神从其混乱中回溯到自身，同时为自己赢得更高层面的意识生活"。① 意识从先验世界中挣脱出来，引领我们获得绝对的思想，或者在思想的分裂中完成与自身的同一。它仍是在考察那一颠倒的演变，也就是说，考察从先验世界进入固有世界的演变。这种双重演变的枢纽或者中介就是自我意识。通过把一切寓于自身内部的理解当中，就其普遍性而言，自我意识便成了"绝对自由"。

（三）启蒙的斗争

信仰与启蒙的冲突统领了整个十八世纪，也代表了如下双方之间的斗争：一方是把握着客观真理知识的自我意识，另一方是在先验基础上宣称客观性的纯粹思维。这两者确实没有什么不同，仅仅是未意识到他们的同一性而已，就像两个相互厮杀的兄弟，其全部愿望就是置对方于死地，但事实却是，他们有着共同的祖先，并且承袭于相同的真理源泉，即绝对精神。然而，这一斗争却表现出一种必然性，只因其为先验王国向自我意识层面的回溯铺设了道路。我们不应一味分析推理性的思维方式是如何面对信仰的，

---

① *The Phenomenology of Mind*, p. 546。对于文明的批判似乎包含着一种对普遍文化的批判，通过意识的提升就可以理解这一点。因为文明最初表现的是一种直接状态，它会继而超越这一状态成为"可塑的文化"。然而，向自然状态回溯的意义并不是回溯到野蛮当中，而是回溯到自我意识不再异化的新秩序中。

那是从客观的立场去阐明信仰，把它变成一种偏见和迷信的体系，进而使它恰恰走到了它所假装成的真理对立面。由推理性的思维所揭示出的真理，实际上就是人类理性的真实本质，它在人那里揭示出一种完全非理性的世界，一堆毫无根据的荒唐之事，以及一场暴力凶残的梦魇。如果人想要重拾自我并成为他自己命运的主宰，就必须把它们从真正属人的世界中驱逐出去。① 我们应当把讨论限定在启蒙的发展及其社会传播当中，这种哲学斗争的根本战场，恰恰寓于法国大革命发展过程内部，正如黑格尔在《历史哲学》里指出，法国大革命"源自哲学"。

我们已经注意到黑格尔的辩证法（主人与奴隶、高贵意识与卑贱意识）与后来马克思的辩证法间的相似性，却也不希望在任何意义上遮蔽这当中所能发掘出的差异性，即黑格尔的唯心主义与其学生的历史唯物主义。在黑格尔看来，历史是由理念决定的，而理念则具体化身为某些世界视角。这些世界视角包括启蒙、实用主义以及绝对自由等，它们都或多或少被哲学家的抽象体系发展，但实际上却都根植于社会的历史发展进程当中。正如黑格尔所界定的那样，在与社会现实或者文明的严格对应中，这些世界视角绝非表层构造，而是鲜活的观念论，我们必须将其掌握，因为它们并不是从源自其中的具体现实情境——生活

---

① 有关这一主题，黑格尔对费尔巴哈的影响尤其深刻。黑格尔的批判意在专门强调启蒙的论战性旨趣，而他自己也试图重整根植于信仰下的哲学真理。

方式及其相应的社会体系——内部抽象出来的。马克思假装秉持黑格尔的哲学立场，但实际上已经颠覆了他的整个体系。在这样一种倒置当中，有关理念的历史辩证法——黑格尔思想中最原始的要素——在最大程度上消解了，或者说完全失去了它的意义。1793 年的革命在"一个统一且不可分裂的国家"中，体会到了社会契约的全新奥秘，人们还能找到比这更具说服力的且能体现理念活力的佐证吗？

　　启蒙代表着与谬误王国的哲学斗争，后者建立在三大要素基础上。第一个要素是群氓的幼稚意识，在这种意识当中，谬误直接表现为缺乏任何对于自我的直面反思，这可由伏尔泰的《穆罕默德》（*Mahomet*）中的人物赛德（*Séide*）具体呈现出来，莱辛（Lessing）在其《智者纳坦》（*Nathan der Weise*）中也模仿过。

> 我的灵魂必将屈从于您的旨意，
> 只需您启发它顺从无知的一面。①

　　与这种幼稚意识相对照的是第二个要素，即牧师的邪恶目的，他们希望"独自占有识见"。② 与穆罕默德类似，他们把自己当作上帝的唯一代言人。

---

　　① *Le Fanatisme*, *ou Mahomet Ie Prophète*, Acte Ill, Scène VI, *Oeuvres Complètes de Voltaire*, Vol. I, Paris, 1876, pp. 435 – 457.

　　② *The Phenomenology of Mind*, p. 562.

通过我的声音来聆听他至上的意志吧!①

　　僧侣"因而开始谋求专制",其构成了这个异化世界中的第三个要素。专制为了站稳脚跟,操纵着群众的幼稚,并有效利用了牧师们营造的骗局。以上即为启蒙所披露出的黑暗王国。的确,正如黑格尔恰当强调的,它作为历史上辩证现象的结果,几乎完全成了其披露者的创举。当一方公然抨击另一方时,就会在对方那里生成一种挫败意识,这种意识通过把他从其幼稚状态中解放出来,最终导致了对其价值观的愤恨接受。②

　　由于启蒙不能改变专制君主以及牧师们的堕落意识,那就直接把目光放在群众的转变上。自在的群众有自为的自我意识,这就解释了为什么启蒙在整个社会的传播中没有受到任何阻碍。"纯粹识见的传播就好似一种无声的延展,或者一种气味在不受阻碍的空气中扩散……只有当这样的渲染广泛传播时,那种意识对它来说才具有生命力,才会不知不觉地遵从它的影响"。③ 同理,黑格尔从狄德罗那里引用了下面这段话——"外邦的上帝在本土神像的祭坛旁委曲求全地获得了一席之地;慢慢地,他在那里稳定

――――――――――

　　① Voltaire, op. cit.
　　② 在信仰对启蒙的批判所做的回应中,黑格尔举了一个对其批判而表现出的不当反应的例子。由此可见,信仰同意以历史真理所揭示出的论断来替代其作为"精神对精神的见证"概念,但在此基础上,这也揭示了其实际在多大程度上接受了对手的观点。
　　③ *The Phenomenology of Mind*, pp. 563 – 564.

下来；等到时机成熟的那一天，他把他的邻居猛地一推，于是稀里！哗啦！本土的神像就在地上摔得粉碎"。① 黑格尔对那一时代精神思潮的革命进行了重点描绘，并以此写道："现在，它作为一种隐秘且无法被感知到的精神，巧妙地逐一影射到那些高贵部分上，并很快彻底掌控了无意识神像的全部内脏和所有器官。"② 黑格尔认为这是一场不流血的革命。"届时，只有记忆孤零零地仍然保存着精神继往状态的僵死形式，它成了已经销声匿迹的历史，而销声匿迹的人对此更不知所措"。③ 进而，新的"智慧之蛇"不费吹灰之力，便脱去了它褶皱的皮囊。不到最后的时刻，不到权力的反抗成为徒劳之时，也绝不会真正意识到这一革命的到来。痛苦已经被埋下，而迫害必将增强新精神的力量。

这场斗争以启蒙的获胜告终，但随之而来的问题在于——如果一切偏见和迷信消失殆尽，那么，由启蒙所提出的替换了前两者位置的真理，其本质又是什么呢？④ 正如从爱尔维修哲学中发展出的结论那样，基于这一斗争而得

---

① *The Phenomenology of Mind*, pp. 564 – 565。黑格尔实际只从狄德罗的文章里引述了一小部分，in Diderot, op. cit., pp. 483 – 484。

② *The Phenomenology of Mind*, p. 654.

③ Ibid., p. 565.

④ Ibid., p. 576。在胜利的成果中，我们仅仅注意到自然神论者（Deists）与唯物主义者（Materialists）之间存在分野，但黑格尔相当中肯地指出，这样的分野只是一种假象，因为它实际上证明的只是旧文明在新秩序中的保留。的确，没有任何内容的事物与不具任何属性的上帝都是一样的。

出的真理乃是关于"实用"的真理。固有的一切都被破坏掉了，留下的只是空虚和无序的世界。"由于它以这种方式在普遍意义上把一切特征……看作一种有限的事实，看作一种人的实存或者精神的呈现，所以从这一角度出发，绝对存在就成了一种单纯真空，没有任何特征或者谓词能够附到其中"①。当"人类族群"只作为兽群或者社群而存在时，这种精神真空正是这一世界的对照，因为人只被看作对人有用的东西。"由于对人而言一切都是有用的，所以同理，人也就成为有用的了，他的本质功效在于使自己成为人类族群的一员，能为公共福利做贡献，并能为一切人服务"②。在这样的世界中，除了一种绝对的流动或者实用在"自在"与"自为"之间往复震荡，并没有给绝对真理留有任何余地。实用主义完全是对这样一种意识的表达，它尚未整合自身内部的各个元素，但在这之前却仍表现出一种对象性，就好像它竭尽所能想要擦除自己的影子，但却只能目睹其不断重现那样。"实用仍然是客体而非主体的谓词"③。最终，这样的流动将屈服于以下新的秩序——"人乃自由意志"。因此，人将使自己凌驾于社会实用性的灰暗世界之上，并且，作为这一世界所意欲的真理，人会在其自身"普遍的自我意识"当中发现绝对。这种精神上的革

---

① *The Phenomenology of Mind*，．

② Ibid.，p. 579。黑格尔通过这些章节，就是希望能够脱离"人与世界的新视角"，因为它们乃是实用概念的框架。

③ Ibid.，p. 599。浮躁的实用世界的相对性，会被建立在普遍人类意志基础上的绝对所取代。

命会染指为社会领域的革命，并直接迸发出作为"绝对自由"的崭新意识概念。因而，先前分裂的两个世界在这当中将获得和解。

绝对自由

拉卡纳尔（Lakanal）曾在纪念卢梭的悼词中强调："《社会契约论》的影响为我们提供了对大革命的理解路径。"黑格尔在图宾根时就阅读过卢梭，他用《社会契约论》来解释那个时代法国发生的相关事件。新时代的标准无疑对应着卢梭和康德的原则，也就是绝对自由原则。人的本质由他的意志所决定——这并不是追求个人目的的特殊意志，而是普遍意志。"意志的理性无非是要保持自己的纯粹自由，这是它唯一的意愿"。[1] 自由包含着每一位个体公民重新发现自己与普遍意志的不可分割的同一，也就是与国家的同一。人将自己的冲动和欲望压制到对自我规定出的法律遵从当中。人民成了上帝，其在法律的反思中认识到了自我。法国大革命时期，绝对自由"将自身置于全世界的王座上，没有任何权力能够做出有效的反抗"。[2]

然而，这种普遍性与个体性的直接相遇，有赖于一种抽象，它把人只看作公民，而不是追求物质利益的、在本质上自私的个体。至此，自黑格尔图宾根时期的研究以来，

---

[1] *The Philosophy of History*, p. 443.

[2] *The Phenomenology of Mind*, p. 601.

他就已经开始反思——那种将国家与个体必然连接起来的有机社会。由于卢梭的理论忽视了这种具体世界，所以，它在显示出不足的同时，也使自己陷入了僵局。正如黑格尔指出，个体与普遍意志直接同一，这样的假设在城邦时期是成立的，① 但在现代却绝无可能。黑格尔表明，个体必然使自己的意志异化从而"反对自身"，或者成为无限超越他的总体性中的某一元素。只有借助将这种已组织起来的总体性分化为特殊性的具体范畴，普遍意识才会成为一种实在。然而，自我意识却有一种绝对权利，能直接并且有针对性地参与到那一普遍规划当中。法国大革命的荣耀在于，它是在与意志的一切异化和自我意识的所有限制做斗争。圣茹斯特（Saint-Just）就曾受启发而宣称，"事件本身的力量，或许使我们得到了意想不到的结果"。事物的力量，或者如黑格尔所称的"理性的狡黠"，乃是理念的现实活动，也正是从这一角度出发，研究历史的哲学家才能发掘出其中诸多事件的意义。因此，法国大革命便如其所是的那样，乃是一次伟大的形而上学事件。②

与启蒙一道，自我意识也上升到了一种批判的客观层面。尽管社会建制仍然存在，但它们已不能称得上是自我独立存在（self-subsistent）。它们的"自为存在"直接成了"为他存在"，换句话说，它们将服务于一种功能。立宪君

① 关于这一点，可参见 *Jenenser Realphilosophie*, Vol. II, 1805 – 1806, p. 249。

② *The Phenomenology of Mind*, p. 599.

主不再是君权神授的、自在的国王，却仅表现为服务于一种政治架构。然而，这种社会实用性的概念注定会被划归到其终极真相当中，也就是划归到意识的自为存在之中，而这种意识乃是作为绝对且普遍的人类意志而出现的。"这里留下的不过是一副空洞的皮囊，即把自我意识从现实财产中剥离出来的对象性"。这种实用主义在普遍意志面前，或者说在绝对自由面前屈服了。人民团结为一种单一且不可分割的意志，其中每位公民渴求的都只是作为普遍意志的东西。对由此形成的人民而言，"世界就成了它的绝对的自我意志"，[①] 同时也将不再作为它的拦路石。不会再有任何先验的实存，毋宁说，仍然驻留在那里的，只有由"空洞的'至高存在'而散发出的腐朽气味"。[②] 因此，大革命正是以理性的巨大贡献展示在世人面前的，它躬身践行于这个世界，并在自我意识不发生畸变的前提下完成了对自己的反思。作为由启蒙转化的结果，"意识作为纯粹识见，并不是一种个体性的自我，即对象在拥有其全部自身意义上从而与之对立的自我，相反，它是纯粹的概念，是自我对自我的凝视，也是对自我细致又绝对的双重洞察"。[③]

人民并不会"通过无声的赞许"来表达他们的意志，相反，从那种总体性中具体表现出的"乃是每一个独立个体直接且有意识的行动"。这就是为什么公社以及雅各宾派

---

① *The Phenomenology of Mind*, p. 600.
② Ibid. , p. 602.
③ Ibid. , p. 600.

的民主人士始终反对刻板遵从社会契约里的教条训诫。他们宣称自己的权利，反对宪法及其衍生法律，并要求全民普选权以及一种不受限制的授权："因为在自我被简单代表或者被观念性地呈现的地方，它也就不是真实的——它在那里被代表，也恰恰不在那里。"①

这种不受限制的自由在 1789 年到 1794 年间获得了实现，但在它乐享其成的过程中又变得怎样了呢？我们现在必须转向那一历史场景的辩证法中。

它的结果主要是否定性的。卢梭曾言："在国家之下不存在次级团体，同时每位公民能且仅能为自己的意见发声。如果以此为根本出发点，那么普遍意志就会获得真正表达。"②

这就是为什么社会机体的有机成分会逐步消解，就好像在事物的旧状态中，腐败因素会通过早期发展而最终溃烂一样。黑格尔所称的那些"精神诸众"、贵族、第三等级以及僧侣等，终将消逝在公民的群体中。"每一个个体意识都从自己被指派到的那个领域挣脱出来，并且不会再在那种孤立场域内去发掘它的深层本质及功能，而是将自己把握为意志的概念，同时将一切不同领域看作这种意志的本质表达，它最终将通过劳动，即作为一切的劳动来实现自

---

① *The Phenomenology of Mind*, p. 604.

② Jean-Jacques Rousseau, *The Social Contract*, Gerard Hopkins (trans.), London: World Classics, Oxford University Press, 1922, p. 275.

身"。① 同样，单一且不可分割的主权，也不再允许自身被
分化为行政权、立法权以及司法权，公共安全委员会将集
所有权力于一身。最为卢梭所不屑的就是——"现时代政
客们玩弄的那些把戏，共和国的躯体先是在促进国家公正
意义上被巧妙肢解了，而后不知怎的又被重新组装上
了"。② 剩下的就是诸多不相干的个体，而这群原子间的纽
带就是普遍意志。③ 基于这样的条件，无疑将获得一种积极
成就。

更积极的结果只能通过新的异化形式获得，即通过绝
对自由再一次反对自身，并"使自身成为存在着的实体"。
但这样一来，"个体性的活动及其存在，在这一过程中将发
现自己受制于大全的某一分支内部，即受制为某一种活动
或者存在；当个体性被置于具体存在要素中时，它便担负
起特殊个体性的意义，在实际当中也就不再是普遍的自我
意识了"。④ 当这种总体性被看作个体时，其活动就不能按
照相同方式运行。为了具备活动性，一个民族必须集合为
单一个体，并"把一种个体意识放在首位"。⑤ 但是，政府
在这里作为问题性的存在，是一个把其他一切个体排除于
自身之外的个体，没有任何东西能够保证它会呈现出普遍

① *The Phenomenology of Mind*, p. 601.
② Rousseau, op. cit. , p. 272.
③ 在黑格尔看来，唯一可能的运动就是个体与普遍意志间的无尽异
化。因此，一切个人美德终将被公民美德所吸纳。
④ *The Phenomenology of Mind*, p. 603.
⑤ Ibid. , p. 604.

意志。因此，对于它的怀疑就成了一个原则性问题。政府不会活动，因为任何积极行动由于就是它自己的劳动，故将把其他人的活动直接排除于自身之外。作为一个政府，它的上述本质使其难逃罪责。黑格尔在耶拿时期以前研究费希特的自然法中，也表达过相同观点。费希特跟从卢梭的"我们应强令其自由"论调，设定出了一种限制体系，以此确保普遍意志的运行。黑格尔将其解释为，统治的意志受制于统治者，而统治者受制于被统治者。可是最终，这种永恒的运动却导致了永恒的静止。① 但运动却是一种必然。"然而，既然某一种政府总会存在，那么问题在于，它究竟从何而来"。②

这就是为什么在国民公会期间政府成了"权力的化身"，而它的本质最终注定了它的失败。在吉伦特派之后，罗伯斯庇尔开始掌权，并以极度的暴力"捍卫国家"，直到"它最终反噬了他自己"。③ 然而，在这一过程中，绝对自由却获得了实现，尽管它实际上获得的乃是它所追求的反面。绝对自由把自身看作一种肯定性力量，却仅表现为一种否定性原则，并最终毁灭了同一于绝对自由的诸个体。"但正是由于以上原因，这种意志才会与自我意识获得直接趋同。恰恰由于它是纯粹否定的，它才会是纯粹肯定的；并且，自我的轻于鸿毛的死亡以及空洞的否定性，经过其内在的

① *Schriften zur Politik und Rechtsphilosophie*, p. 365.
② *The Philosophy of History*, p. 450.
③ *Jenenser Realphilosoplzie*, Vol. II, 1805 – 1806, p. 248.

生成性原则，将转化为绝对的肯定性"。① 就像政府因为手握权力而受到怀疑一样，诸众由此在政府眼中也是值得怀疑的，这并不是因为他们的活动，而是他们抱有怀疑的企图（对法律的怀疑），以及对宣称呈现出普遍意志的权力的不信任和保留态度。人民之声即为上帝之声，但自在的人民与普遍的意志，却"在激情的沉默中"② 被揭露为一种原始状态。一旦个体将自身融合到公民中去，就没有任何个人行为能够逃脱警察的掌控，以期在尘世推行德行政权。

黑格尔已经认识到了费希特自由主义的极端含义，它包含着一种警察国家，其中资产阶级在现实中的一举一动都会受到监视。③ 从无裤党（sans-culottes）的角度来说，因财富不均的斗争并不源于嫉妒或者赤裸裸的妒忌，而是源自一种合法性的担忧，即担忧国家或者说普遍意志注定会失败，它们将被物质商品的享乐所淹没，同时也担心个人

---

① *The Phenomenology of Mind*, p. 609。简言之，辩证法所揭示的自由中的绝对之物，就是对自由本身的否定。"自由的专制"总是打着自由之名（罗伯斯庇尔）。

② 卢梭论自然法（*Droit naturel*）的文章，源自 *Encyclopedie, ou Dictiolllaire Raisonné des Sciences, des Arts et des Métiers*, Vol. XI, Lausanne and Bern, 1782, pp. 369 - 372。"这种美德（正如罗伯斯庇尔解释的那样），现在必须引导政府与大多数人为敌，因为他们已经堕落了，只是觊觎着旧的利益和已经退化为许可的自由，以及激情所带来的暴力成果，却完全丧失了对美德的信仰"，*The Philosophy of History*, p. 450。

③ *Erste Druckschriften*, G. Lasson（ed.）, Leipzig: Verlag Felix von Meiner, 1928, p. 67.

利益终将超越公共善意。① 简而言之，这次发生于 1794 年间
的伟大的形而上学事件，乃是绝对自由的彻底实现，也创造
了政治与死亡间的新型关系。一种全面意义上的民主出现了，
但却走向了它想要成为 "是其所是" 的反面。它衍生为一种
最严格意义上的极权主义，或者说反自由的民主，因为它把
独立的个体完全吸纳到了公民体系中，并将先验的宗教还原
为国家的宗教。罗伯斯庇尔为了引起对共和国的关注和支持
而去求助宗教。② 正如黑格尔表明，"罗伯斯庇尔建立起了
至高无上的德行原则，也可以说他十分在意德行"。③

　　对于这一动荡结果，黑格尔在《精神现象学》的反思
中表露得并不清晰。在罗伯斯庇尔之后，还有一个没有被
提及的名字，但是很明显，从字里行间我们可以解读出那
就是拿破仑，因为正是他重整了国家。拿破仑构思出了一
套王政复辟方案，尽管他最终注定只能从自己亲手缝制的
嫁衣中隐退。这位伟人作为暴君和独裁者，保留并且重构
了国家。与每一个个体意志相对，这位暴君表达出了作为
一切人宿命的真正且永恒的意志。④ 他征服了他们并训练其
服从，一旦这一目的达成后，虽然他不愿退位，但这位暴

---

　　① 关于这一点，可参见黑格尔在如下章节中的评述，"Sansculottismus"，
in *Dokumente zu Hegels Entwicklullg*, p. 269。黑格尔把财富和对私有财产的
保护看成普遍意志机制的最大障碍，但法国大革命无疑犯下了把人单纯视
作公民的错误。

　　② 这是诺瓦利斯（Novalis）的观点。

　　③ *The Philosophy of History*, p. 450.

　　④ *Jenenser Realphilosoplzie*, Vol. II, 1805 – 1806, p. 247.

君终究不得不离开这个舞台。"人民推翻暴君,对他们而言,这表面上是因为——此乃一种令人憎恶之事或者说一种恶行,但真正的原因乃是人民遵从它的目的"。① 在黑格尔 1814 年 4 月 28 日写给朋友尼特哈默尔(Niethammer)的信里,对欧洲相关历史事件,尤其是拿破仑的下台进行了评论。他在对它们的反思中自夸道,"在耶拿战役前夜完成的著作中已经预见到了这一逆转"。

因此,法国大革命的结果就是王政复辟。然而,这样的复辟绝非旧秩序的简单重构。在经历了恐怖与专制痛苦后,无形的众庶再一次认识到了自身。"这些个体感受到了来自死亡、他们绝对的君主以及主人的恐惧,进而再一次臣服于否定和差别当中,分散到'诸多领域'中去,并重拾起被限定和分配的任务,但却由此回到了它们实在的现实之中"。② 这种新的分化或者新的精神诸众演变成了现代社会的要素,并与其原来的样子有着天壤之别。为了把握这当中变化的本质,就必须转向《精神现象学》之前的《精神哲学》(1805—1806)。尽管 1802 年黑格尔仍以德国北部的贵族结构为模型,对社会进行了有机划分,③ 但现在却受拿破仑的王政复辟影响至深。在拿破仑为意大利建立的体制中,形成了一个由"地主"、"商人"以及"学者"组成的团体,在这当中,"我们已经把国家内部的不同构成

---

① *Jenenser Realphilosoplzie*, Vol. II, 1805 – 1806, pp. 247 – 248.

② *The Phenomenology of Mind*, p. 607.

③ 这尤其体现在 *System der Sittlichkeit* 中。

要素团结起来"。①

　　这些要素与旧秩序的要素，如世袭贵族、资产阶级以及农民等存在巨大差异，同时也构成了黑格尔1805—1806年手稿的基础，它较其早年《伦理体系》中的粗略勾勒进行了更为细致的描述。尽管农民仍然忍受着靠天吃饭的贫苦生活，但却感受到了集体的力量，并寻求在恰当时机以暴力方式表达出来。另外，资产阶级也焕然一新，重新组织了自身。黑格尔对小资产阶级和大商人进行了区分，前者主要在意荣誉并安然于城镇中的舒适地位，后者生活于抽象世界中，他们与之打交道的东西乃是时间和空间上的普遍物。② 商人更习惯处理金钱——抽象的普遍物——而不是处理事务。他们信奉抽象规律以及交换的严谨，却对它们对人类的影响漠不关心："工厂和磨坊是以一个阶级的苦难而实现自身存在的。"③ 当然，国家是位于商业世界之上的，它像一头"野兽"，并从一种普遍视角审视着商业世界。但"它的介入方式必然很难被察觉到；人们并不应该祈求拯救无法被拯救的东西，而应该为忍受苦难的阶级谋求新的职业岗位"，④ 这一过程要在新市场的开辟中

---

　　① Rosenzweig, *Hegel und der Staat*, p. 194.

　　② *Jenenser Realphilosplzie*, Vol. II, 1805 – 1806, p. 256.

　　③ Ibid., p. 257.

　　④ Ibid., p. 233。黑格尔把这样的新世界作为其写作起点。"巨大的财富与极度的贫穷冲突着"（p. 232）。无疑，财富将一切集中到他自己的身上。"凡有的，还要加给他，叫他有余"（p. 233）。这将导致基于"内在的反抗与憎恶"的新现象而建立起来的社会秩序发生新的分裂。

进行。从仍然保有其地位的贵族角度来看，依旧存在着伟大的执政官，黑格尔以拿破仑为模型，将其看作国家的顾问。这些执政官像哲学家一样肩负着一种使命，即表达"民意"。①

我们已经着重强调了黑格尔对这些历史事件的态度，因为与《精神现象学》的抽象性相比，以上方面更容易受到忽视。至此，在大革命以后，国家被重新建立起来，但却获得了"新生和活力"。② 黑格尔似乎认为，任何革命的结果最终都会是对国家的强化。但这当中仍然存在一个问题，毋宁说是黑格尔向他自己提出的问题，即是否对于异化的反抗都会导致自由的一种新的异化结果，并如此往复下去。从这个角度来说，精神的历史将成为一种循环的历史，每一种革命都会生成新的社会秩序形态。因此，就像战争会把行将陷入特殊性中的个体"震荡到中心的位置"③那样，革命的功效也是使行将僵化的社会秩序不断焕发新生。从这个角度来说，在政治机体与自我意识间的冲突中就会显示出不断进步。在每一种革命当中，政治机体都会逐渐被意识主体慢慢渗透。最后，异化作为迄今为止的必然现象或许终将消逝，而个体意识领域可能会扩张到这样一种范围广度上，即从一种公共的社会建树维度来发现自身的对照。所以，它"能够容忍普遍精神的对象性实在，

---

① *Jenenser Realphilosoplzie*, Vol. II, 1805 – 1806, p. 259.

② *The Phenomenology of Mind*, p. 607.

③ Ibid. , p. 474.

也就是一种排除了作为特殊性的自我意识的实在"。①

虽然已经提出了这种可能性，但黑格尔似乎并不指望从"精神的历史"中求得这一目的。就像路德认为"上帝的国度无法在人间实现"一样，黑格尔至少在《精神现象学》中也是这样认为的。与其寄希望于这两种世界的直接和解，不如寻求其他解决方式。他似乎把法国大革命的失败记作一类必然事件。由此，绝对自由"转向了另一个自觉的精神国度"，② 即德国。绝对自由在那里并没有诉诸行动，而是内化到了康德、费希特以及浪漫主义者的伦理以及宗教世界当中。正如黑格尔指出："在这些德国人中间，这种视角完全被设定在了稳健的理论当中，但法国人却希望赋予其实践效力。"③

法国发生的这些事在伯克（Burke）那里也得出了定论，尤其体现在他被一切后世保守主义者视为"圣经"的著作中。伯克把英国的自由与法国的自由进行了比较，并把后者预见为权力与专制的凯旋，但他却没能提出大革命的伟大及其普遍意义。他仅把自己限定在这样的对照中，即一方是以抽象为指导而促发理性的法国模式，它"像他们爱修整的园丁"④ 那样小心翼翼地修整着一切；另一方则

---

① *The Phenomenology of Mind*, p. 607.

② Ibid. , p. 610。在解读《精神现象学》的整体性时，这种处理方式所蕴含的困境并不会对我们造成阻碍。国家无疑将持存下去，尽管它不会再作为绝对。在黑格尔的一切著作中，《精神现象学》乃是国家论意味最轻的一个。

③ *The Philosophy of History*, p. 443.

④ Edmund Burke, *Reflections on the Revolution in France*, New York：The Liberal Arts Press, 1955, p. 202.

是对偏见的偏见，或者说非理论化的经验主义。尽管黑格尔可能与伯克有类似之处，尤其是他对 1789 年的那些抽象原则进行的批判，但他们之间的差异也无法被忽视。黑格尔的努力在于合理解释以法国大革命为巅峰的诸多事件的必然发展，我们在上文已经竭力进行了阐明。尽管其部分失败了，但黑格尔仍把大革命视作一种取得了无限成果的智识革命，正如他在生命晚期所留下的这样一段话：

> "法权"的概念或者说"法权"的理念突然宣称自己的权威，旧式的非正义架构在它的猛烈攻击下不能做出任何反抗。由此，与"法权"概念协同建立起来的体制，成了一切后世立法所依照的基础。自从太阳屹立苍穹而群星绕毂以来，人的存在从未在其头脑中，即在思想中占据核心地位，更不用说以此建立一个实在世界了。阿那克萨戈拉（Anaxagoras）是第一位提出把理性（νους）视作统领世界之人；但直到现在，人们才大胆承认了这一原则，即思想应该统领精神实在。这由此揭开了一场壮丽的精神黎明，一切思想的存在都共同欢庆在这一新纪元的喜悦中。崇高的情感在那一时刻撩动着人的思绪；一种精神的热忱弥漫在整个世界当中，就好像天国与尘世第一次达到了和解。①

---

① *The Philosophy of History*, p. 447.

第四章

异化与对象化：论卢卡奇的 《青年黑格尔》*

从"图宾根和伯尔尼秉持共和观念时期"到 1807 年《精神现象学》的出版，卢卡奇对黑格尔早期的研究，是以马克思主义精神和方法为出发点，从而完成的一部历史哲学著作。首先应该声明，如果固执地坚持——把每一类哲学都还原为从社会和经济学角度理解的意识形态，那么，任何这种马克思式的哲学史都注定要失败。黑格尔哲学史的缺陷——它要求把一切哲学整合为逻辑上的以及编年体的序列，以此使得每一种后来的哲学因为包含并且扬弃了它的先驱而显得更加进步——单纯从马克思的模式来解读，就会显示出更大的缺陷。让我们暂且保留这些意见，从而把目光重点集中到卢卡奇的论证主旨上，即对黑格尔的理

---

* G. Lukacs, *Der Junge Hegel*：*Über die Beziehungen von Dialektik und Oekonomie*, Zurich and Vienna, 1948.

解以及对其哲学的诸种解读上，会使我们走向马克思主义的对立面。

不得不承认，马克思是对黑格尔最卓越的评论者之一：他在《1844 年经济学哲学手稿》早期作品中彻底消化了《精神现象学》；也在《资本论》中借用了黑格尔的方法，而这一著作的结构以及布局，如果脱离了黑格尔主义，哪怕是脱离了《精神现象学》中某一特定章节的相关细节，都将无法被理解。可尽管这些理由是自洽的，同时又总会被经常提起，也并不足以单独构成黑格尔主义与马克思主义对立的基础。我们必须进行更深入的研究，并能够提出如下层面的问题，即整个黑格尔的体系比其他任何哲学体系都更加根植于当时社会与政治事件之中。这位哲学家曾经写道，"坚持读报就是现代人的清晨祷告"（它使我们能够在世界中保有自己的立场并对历史情境有所了解），这里显示出的是完全有别于诱导大多数人认为的神学家形象。把黑格尔神学时期的主张看作一种反动说法，卢卡奇的这种观点或许未必完全错误（尽管他倾向于采取极端的对立立场）。黑格尔的确使用了神学语言，但不应被忽视的是，从其最早期的反思中可以看出，黑格尔把宗教看作人的生活以及个体生活，但首先是集体生活的表征，即看作具体的人类问题在象征层面的投射。黑格尔偶尔使用的神秘主义话语，不应遮蔽了——他早期对政治、社会甚至经济问题的积极投入和密切关注。

正是在分析黑格尔对经济学问题的观点中，卢卡奇为如何理解这位哲学家做出了原始贡献，也就是说，在这位哲学家看来，没有任何人或任何事外在于人类历史。

建构一种对黑格尔主义的马克思式解读路径，这样的尝试具有重大价值。它能够表明：一方面，从黑格尔在伯尔尼、法兰克福以及耶拿时期，对政治经济学、劳动以及对一个民族生活影响巨大的财富的最初反思中，我们应由此意识到黑格尔的重要性；另一方面，如果我们在马克思主义中看到了一种对黑格尔辩证法的转换，但这却秉持着黑格尔自身的理论基础以及方向旨趣，那么就更应当认识到这种重要性。尽管一般的立场都契合列宁甚至斯大林（这完全无关紧要），但卢卡奇的著作却对黑格尔抱有同情理解。尤其他对黑格尔和歌德描绘出的资产阶级发展的解释，就是将一种有效描绘与细节阐发相结合。最终，卢卡奇对青年黑格尔的研究，挣脱了以一种党派理论强行令哲学陷入僵化体系中的悲惨命运。

正如卢卡奇表明，我们不可能亦步亦趋地跟随黑格尔思想的演变，即从其图宾根神学院以及青年的共和情怀时期，直到《精神现象学》并把拿破仑证明为世界精神的时期。我们应该把目光集中于——由卢卡奇提出的有关黑格尔经济学思想与其哲学思想的关系上，同时集中于——卢卡奇对马克思批判黑格尔的着力捍卫上。因为它使黑格尔整个"异化与对象化"现象的研究路径受到了质疑。

哲学与政治经济学

马克思以"经济学哲学手稿"为题的最早期作品，开启了一项巨大工程，它包含着晚期历史唯物主义的萌芽。从重农学派到亚当·斯密，马克思表明了人们在经济领域所取得的成就，而关于国民财富以及商品的生产、交换和分配的科学，则逐渐使我们明白了人类劳动的价值概念。当重农学派把价值的唯一源泉归结为自然时，斯密已经将其整合到了人类劳动之中。这样的劳动是社会劳动，由此解释了人对自然的改造，并且这些改造最终又生成了人本身及其集体生活的组织形式。斯密的《国民财富的性质和原因的研究》（*An Inquiry into the Nature and Causes of the Wealth of Nations*）在 1776 年于伦敦出版，加尔弗（Garve）在 1794—1796 年间把它翻译成了德文。这部著作对黑格尔产生了深刻影响，他在好多地方都引用过，尤其体现在《精神现象学》之前的"耶拿体系"① 上。

马克思以强有力的方式，阐明了经济学与从康德到黑格尔的唯心主义哲学间的关系，其目的在于把关于人的政治经济学与黑格尔的《精神现象学》及其否定概念整合起来，同时把借助人的劳动而对自然的改造整合为对集体关系以及存在的对象性解读，因为正是人的劳动把自然进行人

---

① *Jenenser Logik*, *Metaphysik und Naturphilosophie*（1802）and *Jenenser Realphilosophie*（1803 – 1806）. ——英文版译者注

化，并把自然对照为个体向普遍的人的提升。这正是马克思在哲学与经济学间力求获得的统一——这种统一将得出关于人的新概念以及整个人类的未来，并以实践从而使思辨的知识与人类的生活和解到历史的发展当中。在马克思看来，思辨的唯心主义使哲学走向了死胡同，像黑格尔那样，把哲学限定为对"是其所是"的解读，只能使哲学终结于不可逾越的矛盾当中。然而，以上两种学说间的关系，却使政治经济学一方面能够扩大自身的视域，从而囊括关于人的整体问题、人与自然的关系问题以及哲学问题等；另一方面又使其扬弃了作为思辨的知识，从而使自身成为人真正解放的活动，而非单纯作为思辨的智慧。

我们简要评述马克思早期著作的意义，是为了更全面地理解卢卡奇理论的重要性。卢卡奇主张研究政治经济学与哲学间的关系，并且从马克思的早期探索中获得了诸多洞见。具体来说，他将以下三方面要素进行了比较：相关时期的政治、经济以及社会背景，经济学理论以及黑格尔哲学。卢卡奇的目的就是表明，只要我们把黑格尔哲学看作一种对生存以及人的境况的普遍解读，那么从广义的角度来说，它总会转向一种特殊的经济学视角，但与此同时，他也竭力揭示出，黑格尔时期的德国——由于生产力的不充分发展——如何阻碍了他没能对自己提出的问题进行哲学解答。黑格尔的写作时期是资本主义在英国和法国尚处于初级阶段，而封建主义在德国虽然根基深厚，却也由于资产阶级攫取政权而到处瓦解的时期。实际上，黑格尔与同时代的歌德类似，他们所描述的正是这样的世界，即不断取得胜利的自信的资产阶级，以及正在崛起的具有资产阶级特征的世界图景。然而，伴随着辩证天赋的特殊洞察力，黑格尔也看到了——这一世界在其成熟形态中所显示出的所有矛盾，及其寓于自身的一切危机，就好似风暴寓于云朵中那样。因此，黑格尔早在 1807 年就超越了他的时代，尽管他还不能有效解决这些危机，并在相关解答中扬弃自己时代的诸多弊端。但与后来的马克思一样，黑格尔也正是在资产阶级崛起的时刻预见到了它的消亡。由于仰仗着生产力的发展来解决问题，所以这无疑使黑格尔成了马克思那样的人。但根据他对亚当·斯密的透彻解读，又使其在哲学上超越了斯密而预示出了李嘉图。在扬弃了自由经济的根本限制后，黑格尔详细阐发出一种人类的生命哲学。如果它以悲剧形式而达到巅峰，那么，也就恰恰为自己提出的问题提供了一种积极而非悲剧性的解决路径—— 一旦一场真正革命的时机成熟了，这种解决方式就会降临到马克思那里。"黑格尔造就了费尔巴哈，而费尔巴哈造就了马克思"。由此我们便能理解卢卡奇研究的重要意义，及其在处理哲学史问题上对马克思方法的运用。我们只需要再把如下要点补充进来，即卢卡奇从普遍维度上提出的政治经济学与哲学间的关系问题，这不仅促进了我们已经提到的对马克思早期研究的发展，还在从未被开垦的研究方向上发挥了无价的引导作用。

在过去，从来就不缺乏对哲学与科学间关系的研究，不论在形而上的沉思与笛卡尔的科学机制之间，还是在牛顿的自然哲学与康德和休谟的哲学之间，关于它们关系的研究已经取得了丰厚成果。从亚里士多德到伯格森，关于生物学与哲学间关系的研究至少也有一些。但是，关于某一特定时代经济学与哲学关系的研究却根本找不到。例如，如果我们试图理解休谟的伦理学及其关于人的本质的普遍视角，就必须考虑到休谟与亚当·斯密间的关系，以及休谟论证利益和商业等方面的重要文章。由此，休谟的哲学就直接关联于经济学的一般形式上。就像历史学家竭力把哲学体系关联于他们时代的自然科学来对其进行分析那样，我们也要尝试着呈现出哲学理论与政治经济学这门科学，即与社会中的人依靠自然进行生产，同时对其劳动产品进行消费的科学间的关系。尽管人们已经开始关注亚里士多德的经济学理论，但却仅将其经济思想与哲学思想并列置之，就像霍布斯、伯克利、休谟甚至黑格尔所做的那样。当务之急——这对像马克思那样的人来说应该是一种锤炼——是理解某一特定时代经济思想与其哲学思想间的关系，这就凸显出了卢卡奇研究黑格尔早期理论的重大价值。

黑格尔总是竭力把人类的生命理解为某一民族的生命，进而，又把某一民族的生命看作诸多民族普遍历史中的一个元素。在黑格尔最早期的著作中，正如他自己所说，从人类意识最低层面的紧迫状况出发，可以发现这样一种理解视角，其能够把某一民族生命中被我们称之为"心理学"的东西，或者说关于个体与集体需要的科学，与关于劳动

与技术的科学进行整合。黑格尔精神哲学的最初版本，即
《伦理体系》，于 1803 年在耶拿开始起草，它非常类似于自
奥古斯特·孔德（Auguste Comte）以来常被我们称呼的
"社会学"。与此同时，它又在其表现出的社会愿景中，把
人类行为最基本的形式与思辨思想的最高形式，即艺术、
宗教以及哲学结合在了一起。

　　这些更高的形式是一个民族从其具体生活中创造出的
表征，然而，这些表征又与社会中的诸众构成了一个整体，
他们包括贵族、资产阶级以及农民等，其中每一项又都反
过来构成了人与自然的一般关系。人类行动最基本的形式，
如需要、劳动以及对工具和机器的使用，都成了整体中的
诸多元素，而个人意义上的心理学，反倒仅成了消融在综合
性的社会范畴中的某个范畴。作为一种大全而统领其内在
部分的社会体系，在亚当·斯密的诸多伟大著作中都能够
找到它的根源，而在同时代其他论证者的代表性著作中，
如孟德斯鸠和卢梭等，也能够发现这一点。但黑格尔的总
体性概念，由于在某种程度上先在于内在部分，并作为它
们的灵魂和意义所在，已经直接超越了斯密的自由主义，
并预见了马克思的观点。

　　除了卢卡奇亲自表明的那样，在我们看来，黑格尔辩
证法的根源的确从亚当·斯密那里焕发出了别样的意义。
这种辩证法很难界定，它不仅是从柏拉图到康德的这些哲
学家所意欲出的辩证法，也是理解人类生活各种具体现实
层面的方法。黑格尔的辩证法既期望成为一种哲学的辩证

法，也力求成为一种现实的辩证法，而正是由于它力求作为现实的辩证法，才会不断受到亚当·斯密理论的启发。斯密的自由主义基于现实而做出了这样的预设，即为追求个人利益而进行的自由行动，将导致集体利益实现最优结果。根据这种预设，他从来都不遗余力地表明——个体规划将如何转变到集体生活中，以及它们如何在其实现自身的过程中促成更多的收益。"因此，任何个体只要能够支配他的资本，就会竭尽全力……使其产出最大的价值；每一个个体也就会尽其所能地通过必要的劳动使社会年度收益最大化……他只是想尽力实现自己的目标，而他在这种情况中又和在其他情况下一样，将由一只看不见的手推动他实现他自己并不想实现的目的。"[①]

在亚当·斯密那里，与以上观点相类似的段落还有很多。劳动分工与交换行为首先成了个人的目的，这种目的通过群体而实现并转变为意义丰富的新目标，但它却并不是个人本身希望求得的目标。正是这样的结果，使黑格尔早前得出了"理性的狡黠"这一观念，即反对个人为自己设定的目标及其预想结果的辩证法。通过人类生命的大全而追溯出的这种辩证法，进而将其转化到逻辑层面，使黑格尔能够奋力重构出辩证法概念，以此使"思想的生命"与"生命的思想"和解。

卢卡奇着重表明，黑格尔对这种现实的辩证法运用促

---

① Adam Smith, *An Inquiry into the Nature and Causes of the Wealth of Nations*, New York: The Modern Library, 1937, p. 423. ——英文版译者注

成了三种结果。

第一，黑格尔重点描述了资本主义社会的崛起。尤其是跟随亚当·斯密的步伐，黑格尔刻画出劳动的社会分工和技术的发展，以及在财富的生产、交换和消费中所体现出的个体之间的合作。

第二，黑格尔预见到了这种社会内部的矛盾，以及人在其中发生的必然异化，因为为了生产而进行的生产——或者说为了权力而攫取的权力——根本不具备节制的理性。

第三，基于黑格尔的历史处境，若想解决他所深刻认识到的资本主义社会中的矛盾是不可能的。正如卢卡奇指出，黑格尔无法解决这些矛盾的原因在于——资本主义社会尚未成熟，像生产力——德国在这一时期更不如其他地方——并没有获得足够的发展。

基于以上三点的深入考察，会更有利于我们理解黑格尔体系中的社会与政治方面问题，以及理解以这些方面作为基础的卢卡奇著作。在黑格尔那里有着与第一点（对于那一时期的经济与社会的描述）相关的大量重要文本，包括《耶拿实在哲学》（*Jenenser Realphilosophie*）以及《精神现象学》，我们会从中大胆举例。在《精神现象学》里，黑格尔描绘出某一民族的社会生活及其伦理世界，并对"权力"和"财富"这两个元素进行了区分。他对财富的辩证描述，反映出了亚当·斯密的自由主义内容：

　　　　每个个体在享受当中，无疑都意识到了自身的自为存在和独立存在；但这种享受本身乃是普遍行动的结果，从互惠的角度来说，就好像财富需要普遍的劳动，同时也生产出了对一切人的享受那样……每个个体无疑都会认为，他是在为自己的利益而奔走……但哪怕纯粹从外表看来，同样明显的是，每个人在他自己的享受中，也把这种享受带给了一切人，他自己的劳动不仅是为了他自己，也在为一切人而劳动，同时一切人也在为他劳动。[①]

这段话不仅抓住了经济自由主义的本质，也抓住了在个人需要与劳动之间，以及表现在社会总体生活中的自我利益与集体目的之间的和谐本质。但是，黑格尔却在亚当·斯密自我满足的地方得出了更深刻结论。自我主义只是表面的，而无私的美德（或者类似的表述）也是软弱无力的，世界的进程是构成普遍个体性的个人之间交往的结果。单独的个体性通过其活动以及实践导向都认为——他自己是个自我主义者，可在这种普遍的个体性世界中，他实际则超越了自己并且也拒绝承认自己。尽管正是这样的单独个体性设定并且实现了这样的世界，"但当个体强化了对自我的认识时，他也就更接近于成为一种普遍性，同时排除了自己的特殊性"。这种行为导向不仅是道德上的目的或企图，也是个体本有的立场，它成了特殊个体性的真相，

---

① *The Phenomenology of Mind*, p. 520. ——英文版译者注

即具有普遍特征的真相。在这里我们可以看到，黑格尔基于亚当·斯密对现代经济社会的描述所做的深入探析，是如何成为一种人类行为导向之哲学的。它超越了那些关注自然的沉思哲学家，也超越了纯粹精神上的伦理哲学，如康德和费希特的伦理世界视域。卢卡奇恰当地把目光集中到了对自然主义与伦理唯心主义的扬弃上，以此呈现出——从康德到黑格尔的哲学，如何进一步过渡到了马克思那里。

在启蒙表现出单调的理性主义之后，黑格尔在耶拿时期完成了《信仰与知识》（*Glauben und Wissen*）这篇伟大文章，以此论述他那个时代的哲学现状，并得出了伦理——纯粹的伦理——唯心主义的瓦解的结论。然而，为了厘清这篇批判文章与其经济和社会背景的关系，我们必须结合它来阅读同一时期的"自然法"以及"社会的道德体系"这些文本。正如前文表明的，它们在《精神哲学》的初稿①中，生成了一种真正意义上的社会学。

然而，黑格尔并不满足于通过实践导向的哲学，来重建和丰富亚当·斯密的经济世界，他对特殊个体进行了反思，因为其在这种世界狂热的辩证法进程中成为了一种普遍："意识对于自身而言变成一个谜，其行为的最终结果似乎不再是他自己的活动了。"正如黑格尔所言，通过把自身外化或者使自己成为世界中的对象——即在另一个自我或

---

① "Jenenser Philosophie des Geistes, 1805 – 1806", in *Jenenser Realphilosophie*, Vol. II, 1805 – 1806. ——英文版译者注

者诸多他者的世界中，达到本真状态的唯一手段，无疑是从本真概念自身中得出的，因为最为简约的工具就意味着他者——独立意识使自身异化而成为另一个自我；在世界中的对象化以及在自我中的异化，它们是黑格尔辩证法中最重要的两个元素。

这样的异化——在逻辑层面成了自我和自我的矛盾——在现代世界中指涉经济的矛盾形态，其与自由主义的和谐正相对。当我们回想起黑格尔在 1800 年左右发觉德国社会并未彰显出这种现代世界的矛盾时，以上视角会让我们更为惊叹。的确，亚当·斯密奠定了这种分析基础，但值得注意的是，黑格尔并不像反动的浪漫主义者那样——呼吁折回到新的中世纪那里，而是预见到了后来经济学家与社会学家的相关分析。

劳动分工的结果在于，个体不再依赖自然，相反，他开始依赖社会，就好像一种看不见的力量在推动着他。社会环境取代了自然环境，这一观点是黑格尔思想的基本议题之一，后来孔德对其做了进一步发展，并把社会学置于心理学之前。"对个体而言，社会成了他的自然，他开始依靠社会这种看不见且根本的发展，来保留和抑制自己身体和精神的成长"。然而，这样的社会却是一种社群结果，是一种个体与集体的事务，也就成了对象本身；但在这种对象当中，个体变得与自己相异化。黑格尔把这样的异化，与人通过其劳动而达成的对象化或者外化看作一种同一，当它作为一种新的概念而被确证性（positivity，伯尔尼时期）

以及命定性（destiny，法兰克福时期）观念替代时，就使黑格尔在人的一切复杂性中提出了关于人本身的问题。马克思同样是借助这一异化术语而继续发展黑格尔辩证法的。

但黑格尔也指出，个体"工作得越多，他的工作价值反而开始减少"。由此他就被延长工作时间，或者增加工作强度，以便能够生产出生活资料。经过一段时间的积累，这一过程终将消逝，而个体也会退回到以前的生活水平。"劳动进而成了毫无价值的商品"。在这里我们可以看到，黑格尔如何超越了亚当·斯密所宣称的工资铁律，并在某种程度上预见到了马克思的分析。黑格尔察觉到了劳动分工中的一切结果。"由于劳动的抽象本质，它将变得越来越机械，并且越来越荒唐"。当然，木棍会被工具所取代，而工具又会被器械取代，这就是人类技艺对自然的战胜。它使看不见的力量服从于人的目的，并通过"人的自为"的一面而揭示出"自然的自在"的一面。在对劳动与机械的研究中，黑格尔发展出一套新的结果论以及普遍的神学概念。但是，人在面对自然时所表现出的聪慧，却对个体产生了巨大影响——实践中，它把智性的、整体的劳动转化成了麻木的、部分的劳动，即"形式的和非人的"劳动。自然的人化导致了劳动的非人化，最终，生产与分配的运动作为一个体系使其"无休止地、不受限地寻求技术以及新的市场"。可以说，早在1803年，黑格尔就注意到为了生产而进行生产的过程，李嘉图强调过这一点，马克思则将其描述为激发整个资本主义生产体系的价值扩张。尽管马克思不知道我们以上呈现出的黑格尔耶拿时期的这些文本，但它们却预兆出了马克思的结论。"在社会内部，个体的技能成了他谋生的手段，后者完全暴露在大全的偶然性本质混乱之中，以此出现了越来越多承受不健康劳动而又缺乏任何保障的人们，即在工厂和矿井中从事荒唐劳动的人们……"黑格尔补充道，"所有这样的民众都注定要承受无法挽回的贫穷……因而这也正是巨富与赤贫间的冲突，它将由此在世界舞台上——登台亮相（auftritt）"。① 借助于一种模糊的方式而阐释出后来被称作"积累法则"的东西后，黑格尔着力表明富人与穷人的对抗将代替贵族与农奴的对抗，这将是一种必然的社会辩证结果。财富把一切吸引到自身当中，由于它一边发展了这种内在必然性，另一边就导致越来越多的贫穷。黑格尔还不忘加上"凡有的，还要加给他，叫他有余"。

　　国家作为普遍性的庇佑，对此却也只能隔靴搔痒。尽管普遍集体的对象化，即公民是在国家中而不是借助金钱而设定出自己种属的以及自由的本质，但国家却悬浮在由市民社会所操控的自由把戏之上。"市民社会的自由的确独特，却把个体肢解到个人主义当中；他只能通过国家或者宗教获得救赎"。个体被滞留于两个世界中，它们相互异化，却也彼此呼应。他的命运就好像遵照自己心性法则过活的人，一旦做出行动，就会产生外在世界规律与内在心

---

　　① *Jenenser Realphilosophie*, Vol. II, 1805 – 1806, p. 232. ——英文版译者注

性法则间的分裂那样：

> 人应当诚实并满怀荣耀
>
> 他不应当说一句违心的话……①

不幸的是，它的活动使其心异化于其行，类似的还包括语言、劳动以及金钱，人总是处于异化状态中。这种异化的本质，它的根源以及解决方式，最终促成了后来《精神现象学》的问题视域。

异化、外化与对象化

卢卡奇论证了经济和社会概念对黑格尔思想的影响，并正确指出了以往历史学家所忽略的一个特点。然而，更广为人知的却是他对拿破仑以及法国大革命影响的评论。卢卡奇关注黑格尔那里的能量以及英雄主义的主题，并且注意到它与一般的资产阶级概念并不和谐，可不论在法兰克福时期还是在《精神现象学》中，这却是"黑格尔世界观"中的一个重要议题。我们或许会回想起黑格尔的泛悲剧情结，由此"悲剧可以表达出那种绝对状态"，而喜剧则仅宣称了个体形态的瓦解，进而只能在新的悲剧中寻求其真正

---

① *Le Misanthrope*, Act I, Scene I, lines 35 – 36, in *Eight Plays by Molière*, translated with an Introduction by Morris Bishop, New York：Modern Library, 1957. ——英文版译者注

意义。这种新的悲剧就是——现代人相信有限事物的永恒存在，如金钱、健康以及契约等，并且在目睹它们逐渐消逝的同时，却不关心它们为何消逝。

但卢卡奇理论中最有趣的部分，是他详细分析了马克思早期对黑格尔的批判，这是我们所要讨论的核心。在马克思看来，黑格尔混淆了对象化（或者说，人在自然或者社会中的外化）和异化，这样的混淆既能解释黑格尔对社会分析的不足，不能或者至少不能充分地解决其所提出的问题，也可以说明他哲学思想的神秘化，即没有促成积极的行动，反而因充满思辨的唯心主义而失信于自己曾经的承诺。正如克尔凯郭尔后来指出，黑格尔把我们托举到思辨的天堂里，却又让我们生活在现实的茅草屋中。黑格尔最知名的概念，即理念，当其假装借助于这位哲学家的绝对知识而克服了一切异化时，它不过是一种神秘化了的东西。马克思对对象化以及异化概念的批判分析，显得十分重要并具有建设性，我们必须进一步基于更多细节来审视它。

马克思认为，对象化是人在本质上通过劳动或者工作，使自己成为一个对象并且表征或外化出自己的过程，而异化则是人一旦外化出他自己，就会发现自己与自己相异，也将在其劳动中察觉到自己"并非自己"，或者说根本不能发现和认识自己的过程，可黑格尔却恰好将以上两者混淆了。这种迷失的认知或者自我同一的缺失，在人的自我外化中成了最大的不幸，不论在客体层面还是社会以及主体间性层面均如此。个体既不能在他的劳动中，也不能通过他人认识自己。人完全被他的产品击垮了，因此，他不能在其他人的灵魂那里看到自己的映像，也不能在集体的建构中，把自己看作一个种属性的要素，而只能看到被他自己亲手造就出来的东西所碾压的迷失性自我。这就是苦恼意识的经历，黑格尔对此仅从哲学角度开出了药方——在马克思看来，这不过是一种可怜的补救。

马克思的观点在于，对象化就其本身而言绝非一种恶，相反，它是对人与自然进行整合的唯一手段。人改造自然并使其成为人化了的表征，同时在这一改造过程中，被生理需要的特殊性所确证的自然人，随后成了更普遍的存在；他教育自己并培育其真正的类本质（正如黑格尔某些洞察表明的那样）。从对食物的需要到对性的需要，他的每一种需要都不再是特殊的需要，而成了一种人的需要，这种需要以对他的同伴以及主体间性的本质认知为中介，因为他唯有如此，才能成为一个人并使理性在他身上持存。由这一过程所夯实的根基，通常被人们恰如其分地称之为"社会主义的人道主义"。

那么，为什么人一旦外化后就会表现为一种苦恼意识，即一种挫败于并且相异于其劳动的意识呢？为什么社会并不表现为人的意志而是一种异化意志的表达呢？正是对这样的问题解答，使马克思与黑格尔发生了分歧。黑格尔的哲学性解答，完全不同于马克思的实践性及历史性回应。马克思从历史角度解释这样的不幸，他谴责生产过程，并坚信对象化变成异化，仅是某种历史情境下的产物。这种情境有其历史根源，并终将消失于历史当中。尽管对象化自身并非一种异化形式，但在现实中却发生了异化。对资本主义的描述——正如马克思后来在《资本论》中呈现的——乃是对人类劳动全面异化的永恒刻画，这是将人的全部生产力提升到最高层次而必须经历的历史时刻。

马克思对对象化与异化所做的区分，得出了诸多显而易见的结论，它们有效说明了为什么黑格尔会陷入某一特殊历史时刻而无法自拔，即在根本上把两种现象互相混淆。但是，这两个方面却仅在某种历史偶然中才无法被区分。结果，尽管黑格尔哲学宣称"统领了历史"，但却折回到了历史当中，并选择从历史本身进行解释。黑格尔的唯心主义只是对这种基本混淆的阐发，而马克思在《1844 年经济学哲学手稿》中，则通过揭示人在劳动中对象化的本质特征发展了黑格尔的理论。"正是在改造对象世界的过程中，人才真正证明自己是类存在物。这种生产是人的能动的类生活。通过这种生产，自然界才表现为他的作品和他的现实。因此，劳动的对象是人的类生活的对象化：人不仅像在意识中那样在精神上使自己二重化，而且能动地、现实地使自己二重化，从而在他所创造的世界中直观自身"。[1] 然而，他却不是一种快乐意识，而是苦恼意识。正如黑格尔指出，

---

[1] *Karl Marx*, *Early Writings*, translated and edited by T. B. Bottomore, London：C. A. Watts, 1963, p. 128. ——英文版译者注

这并不是因为意识尚未被真正的哲学所观察到，而是因为意识在资本主义制度的历史阶段中与劳动发生了异化。

"工人在他的产品中的外化，不仅意味着他的劳动成为对象，成为外部的存在，而且意味着他的劳动作为一种与他相异的东西不依赖于他而在他之外存在，并成为同他对立的独立力量。"①

在资本主义制度下，工人受自己的劳动产品挤压，他是被剥削且异化的。因此，对象化在现实当中表现为自我的丧失和受对象的奴役，而占有对象显示出的就是异化和剥削。劳动的实现成了这样一种非实现，即劳动者被自己的现实境况所掠夺而几近饿死。对象化变成了对象的丧失，以至劳动者不仅被夺去了生活的必需品，也被夺去了劳动的谋生手段。不仅如此，工作本身成了工人需要付出巨大代价，并且还要面临随时停工的威胁而仅剩下的东西。这是一种压迫的体制，它既统治着资本家，也统治着无产阶级，因为资本家被自己的枷锁束缚住了，而无产阶级则退化为新的奴隶。这种体制造就了人对人的压迫，因此，这样的挤压不仅体现在与对象的关系上，也体现在其自身内部："在宗教中，人的幻想、人的头脑和人的心灵的自主活动对个人发生作用不取决于他个人，就是说，是作为某种异己的活动，神灵的或魔鬼的活动发生作用，同样，工人的活动也不是他的自主活动。他的活动属于别人，这种活

---

① *Karl Marx*, *Early Writings*, translated and edited by T. B. Bottomore, London：C. A. Watts, 1963, pp. 122 – 123. ——英文版译者注

动是他自身的丧失。"①

尽管黑格尔能够得出人的存在的悲剧特征以及资产阶级经济的崛起，但却不能从一种历史性的异化，即私有财产和资本主义的结果角度来解释它们。这就是为什么黑格尔把人的一切对象化都解释为异化，同时又把每一种对象化当作异化看待，这样的混淆贯穿了他的整个哲学体系。

首先，黑格尔并没有给异化指明一条实践性的解决路径。《精神现象学》不过是一幅由共产主义提供出来的讽刺漫画，每个人都担负着同样的任务，那就是克服给人带来不幸的异化。但《精神现象学》开出的药方又是什么呢？那就是绝对知识，它是智性的自我意识的胜利。异化就这样在思想中而非行动中被克服了。宗教及其设定出的超越之物，被人的自我反思与其异化的存在状态，即哲学性的概念体系战胜了，但现实却未发生任何变化。纯粹的思辨并没能解决特殊历史问题，解决问题需要的恰恰是一场历史性革命。共产主义却并非如此，因为只有共产主义才能完成历史的终结。

> 共产主义是对私有财产即人的自我异化的积极的扬弃，因而是通过人并且为了人而对人的本质的真正占有，因此，它是人向自身、也就是向社会的即合乎人性的人的复归，这种复归是完全的复归，是自觉实现并在以往

---

① *Karl Marx*, *Early Writings*, translated and edited by T. B. Bottomore, London：C. A. Watts, 1963, p. 125. ——英文版译者注

发展的全部财富的范围内实现的复归。这种共产主义，作为完成了的自然主义，等于人道主义，而作为完成了的人道主义，等于自然主义，它是人和自然界之间、人和人之间的矛盾的真正解决，是存在和本质、对象化和自我确证、自由和必然、个体和类之间的斗争的真正解决。它是历史之谜的解答，而且知道自己就是这种解答。①

从以上论述中将引出第二个问题。黑格尔除了把异化同一于对象化，并坚信异化可以从哲学角度加以克服外，还认为自然是可以被扬弃的。黑格尔的唯心主义秉持一种怪异的立场，即"自然只是精神的外化"。马克思认为，黑格尔正是在这里出现了纰漏；黑格尔在他的头脑里设定着宇宙，这也由此成了费尔巴哈的唯物主义，或者说自然主义发起攻击的地方。黑格尔的这种根本混淆，使他把每一种对象化——尤其是原始的自然与对象的世界，即人的外部世界——都看作是一种异化。人们可能会借此联想到《精神现象学》中，自我意识在一个空壳对象中，即头盖骨中自我沉思的段落。② 金钱是人的生产劳动外化，这或许无可厚非，但把不受人参与其中的自然看作精神的外化，这当然是信口雌黄，它是唯心主义神秘化的典型例子。黑格尔并没能借助哲学而成功扬弃历史性的异化（尽管他可能以

---

① *Karl Marx*, *Early Writings*, translated and edited by T. B. Bottomore, London: C. A. Watts, 1963, p. 155. ——英文版译者注

② *The Phenomenology of Mind*, p. 358 ff. ——英文版译者注

一种历史行动来扬弃哲学的方式达到这一点），也没能在哲学上扬弃不可逾越的对象性，即扬弃人生发于并必须回归于其中的自然。绝对精神的对象性本质生成了异化，而黑格尔唯心主义的全部内容都建立在这种绝对精神的神秘化之上。

最后，黑格尔甚至把异化概念融入绝对的观念当中，也只有在这样的表象维度上，绝对才能扬弃异化运动的矛盾。除了呈现出内在的永恒对立外，绝对并不包含综合。的确，绝对知识尽管蕴含着扬弃异化的运动趋势，但人们很自然地会想到它也始终保留着异化，这样的矛盾寓于以下三种元素构成的体系中——逻各斯、自然与精神。尽管自然与逻各斯在精神那里总是呈现出对立态势，甚至处于不断扬弃之中，但它们仍同一于精神。在语言内部，对绝对概念的表达就是黑格尔意义上的扬弃。但马克思却从另一个角度认为，历史中包含着排除那种永恒对立的决定性综合："共产主义化解了历史之谜。"

卢卡奇的批判性分析主要集中于黑格尔与马克思的对立上，可他或许并没有把握住这当中的全部要义（尤其是"历史的终结"这一相当棘手的概念）。尽管他借助马克思来反驳黑格尔，但是，他的论证却恰好屈从于黑格尔的历史证明。因为卢卡奇的论证解释了黑格尔为什么只能看到矛盾，即他在所处时代中发现的异化永恒，却没能同时看到解决这一矛盾的技术与历史条件。因此，黑格尔的体系仍然是他的时代表征，而它的不足则源于无法完全超越个人的相应历史视域。

异化与历史的终结

为了完结这种批判性的研究，我们或许需要提出如下问题，即卢卡奇是否刻意把缠绕黑格尔的问题想得过于简单化了。除了在资本主义体制的经济结构中发现的那些原因外，这位《精神现象学》《哲学全书》以及《历史哲学》的作者，决不会没有任何其他原因就把人的精神的历史性异化与对象化相混淆。人在文化中、国家中以及人的普遍劳动中使自己对象化，同时还使自身发生了异化，成了非我，并且在这种对象化中，还发现了他必须加以克服的不可逾越的退化。这是与存在不可分割的张力。黑格尔由此体现的价值在于，他恰好注意到了这一张力，并将其置于人类自我意识的核心。另外，马克思主义的最大困境之一，就是宣称能在不远的将来克服这一张力，并把它匆忙纳入特定的历史阶段中。认为这一张力能够被还原为经济世界的上层建筑，这种想法未免过于简单化了。不可否认，资本主义体制代表了一种人的异化形式，但却很难说得上是唯一的异化形式。在爱情中、人际关系中、人们彼此的认知中、人借助其创造并建立起他的世界的技术中，以及国家（即便是社会主义国家）的行政管理中，难道就不存在外在于自我的自我表征吗？也就是说，另一个自我设定出一种分裂或者异化，人不断寻求对其取而代之，但它不仅永远存在，而且最终还成了向人保持开放态度的绝对概念的一部分，难道就不能存在借助于这种"另一个自我"而获得的自我认知吗？

这并不意味着无产阶级为自由而作的斗争就成了无用的反抗。人一旦意识到这种无法容忍的异化时，力求克服它的斗争从来都不是无用的，并且，这种意识的觉醒的确是建立新秩序的根本条件。黑格尔开启了这一问题视域，而马克思为了他自己的目的，则将其固着到非常精确的范围内，这就是为什么黑格尔不能区分对象化与异化概念了。卢梭在自然与人的意识之间发现了一种根本的张力。人不再像其他生命物种那样。在对自己生命的反思中，他立即发现自己处于这一生命的边缘。他将其看作一场历险，也看作死亡的必然，并将自己与他源于其中却又从中分离出来的自然相混合；生的本能与死的本能如其所是的那样，成了无法分离的两个端极。这就是异化的本源和人类命运的起点。

在一篇文章中，完成卢卡奇对黑格尔哲学解读的整体批判毕竟有限。我们的原初目的是为了强调异化概念的重要意义，它结合了确证性与命定性等概念，并在黑格尔体系中占据着核心地位。由此，这一概念似乎不能像马克思理解的那样，将其单纯还原为人在资本主义条件下的异化概念。后者只是人的自我意识在更为普遍问题中的特殊实例，而这种更为普遍的问题则表现在，自我意识不能把自己看作独立的"我思"，只能在它所建构的世界中，在它所认识到的其他自我中，以及借助于被偶尔否认它的人那里来认识自己。但这种通过另一个自我或者对象化来发现自己的方式，或多或少地都会表现出一种异化，即一种自我的丧失，同时也是一种自我的发现。因此，对象化与异化是不可分的，而它们的联合仅是深藏于历史运动中辩证张力的表达。

这绝不是说黑格尔从历史角度忽略了人之恒久的对象化与异化。在马克思之前，正是黑格尔提出了"世界就是世界史"，① 也正是他在这种客观连续性中寻求这种连续性的保证，并在人那里寻求这种唯一具有价值的连续性。黑格尔的整个体系都在竭力使异化的人与他的命运，即历史达成和解。没人会比黑格尔更好地提出一种内在生活，即在非外化的前提下达到这种内在，也没人能比黑格尔更好地提出一种内心法则，即在它不必然转化为一种客观社会法则的前提下做到这一点。然而，黑格尔辩证法中的所有这些元素，都被等同于由内向外所迸发出的历史，即一种消极自由。它是根据诗学的胜利所建立起的标准，进而宣布哲学的失败。但这样的失败却并不像神学世界的失败那样，它只是标示着消融与虚无成了永恒的可能。因此，在《精神现象学》的最后，贵族精神拒绝原谅行动的人，也拒绝与之和平共处，其只能"像无形的蒸汽溶解在稀薄的空气中"那样逐渐消失。人类自身受一种不可逃避的必然性

---

① *Die Weltgeschichte weltgerichte.* ——英文版译者注

制约，从而使自身外化并投入世界的活动当中，若非如此，自我意识将绝无可能。因为就人而言，反思在能够作为笛卡尔式形而上学沉思的独立反思之前，只能是对世界中的自我，或者对他所爱与所恨之人（爱或自我憎恨）而体现出的另一自我的反思。因此，对象化与伴随其左右的异化乃是一对必然事物。贵族意识为了保留其纯洁而拒绝污浊的行动，它所缺乏的是什么呢？"它缺乏将自身外化的力量，也缺乏使自身成为一种存在物或者成为持续存在的动力"。① 这种拒绝的结果，即拒绝交往并转向一种内在的沉默，其终将变成什么样子呢？"它的活动在于一种渴求，即渴求使自己消融在非实体性的朦胧对象中……它成了充满哀怨的'美丽心灵'，正如它被人们所称的那样：它的光芒逐渐暗淡并最终消逝，就像无形的蒸气溶解在稀薄的空气中那样而消失掉"。②

　　黑格尔一向不遗余力地强调人的外化的重要性，但在和解过程中，也总会发现一种不可避免的异化，这是人所必须承受和面对的命运。因此，与马克思不同的是，黑格尔的异化概念并没有混同于自我完全丧失在新的自然状态下。存在一种关于异化的哲学问题，它与人的异化问题不可分割，却并不会借助历史转变而获得解决。黑格尔在《精神现象学》中对《拉莫的侄子》的分析提供了一个实例，即关于"冒犯与羞耻"的辩证法，以及关于人反抗他

① *The Phenomenology of Mind*, p. 666. ——英文版译者注
② Ibid.

自己在其中处于丧失状态的文明的辩证法，它们都要贴合于相应社会时期以及前革命的心理。进而，当它们作为超越这一历史时期，而不受特定历史时刻限制的，并且意义更为重大的问题时，这又成了一种多么风马牛不相及的表达啊！所以，我们认为，严格基于马克思式的解读，认为黑格尔把对象化（即人在重新发现的自然中彰显的荣耀和归宿）与自我异化（即某一特殊历史阶段的发展结果）混淆，这种观点并没能公正看待黑格尔的哲学分析，以及他对这些概念的解读。或许，这种分析铤而走险地过度简单化了那一体系，因为，它以一种更契合于行动，而在其他方面则可能失效的、源于行动并只依赖行动的哲学问题作为思考方式。同时，马克思的解读预设出一种刚性维度，不论它的分析在其他方面多么具有有效性，可在哲学上都是无法被接受的。

第三部分

马克思主义与哲学

M&H

第五章
马克思与哲学

1837 年 11 月 10 日，马克思当时还是柏林的一名学生，这天他向父亲写了一封信，表明自己的思想发展以及研究计划。从信的风格和马克思使用的相关术语来看，我们很容易察觉到——马克思近来受黑格尔的影响颇深，也自然会联想到黑格尔成名作《精神现象学》中的序言内容，这一著作是他在 1807 年耶拿大战时期完成的。那时，黑格尔或许并未完全放弃他早期的志向，以及直接以行动促成事件发生的热望，其仍然认为世界精神将带来革命。一个崭新的世界即将诞生，这一新世界的萌芽，已经包含在了法国大革命、德国哲学以及浪漫主义当中，而拿破仑的功绩，则使以上开端愈发走向成熟。马克思就是以缅怀黑格尔的方式，在 1837 年给父亲写了这封信："生活中往往会有这样的时机，它好像是表示过去一段时期结束的界标，但同时又明确地指出生活的新方向……世界历史本身也喜欢把视线投向过去和当下，以思想的敏锐目光，清晰认识到自己的实际处境。"

马克思的这封信是一种意识上的哲学行动，他每一次类似举动都会产生一种创造性的意义。实际上，马克思已经专门构想了他接下来的任务：将黑格尔的理念承降至事物层面，换句话说，就是用把生活与哲学真正融合起来的行动哲学，来替换掉思辨的唯心主义——每个时代的思想家都有这样的愿景，但通常都不尽人意——同时为实现这一目的而大胆借用辩证法，即由黑格尔创造，却未认识到其全部重要意义的神奇工具。

同样在这封信中，马克思论述道，"这里首先出现的严重障碍，正是现实的东西和应有的东西之间的对立，这种对立是唯心主义所固有的，它又成了拙劣的、错误划分的根源"。[1] 正是在观念与行动的对立上，我们发现了马克思从 1840 年到 1848 年间的早期哲学思考主题，也就是从其第一部作品《黑格尔法哲学批判》开始，直到《共产党宣言》出版这一时期。随后，他的哲学思想日趋成熟，从而开启了一条真正通往普遍历史的道路。为了理解《共产党宣言》和所谓的历史唯物主义，同时追溯其主要著作《资本论》的主旨与结构之源头，我们必须发掘那些著作的视域、意义及其指向。

但是，马克思在给父亲的这封信中，对于他所使用的哲学工具，即黑格尔的辩证法，做出了更细致的描述，这

---

[1] "Brief an den Vater aus dem Jahre 1837", in Karl Marx, *Frühe Schriften*, H. J. Lieber and P. Furth（ed.），Stuttgart，1962，p. 9.

也确实暗示出黑格尔《精神现象学》的相关内容。在《精神现象学》前言中，黑格尔将数学家的方法与哲学家的辩证法进行了对照。① 数学家反思的是他的对象，并且他的证明步骤与对象本身也并不一致。相反，哲学的辩证法却不是外在于其对象的，也就是外在于历史的理性思考方式，它恰恰表达出了主体性发展。哲学家的任务就是去追溯一种历史的发展，呈现出它的内在运动，并揭露蕴含其中的矛盾，同时表明这些矛盾是如何被化解的。黑格尔指出，"真理就是大全，然而，这样的大全无非是真理通过其自身发展过程而臻于完善的本质属性"。② 马克思引用了相同的例证来说明这一点：

> 三角形使数学家有可能作图和论证；但它仍然不过是空间的一个概念，并没有发展成任何更高的形式……在生动思想世界的具体表现方面，例如，在法、国家、自然界、全部哲学方面，情况就完全不同——在这里，我们必须从对象的发展上细心研究对象本身，决不应任意分割它们；事物本身的理性在这里应当作为一种自身矛盾的东西展开，并且在自身中求得自己的统一。③

---

① *The Phenomenology of Mind*, p. 101. ——英文版译者注
② Ibid. , p. 81. ——英文版译者注
③ Marx, *Frühe Schriften*, p. 9.

以一篇简短的文章，来表明马克思如何充实他在这封信中所勾勒出的规划是相当困难的，然而它显示出的本质却在于，马克思对观念与现实的对立问题进行了创造性转化。他在早期把这一问题解释为哲学与人的境况对立，因而才独辟蹊径引用了黑格尔的辩证法。所以，我们应当着力审视青年马克思如何看待哲学与现实的对立，就像他在黑格尔的思辨体系中所发现的那样，同时，还要注意到——马克思尝试的解决路径，以何种方式对黑格尔进行了改进。希望通过以下简要论述，能够揭示出——被马克思看作哲学与人的境况对立问题的真正意义。

马克思早期思想发展对于理解其晚期体系的重要意义

马克思在 1840 年到 1847 年间的思想演变或者思想架构表现为两条不同的路径。我们从一方面可以看出，在一定程度上，已经成为一名黑格尔主义者并加入黑格尔主义左翼群体后，马克思彻底放弃了曾经的年少轻狂。由此，他的思想发展在历史唯物主义那里达到了巅峰，而这一学说的构型完全独立于他的早期作品。的确，这样一套独立的学说是完全存在的，它不需要就其早期研究的发展进行任何说明。这套学说的观点在于，社会的经济基础，或者说生产力以及经济结构，生成了基础结构，而上层建筑则是这种经济基础客观发展的产物。第二性的结构照应着它的基础，我们对此都有着相应的认知。但是，在社会内部的辩证发展当中，我们认为是本质之物的意识的崛起，这一部分却没能获得充分理解。最终，从这个角度出发，我们很难不去把辩证唯物主义——马克思与恩格斯的表述，对我们而言却显得相当模糊甚至自相矛盾——标榜为绝对的唯物主义或者科学的客观主义模型。然而，马克思已经把这种客观主义的解读，看成——作为有生命的现实存在之人的最为极端的异化形式了。

从我们的观点来看，如果回到《共产党宣言》以及《资本论》之前的哲学文本当中，那么，当下对于马克思唯物主义概念的争论就会相当明了。诚然，我们能够确定的是——这也是马克思的另一种观点——除非我们从他的哲学文本谈起，① 否则就决不能理解他。这尤其体现在，如果没有预先阅读《〈黑格尔法哲学批判〉导言》和《1844年经济学哲学手稿》，并且恰好又缺乏了关于黑格尔《精神现象学》的知识背景，进而直接去评论《资本论》的话，那么，这必将导致一系列误解。不论是忽略了从黑格尔和费尔巴哈那里发展出关于异化的辩证法的那些经济学家，还是轻视了对马克思产生巨大影响的恩格斯经济学研究的那些哲学家，他们既不能理解构成《资本论》核心的动态性与辩证性，也不能理解作为社会必要劳动的价值，因为这对于固守在各自学科领域的经济学家和哲学家而言将毫无意义。把这两门学科进行探索结合是马克思主义的典型特

---

① Karl Marx, Early Writings.

征，并且它完美呈现在了上面提到的《1844 年经济学哲学手稿》当中，从而构成了马克思未来研究的整体规划。

人的异化问题

在接下来的讨论中，我们将借用科尔纽（Cornu）的理论，它是研究马克思早期理论不可或缺的文本。① 这并不是因为我们完全认同科尔纽独到的哲学见解，而是因为他的论题接近我们所反对的观点，即马克思在思想的发展中逐步放弃了其早期的旨趣。然而，科尔纽对马克思在《共产党宣言》出版前思想发展的历史性描述，以及对于其主要原理的概括，却也具有无可争议的价值。因此，就马克思思想进行谨慎研究而言，它都算是一种必不可少的媒介。

马克思的哲学观是什么？这一问题无疑会使我们转向如下问题——马克思是如何看待黑格尔主义的？在马克思看来，也正如克尔凯郭尔认为的那样，哲学与黑格尔的对照，并不真正像它一开始所表现的那么奇怪。因为哲学已经首先与黑格尔联系在一起，黑格尔的体系对我们而言，就像亚里士多德的体系对古人而言一样。黑格尔已经赋予哲学思想以终极形式，他是"最后一位哲学家"，并且他的

---

① Auguste Cornu, *La Jellnesse de Karl Marx*, Paris：Presses Universitaires de France, 1934。这部著作已经绝版了，但是可参见 Cornu, *Les Années d'enfance et de jellnesse, la gauche hégélienne*, 1818/1820 – 1844, Vol. I of Karl Marx et Friedrich Engels, leur vie et leur oeuvre, Paris：Presses Universitaires de France, 1955。——英文版译者注

思辨思想恰好萃取出了哲学的本质。黑格尔之后，哲学已无继续研究的必要了。因此，拒绝黑格尔就是在拒绝一切哲学。黑格尔主义的危机俨然成了哲学的转折点，进而，马克思对黑格尔哲学，尤其是他的法哲学所进行的彻底细致批判，无疑产生了广泛影响。费尔巴哈从黑格尔的观点出发，建立起黑格尔式的宗教批判；马克思继承了费尔巴哈的衣钵，在哲学的否定和压迫意义上，提出了哲学本身的问题。马克思竭力证明哲学体系的缺陷，即它不断确证着生活世界的必然解释结果，却从不有效践行之；它着力克服"自我意识"的每一次异化，但这一切却也只能在理念中实现，从而在理念与现实之间留下一道巨大深渊。

马克思已经彻底全面了解了黑格尔哲学，并直接转向《精神现象学》这一根本性著作。黑格尔在这一著作中说明了人的自我意识，但人却依然把自己抽象地设定成赤裸的思想，使自身异化为物。尽管乍看起来很奇怪，但这一文本却展示了——自我意识根据对象性知识如何发觉自身成了一种单纯的物，以及如何被寓于一种最为抽象的唯物主义当中。因此，通过对物理世界的审视，人能够察觉到自身作为物的一部分，例如一个颅骨，或者在社会世界中从货币——抽象的普遍——的角度来看待自己。货币并不是自我意识的人化形式，而是自我意识在对象化形式中的异化。

在《精神现象学》中，黑格尔以货币为中介发展出人的异化概念，而马克思借助于从恩格斯那里获得的经济学引论，几乎全盘接受了黑格尔的分析及其相关术语。把以下两方面进行对照就能清晰看到这一点，即黑格尔受《拉莫的侄子》启发，而以"自我异化的精神——教化的原则"为标题的章节，与马克思从财富角度论述人的异化的章节，① 他在其中表明："货币，因为它具有购买一切东西的特性，因为它具有占有一切对象的特性，所以是最突出的对象。"

马克思通过货币来批判人最根本的也最具创造性的品质异化，由此，他也反对客观的科学主义对人造成的异化，因为其并没有把科学看作人的创造，亦如马克思表明，正是人"生产着人并制造着自身"。鉴于科学主义从自然的角度去理解人，所以马克思紧随费尔巴哈认为，自然就人而言是不能排除人之内涵的。排除人的内涵就不存在自然，因而也就没有人的存在。只有在人的层面才存在自然，但这并不是客观性或者主观性的自然——人创造了自然，也就是说，人通过对自然的观察、触碰、品鉴以及劳动，使其被一种生命存在体改造了。

从《1844 年经济学哲学手稿》以及《德意志意识形态》中可以明显观察到，马克思并没有精力来发展这一主题，但它们却充满了无限的价值源泉。马克思清楚表明"唯心主义与唯物主义在更高层面的综合"是根本问题所在，但这并不体现在哲学中，而是体现在行动上。同时，由于这是对现实的批判，它也就成了批判与理性的实现。

---

① *Economic and Philosophical Manuscripts*, Second Manuscript（XLI），"Money", in Karl Marx, Early Writings. ——英文版译者注

因此，（主体性的）批判，将不再是自我意识面对诸多障碍时所进行的隔靴搔痒的行为，而是意识面对现实所迸发的创造性参与，在这一过程中，它将呈现出它的矛盾，并为其自身的转变提供真实基础。

资产阶级社会在十八世纪站稳了脚跟，并通过"实用"概念来表达自身，而黑格尔在《精神现象学》中则表明，自我意识在这样的资产阶级社会中依旧会发生异化。在本质上是类的或者社会性的人的自然，通过经济关系体制获得了外化，也在这种逾越了人的外化中变得迷失。正如黑格尔指出，财富的盲目发展将变得越来越集中，并最终统领一切人类的自我意识。这种辩证分析后来被马克思发现了。虽然马克思对黑格尔耶拿时期尚未出版的著作①一无所知，可在那些著作中，黑格尔已经准确掌握了——由劳动的社会分工所导致的经济异化世界。同时，黑格尔也预见了马克思的相关结论，即资本的积累法则以及社会变得越来越无产阶级化。最终，参照康德的道德世界观，黑格尔同样在那些文本中表明，在超越了人的上帝那里，自我意识发生了异化，可这一"上帝"正是由人所设定出来的。

正是第一批像黑格尔那样的人，把目光转向了这种后来才发生的现象上。他们开始从宗教角度批判人的异化，这首先由黑格尔提出，在费尔巴哈那里得到了完善。实际上，这样的批判有着深刻的基督教教义根源。按照基督教

---

① 1805 年到 1806 年间，黑格尔在耶拿完成了这些著作，它们非常有趣，但在马克思的时代却并未出版。

的说法——天父，或者说这一先验的自在体，也是血肉之躯，而人作为基督的神秘肉身，作为人化的教义，就变得神圣了。在基督教中，或者说，在对黑格尔哲学的解读中，我们可能看到马克思的一切人道主义源泉。

然而，我们必须回到马克思对哲学的批判当中，这一批判同时也是哲学在人类实践意义上的真正实现。黑格尔的整个思想体系，可被看作克服人类自我意识的异化所做的努力，他着力表明，人不可让渡的自我意识是如何在对象中、在社会关系中、在作为客观意志的国家中，以及在宗教的上帝那里被外化，并最终发生了异化。奇怪的是，当我们谈及一种不可让渡的自我意识与意识的异化时，我们似乎正在使用一组矛盾的概念。但正是这样的矛盾构成了整个黑格尔思想体系尤其是《精神现象学》的动态性原则，它又恰好反过来为马克思的革命辩证法提供了动力。差异之处在于，马克思与克尔凯郭尔一样，认为黑格尔只是在思想中抑制了异化，而矛盾往往会在人的现实境况与作为理念体系的哲学之间复发。克尔凯郭尔论述道，"这位哲学家已经建立起一座理念的宫殿，但却生活在现实的茅草屋中"。马克思也指出，"当然，正是黑格尔揭示了劳动的本质，即人生产自身的活动"，但"由于他仅是在观念中、在抽象的思维中抓住了劳动，他也就只能在思想当中抑制异化"。就此而言，黑格尔是把世界还原为哲学世界。尽管他在自己的思辨理念体系中成功展示了被建造为理念宫殿的世界，却又把自己丢弃在现实世界的茅草屋中。用以取代黑格尔思辨版本的全新辩证法，是在马克思下面这段话中被相当隐晦地提出的："世界的未来哲学必须立即成为哲学的世界未来。"马克思这句话的意思是，德国通过黑格尔已经把自身提升到了观念世界层面，它应当成为无产阶级的战场，人的"不可让渡的社会本质"这一理念，将通过无产阶级而成为现实，即成为其自身世界的构成原则。人作为一种社会存在——作为一切人联合起来的团结性的类意识——这一观念的实现不仅是哲学意识的任务，这种意识在完成任务过程中否定自身作为哲学的同时，还积极使自身融入知行合一当中；它的实现也是现实历史的任务，由于这一历史是人的异化结果，所以，它终将在对异化的征服中达到巅峰。在马克思看来，历史为实现它的目标而运用的工具或杠杆就是无产阶级，毋宁说，就是无产阶级获得的自我意识。这是因为，无产阶级是最后的革命阶级——在这一阶级内部，异化由于自身所达到的极端恶劣程度，对自身发起了辩证性的异化。同时，鉴于革命热情并不会超越阶级利益的界限，这样的异化也见证了法国革命的资产阶级出现。因此，通过人的社会存在的持续异化而达成人的不断发展，这样的历史，将理念或者说使这一理念成为现实的力量蕴含在了自身当中；另外，只要无产阶级在真正的人的意义上，认识到它的根本需要或者绝对要求，理念也就在无产阶级那里找到了实现自身的代理人。[1] 批判的

---

① 马克思在《〈黑格尔法哲学批判〉导言》中提出了理念与无产阶级将其付诸实践之间的关系，参见 *Karl Marx*, *Early Writings*。

活动性或者主体性，概括来说就是意识的活动，从来都不会被弃之于九霄云外。它是一种觉醒，同时也是真正的人的实现。基督教的教义将人性统合在鲜活上帝那里，黑格尔由此出发勾勒出了一种哲学，这种哲学最终有效地把自然、宗教以及国家，分别还原为自然哲学、宗教哲学以及法哲学。克尔凯郭尔与马克思以各自方式共同表明，这种思辨性的还原在存在意义上是虚无的，但前者令哲学退回到了宗教，即退回到一种宗教人的存在概念中；而后者则把宗教批判演变为宗教的社会根基批判，以及对于哲学本身的批判，马克思将其称之为"唯心主义的谬论"。马克思在其他地方补充道，"意识的一切形式和产物不是可以用精神的批判来消灭的，也不是可以通过把它们消融在自我意识中或化为怪影、怪想等来消灭的，而只有实际地推翻这一切唯心主义谬论所产生的现实社会关系，才能把它们消灭"。然而，这种实际推翻或者革命意义必须被正确地把握：它绝不意味着一种理论上的革命。只有对人类境况有了深刻认识，一种源于意识的行动才会完全对无产阶级开放。从对宗教的批判到对法的批判，进而再到社会革命，这样的转变在如下论述中得到了恰当描绘："这个国家、这个社会产生了宗教，一种颠倒的世界意识，因为它们就是颠倒的世界……因此，反宗教的斗争间接地就是反对以宗教为精神抚慰的那个世界的斗争。"① 每当人与自身发生异

---

① *Karl Marx*, *Early Writings*, p. 43.

化时，他都把自己的实在投射到自身之外，并且通过把自身还原为虚无，他又成了投射于自身之上的创造物。因此，在宗教中的先验上帝那里，人同样通过这种否定自身的行动而认识到了他的造物主。类似地，尽管国家是人的产物，但人却不能在其中认识到自身。所以，一旦自觉发现了这种异化与矛盾，那么这样的发现同样应当力求一劳永逸地终结它。

人在国家中的社会异化与经济异化

正如马克思详细阐明，在黑格尔的国家概念中存在一种神秘的事物，这实际上是一种神秘化。

在黑格尔国家观中变为具体的理念，实际上是与经验上的现实相对照的，从普鲁士的资产阶级政权中很容易看到这一点。马克思揭示黑格尔如何以理念名义演绎了他所处时代的经验，也正如黑格尔自己证明的那样，即在城邦终结的那一刻，柏拉图的理想国才真正完成了城邦的实现。此外，黑格尔并不是没有充分意识到这种神秘化，因为这位哲学家也表明自己并不能超越所处的时代，进而在天堂与人间搭建桥梁。伴随马克思批判线索的深入，他在黑格尔的有机国家概念中，看到了资产阶级或者市民社会的正式表达，黑格尔青年时期曾把这样的社会看作民主的障碍。① 马克思

---

① 我们在这里简要总结一下黑格尔思想的整体演变。他在青年时期支持法国大革命，后来又分析了其失败以及暴动为恐怖事件的原因。马克思也专注于这样的发展思路，尽管他是从其他角度来谈的。

总结道，人在上帝那里发生的类本质的异化，与在国家中的异化相对应。国家所宣称的人的权利不过是形式上的权利，因为其忽略了人的现实状态，而这种状态是伴随着劳动以及财富的生产而不断发展的。这就是为什么——马克思通过研究政治经济学，并参照从恩格斯那里获得的英国经验，同时基于人的日常生活及其肉体与灵魂不可分割的统一，来谋求对于人的更深层次把握。正是人在历史中被如此深刻地挖掘到精神与肉体的异化，并且这样的异化又被搬到一切历史舞台上。政治斗争与反对神明的哲学斗争如出一辙，只不过是把社会阶级的运动与人类意识的发展觉醒转移到另一层面上罢了。或许正是这一点，使马克思原本就极具穿透力的洞见发挥了超越自身的批判力。政治或者国家能被彻底吸纳到社会范畴当中吗？人与人之间的对抗，按照黑格尔的话说，无非不同民族间的冲突，也能够因为经济冲突的解决而获得彻底解决吗？这样的问题对我们而言仍然至关重要，尽管我们在这里并不打算深入研究。

然而，如果我们对马克思哲学文本的解读是正确的，那么，我们就应当到马克思的成名作——《资本论》的宏伟架构中去寻求理论支撑。

显然，任何忽略了黑格尔《精神现象学》的人，都不可能彻底理解马克思这一晚期著作，因为它就是《精神现象学》的现实写照。在《精神现象学》中，正是绝对精神成为它自己的对象，将自身提升到自我意识层面；而在《资本论》中，正是人的异化的社会存在（即总的生产，毋宁说是人的集体劳动，也可以说是资本），使自身对象化并面向无产阶级意识。在其早期著作中，尤其对政治经济学的讨论中，马克思已经表明人的社会本质如何发生了历史性异化，并最终演变为资本的形式。然而，在《资本论》中，这样的发展却是从另一种角度被审视的；作为人的社会本质异化了的结果，生产本身才能促成对人的生产。如果生为一名无产阶级，那么他就成了自己产品的产品；他被还原为压制着他的大机器中的一个齿轮，而马克思则力求从各个层面把握这一大机器的功能。资本是自我的生产，或者说它会再造自身并不断积累。正是资本决定了人再造自身的条件，即他们的吃喝以及集体生活方式。然而，这种异化演变成现实矛盾的时代终将到来，那便是无产阶级的时代。在无产阶级那里，以及在首先获得普遍无产阶级化的社会中，人不是别的，正是他自己产品的惰性产品。可按照黑格尔的话说，人的意识又具有"绝对的弹性"，它不会逆来顺受承认自己是一种纯粹的对象。因此，这种弹性的最低挤压点恰好成为它复原的条件，这也是为什么——人的意识会在无产阶级以及无产阶级化的社会那里得到恢复。这样的阶级意识同时也成了人性意识，一种渴望创造新秩序的意识。在这里，正如马克思设想的那样，共产主义也只是有待被取代的阶段罢了。这是对自身否定的现实否定，也是对资本主义的否定，但这种否定之否定却达成了真正的肯定。它是现实性的理念，即人的神圣化或者形成了真正的人，他完全意识到他就是自己历史的创造者。这里出现的乃是现实的人道主义，其中，作为纯粹思辨思想的哲学消失了。我们或许会惊异，促使以上成就得以可能的隐性哲学预设究竟是什么，以及变幻莫测的历史究竟能在多大程度上支持马克思的论断。这些都是我们尚未提及的问题。我们的目的仅在于再次开启对马克思主义哲学立场的讨论。从现时代视角看，定将取得丰硕的成果。①

---

① 当然，这种异化过程的系统性功能——资本——在这里包含着诸多未被分析到的内在矛盾。我们的目的仅仅在于强调一个基本观点：资本将不可避免地造就无产阶级，这是一个难以为继的矛盾焦点，也是属人的却又彻底异化于人的意识的存在。

第六章
马克思对黑格尔国家概念的批判

1842—1843 年间，马克思研究了黑格尔的《法哲学原理》。他在有生之年，只把这一研究的导言部分发表于《德法年鉴》上。然而，这一导言却揭示出了马克思思想的主要发展脉络。它成了早期的"共产党宣言"，并使黑格尔国家概念批判中的隐晦之物变得更加明朗。[①] 一直以来，马克思对黑格尔国家概念的细节性研究都非常有趣，从这个角度出发，我们能够详细阐释马克思的思想轨迹，同时表明马克思主义与黑格尔主义间的关系。

在马克思对黑格尔国家哲学持续的、逐项的分析当中，他不仅试图揭示黑格尔政治学的哲学前提，也力求得出——黑格尔专门将其哲学体系与之绑定在一起的历史内容。那么，这一体系的形式与从这一体系中推导出的内容间存在

---

① *Contribution to the Critique of Hegel's Philosophy of Right*, Introduction, in *Karl Marx*, *Early Writings*, pp. 43 – 59.

怎样的关系？这个问题的解决方式，直接决定了马克思对待黑格尔主义的态度。由此，我们便可理解，马克思为何既倾向于批判黑格尔哲学的唯心主义（因为其并不能使特殊的历史内容合理化），又倾向于对有关理念内容的不足之处进行历史批判。正是这种在理念与历史现实间的"错乱"，造就了马克思最初的研究成果。那一发表在《德法年鉴》文章里所提出的"错乱"概念，又使马克思反过来在历史现实中寻找理念的根基——无产阶级——尽管它的根源从革命辩证法角度可以追溯到黑格尔那里，即意识崛起的原始运动概念，它是整个《精神现象学》的灵魂所在，但黑格尔却把这一动态内容武断地限制和固定下来。

不论从哲学旨趣还是历史价值来看，马克思的研究都非常值得关注。马克思当时对黑格尔的早期著作一无所知，但多亏了赫尔曼·诺尔（Herman Nohl）与约翰内斯·霍夫迈斯特（Johannes Hoffmeister）以及其他学者，使我们了解了黑格尔的早期著作。当下，黑格尔思想的发展脉络可以被更精确地重构。在这位柏林教授晦涩的表述背后，我们看到了一种需要被不断细致阐发的思想体系，那不仅是纯粹的辩证把戏，而是深深根植于黑格尔对其时代的经验反思，如法国大革命、极端恐怖、拿破仑改革、战争以及复辟等。① 的确，不论怎样强调黑格尔的现实主义都不为过，正如他所表明的那样，阅读报纸就是现代人的清晨祷告——它

---

① *Principes de la Philosophie du Droit*, André Kaan（trans.），Paris：Gallimard，1940，pp. 7，19.

使我们在历史世界中能够找到我们的方向。

黑格尔在耶拿笔记中认为，相较于理性的苍白理论家或者日常的经验主义者，伟大的行动者更有能力把握历史发展的意旨。他能通过一种整体直觉来克服诸多矛盾，而这种对矛盾的克服，就好像思辨哲学家的辩证思想能够突破形式主义与理性推理的僵化区分那样。但是，在黑格尔看来，对于行动者在克服了有限视角的直觉中所把握到的东西，思辨哲学家应将其看作理念。黑格尔在《法哲学原理》中的下面这段话，即表述出了"理念"的概念："对于某一议题的理性考察，即理念的意识，是具体的，从这个角度来说，它又契合于一种真正的实践意义。这种意义本身就是理性或者理念的意义，尽管它并不能混淆于单纯的日常事务或者有限的视域范围。"①

黑格尔认为，柏拉图在《理想国》中并不是在建构一个乌托邦的城邦，他仅是在古代城邦行将就木之际而表述了它的实在，并把握住了它的理念。柏拉图竭力要从古代城邦中消除个人主义的躁动不安，因为它正从内部损害城邦，并终将令其轰然倒塌。正像黑格尔所说，没有哲学能够超越它自己的时代，或者逃出罗兹岛。当马克思反过来批判黑格尔贬低资产阶级社会或者市民社会②而提倡国家以及为君主立宪制和普鲁士官僚唱赞歌，并赋予其永恒存在

---

① *Hegel's Philosophy of Right*, translated with notes by T. M. Knox, Oxford: Clarendon Press, 1942, p. 200.

② *Die Bürgerliche Gesellschaft.*

性时，他不过揭示出了黑格尔思想发展的根本趋势，即通过哲学构思而使现存实在合法化。尽管如此，黑格尔的思想仍是辩证的，它的运动也是与那种保守思想相对立的。在他的早期著作中——其时他用"生命"（Life）一词替代"理念"（Idea）一词——黑格尔总是用生命的运动，来反驳宗教或者律法的僵死实证主义，并不断否定这样的实证主义。这就解释了为什么马克思会提出如下两方面的冲突，即一方面是马克思自己也接受了的黑格尔的方法，另一方面则是黑格尔运用其方法所得出的不当结论。

　　然而，马克思的批判并未止步于这种泛泛披露的表面，而是深入到黑格尔思想的形式和内容当中，其相关细节性以及极具启发性的批判分析都具有重大价值。原因在于，彼此水火不容的黑格尔与马克思，均是一流的哲学家和历史学家，并一致将历史看作本源。这就是为什么马克思可以毫不费力地借助黑格尔，并利用黑格尔的有效观点来反对黑格尔，同时，这也解释了为什么——我们不论从当代历史事件角度出发，还是从马克思并不熟悉的黑格尔历史反思角度出发，都能够正确评价黑格尔。有时理解他何以能够抵御马克思的进攻。

黑格尔式的国家

　　在进入马克思的具体批判之前，我们有必要对黑格尔在《法哲学原理》（1821 年）中发展的国家哲学进行整体梳理。黑格尔在具体且客观的伦理体系层面，或者说在国家层面区分了以下三方面要素：家庭，即国家的直接形式；市民社会，即由必然性与对话理性造就的国家，换句话说，就是主张自由经济理论的国家，其中生命是个体性的，而国家不过是个体分别追求其目的的手段；国家，准确地说即表达着政治生活有机统一的国家。黑格尔之所以构思出这三方面要素，是为了让第三种要素，即国家直接成为理念的化身，它将构成它们的发展原则以及这一过程的最终结果。因而，市民社会只是国家的"现象"，它看似先在于理念，但实际上只是理念在超越表象而独立显现自身之前所呈现出的中介性表象，它总是必然会被扬弃的实存元素。在市民社会中，理念并不具有自为的现实性，它不是一种自觉的统一，而是一种诸个体以相互算计的互动方式而达成的无意识统一。因此，黑格尔——在市民社会中——赋予了自由主义以应有地位，但他确信"大全要先于它的部分"，部分的存在只是为了让大全就此呈现其自身。真正的政治国家，乃是凌驾于诸个体日常生活之上的自然存在；它是他们的统一以及他们的原则；只有在国家中他们才能"是其应是"，也就是说，意识到了——他们自己乃是在法律上优先于一切特殊欲望的普遍意志，就像一种有机物的整体原则要优先于各个器官，但却要在器官中得到表现并借助其保持自身一样。

资产阶级社会或者市民社会与政治生活的对立，在黑格尔主义中具有一段漫长历史。这是黑格尔试图克服的二元性表现，但他又不得不从其亲眼见证的历史事件角度，承认其中的危急状态。简言之，那是资产阶级自私的个体——沉浸于其存在的特殊性中——与公民间的二元主义，因为公民可以发现自己在城邦中的永恒要义，并且他的意志与公意是同一的。正是在城邦之中——至少如黑格尔及其同时代人在哲学上所依托的那样——人才能作为公民存活。他的生活完全和谐于城邦的生活，他的意志也直接是一种普遍意志。但是现代人却不知道这种直接的同一性，因此法国大革命才最终失败了，因为其既不能压制资产阶级以及自私的个体，也不能将他们彻底吸纳到真正政治国家当中。

对于私人生活与公民生活这两个范畴间的分裂，即对"特殊性与普遍性的关注"，黑格尔早就在相应文本中，以"苦恼意识"的基本形式描绘了这一场景。在罗马帝国的最后时期，个人令自身与城邦分离并投身于自我当中，即投身于他的私有财产、他的私有劳动以及他自己有限的领域中。他开始把国家看作一种外部力量——一种异化的形式，就像黑格尔与马克思后来指出的那样。与这种政治异化相对应的是宗教异化，因为自私的个体已经抛弃了城邦中的生命意义，所以，只能逃离于自己有限的生命观念，而到超脱于自身之外的永恒本质中寻求庇护。政治异化与宗教异化获得了相辅相成的发展。就像黑格尔所看到的，法国大革命正是希望通过以公民的名义去改造自私的个体，同时宣称把天国搬到人间，来试图消除以上两个方面的异化。① 但是，这样的消除被证明是不可能的。现代国家必须最终呈现出足够强大的自己，才能使自身的"现象"（即表现为理念元素的自由主义）存在于其中。另外，理念作为自我意识，必须自为地使自身在宪法与君主那里呈现为一种特殊实在。在现象界，这两种元素是分离的；但在实在界却正是理念自身与自身的分离，并把自身呈现在自身面前，以此在一种永恒的中介中使自身与自身达成和解。然而，在黑格尔的国家哲学里，这样的中介却成了完全障碍，它是通过公众舆论、国家中民间社团代表以及官僚等获得表达的，马克思对此进行了严厉抨击。我们可以总结出，与古代城邦国家相对，黑格尔以后的现代国家已足够强大到——"允许主体性原则保有其自主的个体性界线，同时还能把后者带入实存的统一中，进而恰好利用那一主体性原则来建立这种统一"。②

概言之，黑格尔在这里提供了一条"自以为"的解决问题之道，而这一问题正是我们一直沉思着的问题，即自由主义与社会主义间、个人自由与一体性的普遍意志间的和解。但无疑像马克思表明的那样，黑格尔并没能以其所处时代的历史事件而建构出的中介，来真正解决这一问题。马克思的解决方式更好些吗？他把解决路径寓于市民社会内在冲突的根源上，即以生产力发展为基础的阶级斗争上。我们或许也会对此提出马克思是否真的解决了这一问题的

---

① *The Phenomenology of Mind*, p. 601.

② *Philosophy of Right*, p. 161.

疑惑。我们能够期望伴随阶级斗争的终结，在经历过共产主义以及无政府状态后，自私的个体与公民间水火不容的二元对立同样会随之终结掉吗？至少我们不应忘记的是，黑格尔在某种程度上，完全是马克思之前像马克思那样的人，但他放弃了彻底征服异化的可能。不仅因为他是一名或者变成了一名保守主义者，还在于他把他所目睹的事件以及其他更重大的事件，全都一并整合到了他的体系当中。尽管我们在这里无法讨论那些具体特征，但它们却涉及黑格尔对人与国家之间关系的态度，而这种关系并不能被还原到其经济活动的上层建筑层面。

马克思的批判

我们已经看到，黑格尔的国家概念预设了国家与市民社会的彼此分立，对此，马克思则提出要消解这样的彼此对立——它不仅体现了黑格尔的思想特征，也是对特定历史时刻的有效表达——具体方式就是通过把国家吸纳到社会内部，社会将由此获得改造，再也不会沦落到个体性的原子主义当中。人的生命与劳动，这种实在应该在国家中获得更恰当的表达，进而后者将失去作为一种先验实存的特性。人的真正本质理应具有一种有效的政治表达，而不再是纯粹形式上或者以自我异化方式获得表征。后来，马克思更多从经济学的角度正式提出了这一批判。他证明——在市民社会中，异化的国家实际不过是一个阶级统治另一阶级的工具。而以自身的名义来占有这一工具，另一阶级终将实现对异化的彻底征服。但是，在 1842 年到 1843 年间，马克思的目光还没有达到如此深刻的程度；他只是站在了黑格尔的立场上，通过市民社会——唯一的具体事项——解读"国家"的理念，而没有像黑格尔那样将后者视作一种"理念的现象"。

马克思对黑格尔唯心主义的整体批判，被囊括在了扭转黑格尔颠倒了的"国家"概念过程当中。真正具体的主体，即谓语之前的主语，是作为社会存在的人，他归属于被黑格尔所称的"市民社会"当中。而黑格尔错误地将其看作主体和理念的国家，实际则是"人的社会本质"的谓语。正如马克思指出，理念——实际上是人的社会活动的产物——在黑格尔那里成了真正的主体，它生成了"一种退变为神秘化的神秘之物"。这种设定自身并在市民社会以及立宪君主、官僚和两院那里都变为"现象"的"理念—主体"，将被创造历史的人的活动所取代。正如理念在逻辑中表现的那样，当这一"理念—主体"被还原到其自身层面上时，就只能通过神秘化的方式来解释现实历史了。结果，在黑格尔的国家哲学中，存在一种纯粹逻辑与经验观察的并置。马克思对此的有力反驳在于，黑格尔思想的演变逻辑，就是从纯粹理念，即《逻辑学》中的有效概念出发，进而发展出一种现存实体，这一实体既可被看作"纯粹的生物有机体"，也可被看作"政治机体的构成部门"。

黑格尔始终表明国家应该具备有机的效能，但当他着

力呈现出这应当是何种有机体，或者说国家应该具有何种
特殊形式的时候，他所意欲的东西却成了偏离这一概念的内
容；因此，他并没能恰当界定国家，却仅令其与他的逻辑
概念并行，而这一概念图式则是他从单调的反复推演中得
出的。用马克思精辟的总结就是，黑格尔用"逻辑的对象代
替了对象的逻辑"。黑格尔在《精神现象学》中，从经验辩
证法那里获得了有效引导，它能够饱含实在的轮廓并紧随
其现实的运动。可事与愿违的是，从这个角度来说，黑格
尔却沦为自己形式化了的思辨思想的牺牲品。命运就是这
么喜欢捉弄人，黑格尔所犯的错误，正是他在《精神现象
学》"前言"中对谢林的指责——他未曾有效界定他的材
料，却直接借用之，并强行将其置于既成的框架中。

重要的是不能误解马克思的批判旨趣，因为这一旨趣
或许更多要归结于黑格尔本人。关于生命的终极状态概念，
其中，历史的真正主体——以及根植于这一真正主体内的
东西，究竟是什么的整个问题域——将内在地扬弃自身，
对此，马克思是毫无免疫力的。马克思首先把这种存在意
义上的先验概念，即人的类存在的有效实现（与费尔巴哈
类似，这是马克思对真正历史主体的描述），看作真正的民
主。它与纯粹的形式民主相对立，因为后者类似于思辨的
唯心主义，借助远离人的天国政治而鼓吹出宗教的或者形
而上的天堂，这只能导致人在现实生活中的异化。

然而，就黑格尔早期文本的相关理论来说，我们看
到——这位身处柏林的哲学家是从一种浪漫的活力论出发

的。按照他自己的话说就是，他的出发点在于"人类生命最卑微的危急状态"。正是在生命概念的意义上，他首先描绘了城邦的一般构造。黑格尔利用"生命"一词，使幸福的城邦状态与社会机体的病态相对照。后者不断威胁要毁灭城邦的统一性，或者要令其沦陷为不可救药的垂死形态，尽管城邦在这一过程中也不可避免地包含着一系列危机。一直以来，不容否定的是，虽然黑格尔的理念上演着作为辩证法剧目的内容，但却在《法哲学原理》中对马克思的一切批判留下了余地。马克思毫不客气地倾诉出对黑格尔演绎方式的不屑，并指出这些演绎中的经验内容，与推导出它们的逻辑形式是多么不相关联。尽管黑格尔把经验材料，并且是丰富的经验材料带入了"理念磨坊"当中，但我们不得不承认，他在其中确实发现了与其演绎方式相契合的东西，即能够把相关的经验事件压缩到辩证法的图式当中。就连马克思也承认，这样的联结并不是完全没有道理的——只有当某一现实情形硬要使自身合法化时，它才注定会遭遇失败，不论它的诉求是否在于成为超越逻辑概念的理念成果。

因此，理念的神秘之处就在于一种彻底的神秘化——最直观的例子就体现在立宪君主、官僚以及两院等方面的演绎中。的确，当黑格尔摧毁君主制的时候，他回避了那一现实问题，即"君主的主权还是人民的主权，那才是真正的问题所在"。通过趋向于理念，黑格尔干脆避开了那一问题。当然，他在相当程度上明白主权属于作为大全的国家——人民——但却使人民仅作为理念的中介表象。黑格尔甘愿把理念从自身角度，引导为对这一首要表象的否定；因此，他得出一个奇怪的结论，即理念应当呈现为一个个体，也就是君主。理念不需要中介，而应呈现为自然的事实。由于它在普罗大众那里只能具有一个中介表现，因此，那就成了世袭君主。最终，君主应当是活的法律，因为理念的每一种元素，都应当囊括其他不论是特殊的还是普遍的元素到自身当中。

我们无意花费过多精力在马克思批判的细节上，尽管它们常常都非常辛辣。让我们直接回到马克思论证的本质当中，即首先回到民主的议题上。黑格尔从对政府的三种主要形式论述中发现，尽管民主与古代城邦相容，却不再契合于现代世界。个体的隐私在现代世界占据了极大空间，而面对这种私密生活，统一性的国家必须得到体现。君主制意在成为"实现了的理性制度"，但马克思表明，如果像黑格尔指出的那样，即与君主和主权达到普遍分离的人民只是一种无形的大众（黑格尔的原文如下："团结在一起的那些人——对'人民'做出的志同道合的解释，当然是某种连接在一起的事物，但他们只是被链接为一种聚合的、无形的大众，其行动因而也只能是初级的、非理性的、野蛮的以及骇人的"①），那么，这一表述只能在预设君主制存在的前提下才是成立的。否则，问题就恰恰是人民是否需

---

① *Philosophy of Right*, p. 198.

要被看作一种无形的大众。马克思继续说道："民主制是君主制的真理，但君主制却不是民主制的真理。民主制并不像君主制那样，可以就其自身获得理解。民主制是国家制度的属原，而君主制却是一个种类，何况还是个已经退化了的种类。民主制是基础和形式，而君主制只能是形式，但它却篡改了基础。"①

马克思的这一对比很是意味深长，同时也对理解马克思主义的人道主义或者基督教根源具有重要作用。民主制与其他统治模式的对照，就好似基督教与其他宗教的对比那样。基督教是具有最重要意义的，并将人以宗教的特殊形式进行神圣化的宗教。同理，民主制也是一切制度的本质和真理，它以特殊政治制度的形式使人获得了社会化。但这里存在一个异议，正是这一异议，促成了马克思主义较其他纯粹国家政治理论的伟大进步：基督教只能在形式上，而不能在全面的意义上确证人的生活，因此，政治民主制也只能是其他可能形式中的某种特殊情况。例如马克思指出，在美国，"不单纯像我们自己君主制政治模式那样的一种共和制"，就是有可能实现的。② 问题在于，形式不一定适合基础，或者说那一基础——社会的现实生活方式——并不能同一于无法对其进行真正表达的形式。"到目前为止，政治制度已经成了宗教的王国，成了保持特定生活方

---

① "Kritik des Hegelschen Staatsrechts", *Frühe Schriften*, p. 292.

② Ibid. , p. 295.

式的宗教，也成了与尘世的现实存在相对立的普遍天国"。①
就像基督教把人的真相置于人之外那样，国家也以共和国
的抽象形式，将真正社会化了的人抛掷到现实人之外。

黑格尔完全意识到了这种分离，马克思因此对他赞赏
有加，因为这是对既定历史情境的有效预见。但如果黑格
尔"因为描绘现代国家的本质"而逃避了批判的话，那么
当他提出将此"作为国家本身的本质"时，则必然要受到
批判。说凡是合理的都是现实的，"恰好表达了其与不合理
的现实的矛盾，因为不合理的现实在任何地方都是它所表
达的反面，同时也表达了它所是的对立面"。② 黑格尔主义
的神秘化在这里既体现在形式上（思辨的唯心主义），也体
现在内容里（对于一种特殊且稳定的历史情境，没有从其
根本的错乱角度进行把握）。

至此，我们从与黑格尔体系前提的比较中，可以看到
马克思的思想前提究竟是什么。他构思出一种与其社会本
质（不幸的是，他从来没有明确界定过人的这一社会本质，
这样的模糊性在将来生发出了灾难性后果）兼容的人的真
正存在可能性。在设定了这种可能性后，仍然需要解
释——为什么人的真正本质并没能获得存在意义上的实现。
马克思在社会的阶级斗争中，发现了这一问题的历史原因。
可一旦这种阶级斗争在市民社会内部得到解决，在人的社
会本质与其存在状态之间的矛盾也会得到相应解决；它应

---

① "Kritik des Hegelschen Staatsrechts", *Frühe Schriften*, p. 295.
② Ibid. , pp. 338 – 339.

该在现实中消失，而不仅是消失于理念中、宗教中，或者智识杂耍般的黑格尔哲学的中介环节中。[①] 黑格尔的辩证法仍然在中介环节的核心保留了冲突的张力，而马克思的现实辩证法却力求达到对那一张力的彻底压制，其希望借助现实本身实现这一目的。

如果人们想象着黑格尔对这一批判的反驳，那么，他们就很难相信黑格尔会认同一种"人类境遇的剧目"终会谢幕的可能。这一剧目不仅是一种能在未来某一天获得解决的经济冲突，还涉及生命或者理念在历史中的发展。如果我们认定黑格尔像马克思那样，在其思想的某一特定时刻想象着人的异化的有效终结，从而放弃对一般历史事件的反思，那么从这一理解视角的颠倒中，恰恰体现出黑格尔才是专注于无尽的辩证发展之人。理念将在这样的发展中获得反思，而马克思却期盼着历史的终结。

在我们已经加以区分的以上两方面中，有一个要点需要明确指出。黑格尔表明，作为国家最高原则的统一，只有在"内部压力或者外在危机"的时刻才能真正实现。当历史完全揭示出理念的意义时，它才会作为否定之否定而出现。因此，不同民族之间所发生的恐怖事件、革命事件以及战争事件等，都构成了世界历史不可或缺的时刻，而这些时刻又会不断地重现，因为在这些"消失之消失"的现

---

① "Kritik des Hegelschen Staatsrechts", *Frühe Schriften*, p. 372。"这是一种在其内心与灵魂深处都表现为好战的社会，但也由于其过于害怕受到伤害而无法真正发起战争……"

象中呈现出的乃是绝对生命，或者黑格尔所称的"理念"。针对这一方面，马克思基于对黑格尔唯心主义的嘲讽做出了如下评论："这种唯心主义只有在危难或者战争事件中，才会找到自身的真正实在，以至于它的本质直接被表达成了国家的危难或者战争状态，而它的和平状态仅是这一有机体的斗争或者危难本身。"① 换句话说，黑格尔把理念归置到历史的现存剧目当中，而马克思却在这种历史剧目的终结及其有效的和解或者积极的融合中，发现了黑格尔理念的真实对照。

但这一问题显示出的重要性，使我们不能随随便便直接对其进行讨论。它会使我们陷入两种相对的"世界观"中，并把我们引回其产生分歧的本源那里，即一方面是生命与死亡的较量，它被黑格尔看作历史的根基；另一方面是人对人的剥削，它被马克思看作论述的起点。这两种世界观都把对方视作自身的次要结果。如果我们提及的这一问题获得有效解决，那么，或许存在主义哲学与马克思主义间的当代争论也就迎刃而解了。然而，值得注意的是，黑格尔从一种存在主义视角出发，最终却接受了面对历史剧目所采取的更为保守的态度。他以哲学的方式对其进行升华，令它"逃离了由激情所造成的令人厌烦的争论，使社会的表层浸之于平静的沉思当中"。② 在这里，马克

---

① "Kritik des Hegelschen Staatsrechts", *Frühe Schriften*, p. 282 cf. ; *Philosophy of Right*, pp. 179 – 208.

② *The Philosophy of History*, p. 457.

思正在尽全力用"现实的茅草屋去反驳这位哲学家的理念宫殿"。

当然,对黑格尔的中介来说,由于在任何历史情境中都无法基于具体现实而解决矛盾,所以马克思对此持强烈反对态度。黑格尔的国家不过是形式上的国家,它解答的是市民社会最晚近的发展形式。这种社会是个人主义的社会,一旦古老的中世纪等级灭亡,随即就会出现以个人利益冲突为代表的工业世界。这是每个人对一切人的斗争,同时,在这种由个体性之人所组成的社会中,将出现作为形式上统一原则的现代国家。正是在这种形式上的统一内部,人的真正本质才会出现自我异化。

我们在前文发现了君主的这种异化,现在应该从黑格尔称之为"统治权力"(governing power)的角度对其进行更详尽的审视。这种"统治权力"在马克思那里表现为一种过度膨胀的官僚制,他对此进行了极具穿透力的攻击,而其结果或许比他实际想要达到的更具破坏力。黑格尔在耶拿笔记中已经试图界定这样一种社会状态,它既是一种特殊的国家,同时也能体现和反映出普遍的利益。他首先认为,在甘愿为国家的善而鞠躬尽瘁的古代世袭贵族那里,已经发现了这种东西。但随着拿破仑以及后来普鲁士改良主义者的影响,他把古代贵族在国家中的角色赋予现代官僚——这群人履行着高级职能,他们源自中间阶层并通过考试的方式被招募进来,同时被灌输了"国家一体以及为公众利益行事"的概念。实际上,这种官僚制成了国家的灵魂，也成了国家的职能保证。它的秩序以及层级，从头至尾遍布整个社会机体；它与国家的关系，就像拥有普遍知识的哲学家与知识的关系那样。

然而，马克思再一次颠覆了黑格尔的辩证法。这些官员的"特殊职能成了一种普遍职能"，并且已经达到了这样一种状态，即他们利用他们的普遍职能来为"他们的特殊利益"以及私有财产服务。这群官僚披着抽象国家与官方知识的外衣，来对抗市民社会与经验知识，它是一种矛盾的现实化。马克思毫不费力地表明，黑格尔"对官僚制做了一番经验的描述，其中一部分符合实际情况，一部分符合官僚制本身对自己存在的看法"，[①] 而黑格尔则把这归结为"理念"的一个元素。黑格尔总是从如下的预设出发，即从国家与市民社会间以及普遍利益与特殊利益间的分裂出发，这样的分裂应当是独立的、自在且自为的存在，而官僚制恰恰依赖于这样的分裂。

通过支持正在崛起的君主制，来反对同业公会与等级的分离，官僚促成了现代国家的形成。但为了自身的持存，它又不断依赖这种分离，因而创造着它要毁灭的东西。如果同业公会代表了社会的唯物论（materialism），那么官僚则表现为社会的唯灵论（spiritualism）。然而，这些对立既辩证地彼此设定，同时也试图颠覆对方。"官僚的精神成了国家的形式精神。因此，它把国家的形式精神或者国家的

---

① Marx, *Frühe Schriften*, p. 314.

精神匮乏作为一种绝对律令"。① 换句话说，官僚仅转变为
一种虚无；它是自我的持存，并变成了一个社会毒瘤；不
是直接解决问题，反而是为了解决问题而先创造问题。在
官僚体制中，国家的目的变得对立于任何固定内容。因而，
国家对待特殊事务的官方态度、它的等级制度、它的神秘
氛围，以及它使"官僚的空洞目的成为国家本身目的"的
必然趋势，都是如此。这种抽象的唯灵论，将因为具有一
种独特内容而终结，也就是说，它具有了官僚制的自我维
护趋势。"因此，在官僚政治内部，唯灵论变成了粗陋的唯
物主义，变成了消极服从的唯物主义，变成了信仰权威的
唯物主义，变成某种例行公事、成规、成见和传统的机械
论的唯物主义。就单个官僚来说，国家的目的变成了他的
私人目的，变成了追逐高位、谋求发迹"。②

　　不幸的是，在马克思深邃的批判中，并没有包含任何
对他所提出问题的具体解决方式。这是一种关于克服个人
与公民间的二元论事项，也意在重构本质上具有社会性的
人的真正本质。马克思对此论述道："正如路德宣称要终结
普通信徒与牧师的区别那样"，新的社会秩序也是要扬弃国
家官员与个人的区别。当然，每一个信徒都可能成为一个
牧师，同理，在新的社会中，每一个个人也都可能通过考
试或者竞争的方式而成为国家官员，换句话说，通过一种

————————

　　① Marx, *Frühe Schriften*, p. 316。注意这里明确暗示出了康德的律令
主义。

　　② Ibid. , p. 372.

政治宗教的洗礼或引介而入教。但如此一来，神圣与世俗的两拨人的分立，也只会更加深化。我们迫切想要知道的是，一种普遍的国家主义或者一种完全等同于国家的社会，在何种程度上能够消解这样一种官僚制。的确，如果撤除那种刻意建构不谈的话，如此就能保证国家在实践中不会创造出官僚制了吗？问题仍然是——黑格尔没能解决的这种政治与社会二元论，真的能够像马克思所坚信的那样获得一劳永逸的解决吗？

关于立法权和黑格尔对两院的"演绎"，它们各自被无组织的大众与政府权力间建立起的中介环节冠以诸多头衔。马克思对此表明：首先，黑格尔描述的是一种德国独有的古老历史态势，它尚未经历过像法国那样的政治革命；其次，黑格尔的相关思想借用了法国大革命的观念。因此，在黑格尔的体系中存在一个基本矛盾，它源于德国当时的现实状态相较于理念的滞后。但是，更显著的矛盾在于，德国发达的观念论与德国在历史层面上的落后形成了鲜明对比。"德国人在思想上已经具备了其他民族取得的成果"，却也只能在思想上超越它们。这就是为什么一年后马克思得出如下结论，即只有当无产阶级吸收这一理念，而不是让它在哲学家的唯我论思想中发酵时，一场彻底的革命才能真正在德国爆发。

意识形态与陈旧状态的并置，清晰呈现在代表了市民社会等级的下议院那里，尽管实际上这些等级由于市民社会的发展，已不再如其所是那样存在了。而这种并置在上议院那里，即由世袭贵族和把他们不可剥夺的财产传给长子（在这一体系中，与其说人拥有土地，不如说土地拥有人）的大地主们组成的议院，则表现得更加明显。这种连接了金字塔底端和顶端的中介架构，只能徒劳地创造理念的相对稳定的平衡幻影，但实际上所表现出的不过是历史中转瞬即逝的不稳定平衡。黑格尔希望借助理念，使国家永远存在并得以把控，可这样的国家仅是一种暂时状态，是充满了内在矛盾的，在现实中必然会从内部瓦解。

另外，当马克思表明"立法权是抽象的政治国家与其自身存在的矛盾"时，他已经抓住了立法权的真正本质。立法权对于人民来说相当重要，因为它恰好能在政治的核心处"制造反抗"。在谋求普遍选举权中，资产阶级社会或者市民社会中的个人，意欲重新征服占有国家。在根本上说，黑格尔只是建构出错综复杂的中介架构，而马克思却希望借此避免抽象权力与具体社会间潜在的必然冲突，尽管他并未成功。在黑格尔对立法机关的蔑视与对政府的崇拜中，我们或许能更深入地看到其自身特有的保守本质，即绝对理念的穷酸代表。马克思这样分析黑格尔的心态："所差的只是——黑格尔还没有要求等级代表通过可敬的政府考试。黑格尔在这点上几乎到了奴颜婢膝的地步。显然，黑格尔彻头彻尾地感染上了普鲁士官员们那种令人讨厌的妄自尊大，他们由于官僚的褊狭性而傲慢地蔑视'人民的主观意见'的'自信'。黑格尔认为，'国家'在这里处处都和

'政府'是同一个东西。"①

　　马克思的分析并不算彻底。尽管如此，它仍然激励着当今任何不带偏见阅读它的人。当马克思恰好揭露黑格尔理念背后的历史状态时，没有谁会与他唱反调。可同时，这一向度在某种程度上也捍卫了黑格尔，因为它揭露了黑格尔异乎寻常的政治现实主义。然而很明显，黑格尔的中介并没能完全解决伴随理念而一起出现的现象性张力。作为一名1821年的教授，他或许很容易想象出他的中介环节能够缓解这样的张力。例如，如果战争是理念的戏剧性表现，那么，任何能够把那一戏剧转换到自身讲演中的哲学教授，都可以顺势将其表达出来。黑格尔表明，"战争就其自身能力而言具有更高意义……人民的伦理健康得以保留……就好像风的吹动，将使大海远离因为风平浪静而导致的污浊那样"；或者说，"不愿或害怕忍受本国主权的人民被外部势力所征服……他们的自由已经因为对死亡的恐惧而不复存在了"。② 在《法哲学原理》中仍能发现这些观点，其源于以下两方面的结合：一方面是黑格尔青年时期浪漫的活力论，以及对1793年恐怖事件的成熟反思；另一方面就是大革命战争。马克思反对陷入思辨的唯心主义，他坚信以实践解决这些矛盾的方式，也坚信理念与当下现实的有效和解。

　　对马克思而言，黑格尔的唯心主义仅是一种神秘化的

---

① Marx, *Frühe Schriften*, pp. 422 – 423.

② *Philosophy of Right*, p. 210.

东西。在使黑格尔颠倒了的体系用脚站立的过程中，马克思意在把理念深深根植于现实当中，并令其成为永恒的现实。这两位思想家的差异立即引起了人们的注意。黑格尔的立场在于，"一个民族有着与意识相对应的宪法，而这一意识乃是世界精神在那个民族中的实现"。但是，这样一种意识也可能是亟须被扬弃的。正如马克思表明，"因此，革命是必要的，也是必须完成的"。另外，根据黑格尔的观点，立法权无非制定出了宪法，但是这样的制定却恰好导致对宪法的篡改。那么，为什么不清晰表明——这种权力不过是作为社会载体的人"谋划出了宪法"呢？立法权本身是宪法的一部分，但是宪法又不是凭空产生的。在黑格尔看来，需要从先验角度发展出的法律，却反而需要后续制定出来……很明显，这里处于一种并列位置的是：立法权既是一种宪法的权力，也是一种构成的权力。如果人们拒绝承认在现实中正是人民——而非抽象的理念——构成了任何真实宪法的生命本源，那么，这里就的确存在一种矛盾。

马克思从对黑格尔国家哲学的集中分析中，书写了他的第一份革命宣言。这既构成了其 1844 年批判文章的序曲，又转而成为《共产党宣言》的萌芽。马克思认识到德国根深蒂固的矛盾，即德国相对于西欧的落后情境，与其超越了德国政治水平，甚至整个欧洲政治状况的哲学发展之间的矛盾。基于此，他极力向我们表明，在哲学（或者说理念）与现实情境间的这种冲突，必将导致一场彻底革命，而不是藏匿于黑格尔的逻辑学诡辩当中。理念必须彻底成为具体化的东西，它的实现只能依赖市民社会彻底解放自身，并占有黑格尔令其凌驾于市民社会之上的抽象国家。然而，国家与市民社会间的矛盾本身，只不过是市民社会内部的矛盾表现——不同社会阶级（代替了等级概念的"新概念"）间的矛盾。

在德国的周边国家中，每一个这样的社会阶级，都至少在某一瞬间使自身担负起了解放整个社会的任务，而这就是在制造革命。"只有以社会普遍权利的名义，才能使特殊的阶级担起普遍的主人角色；因此，它会把目光转向另一阶级，进而表征出奴役的状态和社会的颠倒"。严格来说，法国的资产阶级在 1789 年是与"人的彻底解放"这一理念完全同一的，而贵族则代表了社会的罪恶。但是在德国，每种社会群体"一开始所设定的都是区别于其他群体的自我意识，这并不是因为它在遭受压迫后才做出这种区分，其在面对任何情境时都要这样加以区分。这种自我意识使这一阶级不会谋求造就一个新的社会阶级，并试图令自身的压迫转移到那一阶级上"。结果就是，德国面临着一条不可能实现的单向发展道路，并留下一类过时的现实状态。黑格尔在抽象的国家权力与特殊阶层的大众之间建立起一套中介，而那种现实状态在实际当中，则对应着这套中介的每一个环节。这就是为什么马克思坚信，德国未来的革命不会由在某一时刻与理念达成同一的特殊阶级来发起，而只能通过市民社会一切阶层的彻底瓦解来实现。只有这样的瓦解才能带来真正的革命，从而一劳永逸地终结社会与国家、现实与理念的二元对立。

那么，实现这种观念——马克思一再强调又没有给予充分描述的社会人——从而终结人的异化的工具是什么呢？马克思赋予这种工具以独特名字，即无产阶级。无产阶级并不是寓于其他市民社会阶级中的一种特殊阶级，它是源自市民社会瓦解了的那个阶级，是市民社会最深层矛盾的产物，也是"一个由于自己受的普遍苦难而具有普遍性质的领域，这个阶级并不要求享有任何一种特殊权利，因为它的痛苦不是特殊的无权，而是一般无权……它不能再求助于历史权利，而只能求助于人权……最后，它是一个若不从其他一切社会领域解放出来，并同时解放其他一切社会领域，就不能解放自己的领域"。马克思在无产阶级那里发现了解决人的"非异化"的必然工具，因为无产阶级的抗争反映了一切市民社会的矛盾。因此，理念正是通过无产阶级才能变为现实。进而，马克思并没有全部抛弃黑格尔哲学，他试图在人的主体那里，为理念与现实提供更加坚固的基础。马克思用无产阶级革命的辩证法代替了黑格尔的先验理念，当我们从这一深层特质出发时，似乎马克思是要感激黑格尔的，即感激他提出"意识的觉醒"。

"意识的觉醒"这一概念，在黑格尔《精神现象学》的辩证法中具有非常重要的地位，而在马克思那里，它也成了人的解放背后的推动力。意识的觉醒并不是对有关事项某种状态的消极反应，它能完全呈现出辩证的矛盾，同时从中寻求解决之道。无产阶级在其行动中意识到人的异化，这一行动恰好表明了寓于人本身的矛盾。这样的矛盾是现实的矛盾，也是主观性与客观性兼具的矛盾。正是基于这个原因，它才需要一种解决方式。它表现出一种经验状态——人如其所是那样被抛掷于自身之外而类似一个客体——以及对那一状态的否定——人作为不可让渡的主体，又无法承认自身作为单纯的客体。在马克思看来，无产阶级正是这样的主体，它以极端的形式经历了人的境况中存在的矛盾，因而也能够永远解决这一矛盾。但是，这种彻底扬弃的解决方式在历史领域中可能吗，它难道不是仅存在于思想层面的解决方式吗？作为问题本身的人的境遇，会在自身中自带解决问题的方式吗？

第七章
马克思《资本论》的结构与哲学前提

第一，为了理解《资本论》，很有必要厘清马克思在经济学研究之前的哲学理论。马克思的理论预设出一个根本的哲学前提，而它的诸多要素并不是那么容易被重新构建起来的。这当中饱含着黑格尔的重大影响，因为马克思非常深入地研究了他的著作（尤其是《精神现象学》与《逻辑学》）；也有达尔文和生物哲学的影响，因为马克思偶尔会以非常有趣的方式，用生物哲学修正黑格尔哲学。

第二，黑格尔与费尔巴哈对异化概念的阐释，构成了马克思哲学思想的理论源泉。在《精神现象学》中，黑格尔从人与其生命相疏离的过程出发，呈现出个体的生命状态。然而，这种生命概念却不仅是生物学意义上的，它亦是作为历史的人类生命。这一主题在黑格尔与马克思那里的内涵在于——与这种异化的斗争规定了人的解放维度。但是，绝对知识与哲学不能实现这种解放，它们反而构成了新的异化形式，即思辨的异化。马克思对哲学的态度具有一定预见性，他用社会阶级代替了黑格尔那里作为理念化身的国家，随之又令其发展为无产阶级。马克思认为，我们必须把目光集中于"意识的觉醒"这一理念或实践历史上。最后要说明的是，单纯以一种客观主义视角，是绝对无法解释马克思主义的。

第三，除了《资本论》的哲学基础外，我们还必须审视其结构。它的根基是价值理论，或者说社会必要劳动。这一理论既是一种严格意义上的经济学理论，也是一种哲学和社会学理论。通过人类的集体劳动，人得以生产、再生产和扩大自己的生命以及这种生命的生存资料。这样的劳动成了其现象形式（商品、交换和货币）的显性价值。在以上一般量性现象表面的背后，必须发现现象（市场）的本质（劳动价值），这包含着与黑格尔《逻辑学》和《精神现象学》的对照。

第四，马克思从十九世纪英国无产阶级的状况那里，提出了究竟是什么使人的彻底异化发生的问题。如果我们把价值理论与剩余价值理论（人对人的卑劣剥削）联系起来，就能理解资本辩证性与历史性的起源了，它是人在历史上最大程度地异化。资本是人的产物，却又反过来生产人。马克思研究了这一体系的运作，在其理论中从三个方面（资本的生产、流通以及生产与流通作为一个整体）揭示了它的本质。从这一本质出发，马克思试图重新回到表象与历史现象当中去，如果它们与其本质相分离的话，就会成为一种神秘化的东西。马克思同时表明资本的运作如何包含了它自身的瓦解。

第五，问题在于马克思解读中所包含的并不是纯粹经济学要素，而是特意表达了一种权力意志，我们很难想象这种权力意志会伴随资本的消失而消失。这里存在黑格尔与马克思的对照。然而，从对马克思本人的客观研究出发，超越他的相关结论也是有可能的。

今天，对于想要理解当代历史，并试图界定其中哲学功能的哲学家来说，就绕不开对马克思《资本论》的客观研究和细致评述。或许它也有助于勾勒出我们时代的问题——历史哲学的问题：这种哲学的前提条件是什么？如今这种历史哲学又具有什么样的意义？

早期的哲学影响：黑格尔与达尔文

第一个问题涉及马克思早期受到的影响，尤其是黑格尔的影响，这里我们暂且简单处理一下这个问题，因为在本章的后边还会提到。黑格尔的影响无疑是巨大的，如果不懂得促成马克思思想形成与发展的重要著作，包括《精神现象学》《逻辑学》以及《法哲学原理》，就不可能理解马克思的基本理论。很明显，马克思仔细阅读了这些著作，并从中发展出自己的思想。他时而受到那种唯心主义的启发，时而又转过头来反对它。与部分人的看法相反，马克思实际上对《精神现象学》有着细致研究。其时，没有任何其他批评者能像马克思那样——对这部晦涩的著作理解得如此透彻。他分析了这部著作的意义，并发现了它的整体指向。我们只需留意马克思本想发表在《德法年鉴》上的《1844 年经济学哲学手稿》，就可以确认这一点。这一研究是马克思最引人注目的文本之一，它包含了马克思整个哲学的意义和基础，并揭示了经典经济学家与黑格尔哲学的双重影响。从感性意识到绝对知识，它复原并且重思了整个黑格尔的《精神现象学》。黑格尔那里最晦涩的段落在这一研究中，以尝试确定其准确旨意而获得了再释。它试图证明黑格尔体系的原创性与价值，提出了要终结人在历史中的异化，也查验了黑格尔不恰当解决方式的缘由，即它并不能仅局限于思想内部去解决问题。黑格尔的《精神现象学》与理论经济学家以及恩格斯的经验研究一样，一起构成了马克思的伟大综合，即《资本论》的基础。马克思对《精神现象学》的深刻认知，从他在《德意志意识形态》里讨论"禁欲主义"与"苦恼意识"部分的暗指中就看得出来。① 任何对《资本论》的解读，都足以显示黑格尔的《逻辑学》对它的影响。我们意识到——就像列宁觉察的那样——只有掌握了《逻辑学》，才能理解马克思的阐释和论断（众所周知，他常使用质、量以及尺度的范畴）。至于黑格尔的《法哲学原理》（及其哲学上的先验性），马克思在其《〈黑格尔法哲学批判〉导言》中进行了着重批判，

---

① *The German Ideology*, Parts Ⅰ and Ⅲ, edited with an introduction by R. Pascal, New York：International Publishers, 1947, pp. 16 – 27. ——英文版译者注

这一点我们在前面的章节中已经讨论过了。

无疑，马克思以自己建构出的体系，反对黑格尔思辨的哲学背景，这在科尔纽的重要著作《早期马克思》（*Marx's Early Period*）中已经得到了很好阐释。然而，科尔纽认为，马克思逐步放弃了他原初的主张，并最终发展出一种与其早期思想完全无关的历史唯物主义。我们认为这一观点过于绝对了。反之，我们相信马克思的原初主张根植于《资本论》中，并为理解价值理论的全部意旨提供了最好方法。

当然，黑格尔并不是唯一影响马克思的人。在阅读《资本论》的过程中，我们还能发现大量的经济学、历史学以及哲学方面的文献。马克思喜欢引用亚里士多德的经济学，他与其同时代的英国和法国经济学家一样，都是这方面的杰出评论家。如果我们试图论证以及解读《资本论》，就必须对那些原始文本进行详尽研究。但人们可能会发现，即便这些原始文本间也并不总是融洽的。结果，包括黑格尔与达尔文相关理论在内的马克思思想，往往存在一种模糊性。如果的确如此的话，那么澄清或者解决这些矛盾，便能帮助我们阐明当代的历史学问题。例如，马克思可以像黑格尔那样思考，却也可以从达尔文那里汲取一种与黑格尔完全不同的自然和生命哲学。在《资本论》的部分章节中，马克思讨论了技术以及人的生产力与生产关系间的转变问题，还像达尔文那样谈及工具、机械以及机械工具的发明。他把这些发明看作一种自然技术的延展。然而，马克思却更多地强调人对自然的统治而非对自然的适应，并且又把生存意志或者说权力意志的模糊概念——尽管这些并不是马克思明确提出的概念——与完全不同的自然概念相混淆了。在我们的认知范围内需要明确指出，马克思并没有使用"权力意志"的表述。但是，当他描述资本主义社会的历史角色及其要求占据统治地位，而这一要求则以激励着资本主义者的、建立在价值之上的价值来获得表达，否则发展就是不可想象的时候，在他的思想中，当然包含着一种权力意志。我们仅想弄清的是，是否这种权力意志会因阶级斗争而终结。这些问题以及其他问题，都是由于对《资本论》的细致阅读，以及马克思受到的其他各类影响（例如，自不必说的是，马克思受到了巴尔扎克的文学影响，他在巴尔扎克的《农民》中发现了社会性的辩证法）而提出的。此外，我们也不能忽略经济学家与社会改革家对他的影响，但我们的主要任务，还是要把马克思对黑格尔哲学进行整合的思想起源，作为理解其理论结构的根本路径。

异化概念

我们现在将转向本章开头所提出的第二个问题上。正如我们已经表明的那样，马克思一切思想的萌芽，即那一原始理念，是他从黑格尔和费尔巴哈那里继承来的异化理念。如果以异化概念作为出发点，借此把人的解放界定为——反对其本质的任何异化形式的积极历史斗争，那么，我们就选择了最优角度去呈现马克思的哲学体系，也完全可以对马克思的代表作《资本论》做出结构性解读。为了确定异化的意义或者其相关意义，以及从人的解放维度加以理解，我们就必须像马克思在《1844 年经济学哲学手稿》中所做的那样，回到黑格尔的《精神现象学》与费尔巴哈对异化的阐释当中。

在《精神现象学》以"自我意识"为标题的章节中（包括自我意识、生命意识、人为了承认而与死亡的斗争以及主人与奴隶等部分），黑格尔把我们的生命描绘为异化于我们的现象。自我意识是一种关于人的生命意识。对于我认识最深也最熟悉的东西，即我自己或者我的生命，成了与我自己相异的东西。也就是说，我看到了自身之外的自己。正是这种自我相对于自我的外化，构成了自我意识的运动。这种自我意识的第一个元素表现为欲望，即对生的欲望。这是与自我相矛盾的，因为我即是那一生命。但是这种生命并不仅属于作为特殊个体的我，它是普遍的生命，是作为类（genos）的生命。正是普遍的生命，以及它先是在自然界而后在历史中的发展，令（人的）自我意识成了外在的东西。亦如黑格尔指出，这正是"普遍的权力，或者说作为一个整体的客观本质"，也是个体在面对死亡现象的特殊性时，为谋求承认和支配地位所做的斗争。

马克思在几个地方就黑格尔这一路径进行过评述。其一是在《1844 年经济学哲学手稿》中，其二是在《德意志意识形态》① 中。例如，马克思这样谈论过死亡："死似乎是一类对特定个体的冷酷无情的胜利，并且似乎是同它们的统一相矛盾的；但是特定的个体不过是一个特定的类存在物，而作为这样的存在物是迟早要死的。"② 人的意识无非就是这种对暗示着特定个体死亡的类的理解。最后，在《德意志意识形态》里对麦克斯·施蒂纳的论证中，马克思表明，在生物学意义上，对生命的一般条件的认识，已经被我们遗忘了。我们发现它们以粗鄙的客观形式凝结在我们自身之外。自我异化成了个体的本质，它不仅是自我的外化，同时也揭示出一种敌对特质，因为正是特定的个体经历了死亡。并且，尽管他必须是主体性的，但却发现自身正遭受着粗鄙的客观实在统治。然而，在黑格尔那里，生命则具有一定的完整形态：它首先是另一个自我，即作为被爱的人，它既是自我却又遭到了阉割；进而它又成了另一个亲密之人，其对于我来说既是自我又是非我；随后发生的就是为了自我承认而与死亡的斗争，以及源于其中的主人与奴隶的关系。其实并没有必要深究这一辩证法，因为马克思受这方面的启发是众所周知的。结果，（人的）自我意识只能成为其他人的意识，成为关于人的境况的意识，或者如马克思所言，不再成为关于自然的意识，而是

---

① *The German Ideology*, Parts I and III, edited with an introduction by R. Pascal, New York: International Publishers, 1947, pp. 16 – 27. ——英文版译者注

② Karl Marx, *Early Writings*, pp. 158 – 159. ——英文版译者注

关于历史的意识。正是在社会历史当中，个体获得了作为类的人的自我意识。个体间的相互依赖，通过诸个体的劳动，以及为承认和支配地位而发起的斗争，所达到的对自然的统治与令自然的人化，这些都为自我意识提供了深思的领域。但是，自我意识并不仅要深思这些现象，由于其能动的本质，它的根本职能便是要——通过一个与自我意识的（主体性）本质相矛盾的对象，来克服这一异化。

正是在历史当中，人才有了他的生命；他以更大规模的再生产方式来生产它，以期能够不断接近类的普遍性。这种自我的自我生产作为人的哲学，代替了古典哲学的永恒创造，却最终导致一种异化状态。原因在于，马克思把这种自我的自我生产追溯到政治经济学理论那里，进而从中提炼出抽象劳动概念，这种自我的自我生产——从个体的自我角度来说是一个宏观过程——会表现为一种粗鄙的客观实在，也就是自我屈服于一种怪诞力量，甚至敌对力量的表现：

　　（马克思表明）正像社会本身生产作为人的人一样，社会也是由人产生的。活动和享受，无论就其内容或就其存在方式来说，都是社会的活动和社会的享受。自然界的人的本质只有对社会的人来说才是存在的；因为只有在社会中，自然界对人来说才是人与人联系的纽带，才是他为别人的存在和别人为他的存在，只有在社会中，自然界才是人自己的合乎人性的存在基础，才是人的现实的生活要素。只有在社会中，人的自然的存在对他来说才是人的合乎人性的存在，并且自然界对他来说才成为人。因此，社会是人同自然界的完成了的本质的统一，是自然界的真正复活，是人的实现了的自然主义和自然界的实现了的人道主义。①

我们应聚焦这一文本并从其架构中表明，它所呈现的乃是基督教奥体概念的世俗版本。马克思在尘世中勾勒出另一种天国，它是从一切异化形式中解放出来的人与自然的和解，也是这样一种状态的达成，其中，人作为其自身生命的实际生产者，将占据在早前社会历史中与之相异化的普遍本质。我们要避免历史终结的难题，而是把目光放到其他异化形式上，它们不仅源于基本经验，也可说成是——把人在历史中与自身任何和解的现实空洞性转换到了其他层面。例如，费尔巴哈在黑格尔的有效启发下（尤其是黑格尔的"苦恼意识"和"启蒙与迷信的斗争"章节）对宗教异化发起的攻击，体现的就是这一点。

人所表现的这种异化，就是我们在先验概念层面言及的异化。上帝是主人，人成了奴隶。这种异化形式把人还原为一种外在的虚无，并且使人蒙了羞。正如费尔巴哈指出，它将导致严峻的道德恶果。但是，费尔巴哈相信这种

---

① Karl Marx, *Early Writings*, p. 157. ——英文版译者注

异化形式需要一种思辨的批判。它揭示出，人错误地把那种先验之物投射到了自身之外，在这一过程中，人将体会到作为类存在的人。然而，马克思认为这种思辨的批判十分匮乏，也完全不能抑制异化。马克思并未意识到，他是在回顾先前从黑格尔早期著作中所发展出的理念，即寻找人类社会中的宗教异化以及政治异化的根源。

> 反宗教的批判根据是：人创造了宗教，而不是宗教创造了人。就是说，宗教是那些还没有获得自己或是再度丧失了自己的人的自我意识和自我感觉。但是，人不是抽象的蛰居于世界之外的存在物。人就是人的世界，就是国家、社会。这个国家、这个社会产生了宗教，一种颠倒的世界意识，因为它们就是颠倒的世界。宗教是这个世界的总理论，是它的包罗万象的纲领，它的具有通俗形式的逻辑，它的唯灵论的荣誉问题，它的狂热，它的道德约束，它的庄严补充，它借以求得慰藉和辩护的总根据。宗教是人的本质在幻想中的实现，因为人的本质不具有真正的现实性。因此，反宗教的斗争，间接地就是反对以宗教为精神抚慰的那个世界的斗争。①

这一段落囊括了马克思思想及其方法的根本出发点。

---

① Karl Marx, *Early Writings*, p. 43. ——英文版译者注

对人的异化的克服是不可能单靠谴责它，或者从思辨维度
对之分析就可以达成的，我们必须更进一步，与造就和保
有它的环境进行战斗。哲学无法解决宗教的异化，因为它
只是用思辨的天国代替了宗教的天国，此即马克思对黑格
尔唯心主义的态度。在《1844 年经济学哲学手稿》中，马
克思详细阐明了他所列举的有关黑格尔的错误之处，以及
为什么有必要把他的唯心主义倒转过来，并用人对具体异
化的积极斗争取而代之。黑格尔自身的思辨方式只是代替
了宗教，即以宗教哲学的形式，代替了从意识的幼稚经验
中形成的宗教理念；艺术也是被艺术哲学所代替，而类似
这样的代替还有很多——"因此，自我意识通过它的对象
而意识到了自身，并假装以这种方式把对象还原为自身"。
但这只是思辨的幻想。现实中，对象一直非先验地在那里，
只有哲学家才会以思考客体的方式认为他们把握住了客体。
正如克尔凯郭尔所言，"尽管思辨的宫殿已被哲学家建成，
但现实世界的茅草屋始终存在"。仅作为思辨的否定，不会
形成任何对对象的现实转变。由此，黑格尔的《法哲学原
理》，只是对政治世界与当代国家的认可甚至辩护；这种对
拿破仑或者普鲁士国家的怀旧辩护，不会做出任何改变。
把现实作为理性的领悟，以及作为对"当下十字架上的玫
瑰"的发现，都要比鲍威尔和施蒂纳的纯粹主观批判显得
更有效。因为那种主观批判只能生成一场解放的滑稽剧，
而它也必然会面临自己的悲剧命运，这一点黑格尔早已指
出过。但黑格尔的思想却构成了另一种异化形式，即思辨

的异化。这是黑格尔的理念以及宿命论的先验根源，也是遭到马克思批判的地方。因此，必须扬弃哲学与宗教。但是，这种对哲学的扬弃并不是对哲学的否定，相反，它是哲学的真正实现，即设定哲学与理念的同一。这既是哲学的未来世界，也是世界的未来哲学。解放的理念统领着一切人类历史，它囊括在马克思称之为"被任何社会阶级扛起的革命旗帜"的热望中，但也正由于另一阶级的存在，阶级往往并不会超越自身有限阶级利益的范围。黑格尔抛弃了历史中的个人干预因素，他表明："哲学逃离了激情中令人生厌的、把社会表面扰得鸡犬不宁的争端，从而转向了沉思的平静地域；它在意的乃是对理念逐步实现自身的发展过程的认识——这就是自由理念，它的现实性就是自由意识，别无其他。"① 相反，马克思无法接受历史之外的观点，即以为在思想中创造了历史也就在实际当中创造了它那样。"哲学家们只是用不同的方式解释世界，而问题在于改变世界"。马克思在 1837 年写给父亲的信中，就已经表明了他的毕生志向，即令生命与思辨、行动与知识合一。这种统一黑格尔在青年时代也梦想过，但随后却因为仅把历史作为反思而进行反思便放弃了。在 1844 年，马克思相信他最终找到了解决问题的方法，并将此寓于以下主题：无产阶级与理念在历史中的统一，真正的历史意识的觉醒，以及无产阶级所处的人的境况。这是一种从普遍的无产阶

---

① *The Philosophy of History*，p. 457. ——英文版译者注

级那里生成的不可或缺的意识觉醒。当然，在斗争中它会受其最自觉的因素所引导，但作为一种普遍的阶级，它将源源不断再造出自身的根基。这种意识的觉醒不同于其他任何类型的意识，因为由于历史原因，它将不再是有限或虚幻的。因此，人变得能够思考并意识到其存在的绝对真相。今天，非常值得回顾那种对真相的热爱，即那种普世主义——深深根植于其获得实现的历史条件当中——它们激活了马克思的一切思想，也成了马克思需要借助它们使历史得以实现的东西。

很明显，在马克思的思想中可以发现一种理想主义。当然，我们要把劳动价值论看作一种根本的伦理圣约，而这种伦理圣约是马克思辩证法中把理想主义与现实主义统筹起来的根源。但是，只有当这种伦理圣约在现实历史事件中找到其表现的根源以及实现的方式时，它才能被人所接受。通过以社会阶级代替黑格尔的国家，马克思相信他已经发现了无产阶级的结合体。无产阶级并不是被选择的种群，即注定要统治其他种群或民族的选民，它是人类异化的终极产物。因此，只有它能够彻底实现理念，就像黑格尔在《精神现象学》中指出的那种骨头或者头骨一样，人并不会单纯被还原为客体，而是掌握了自我意识的反身性，这使他能从异化的最极端状态中得以涅槃。到目前为止，这一理念实现的主要障碍，表现为社会阶级的有限条件，因为他们相互对立并且总是在捍卫自身的利益。马克思在提出人的解放问题时写道，"这就是我们的回应"：

就在于形成一个被戴上彻底锁链的阶级，一个并非市民社会阶级的市民社会阶级，形成一个表明一切等级解体的等级，形成一个由于自己遭受普遍苦难而具有普遍性质的领域，这个领域不要求享有任何特殊的权利，因为威胁着这个领域的不是特殊的不公正，而是普遍的不公正，它不能再求助历史的权利，而只能求助人的权利……最后，在于形成一个若不从其他一切社会领域解放出来，从而解放其他一切社会领域，就不能解放自己的领域。总之，形成这样一个领域，它表明人的完全丧失，并且只有通过人的完全回复，才能回复自己本身。①

当我们论证马克思的预言性原理时，很容易便看到浮现在脑海里的东西。他的科学观念不仅是关于社会现实的科学，亦如其所意识到的那样，也是力求促进那一社会实在得以实现，或者至少要做出深刻修正的科学。正是这种态度让人想起了先知的角色。最后，我们要避免以任何方式，对马克思进行纯粹客观主义的解读。当然，正是现实成就了一种谋求解放的社会阶级，但后者必须在其斗争中意识到自身的普遍角色才行。因为一旦离开了原初性的意识觉醒，人也无法完成自己的历史解放使命。

从马克思并未注意到的生产状况变化角度，以及由这些

---

① *Karl Marx*, *Early Writings*, p. 58. ——英文版译者注

变化所导致的所谓普遍阶级的特殊化与多元化角度来看，无产阶级在多大程度上已经或者能够完成马克思所提出的任务，这是有待进一步解答的问题。最后，我们想要明确的是，马克思在资本主义起源那里，以及普遍的阶级斗争中所体悟到的权力意志现象，是否会伴随无产阶级而消失。就我们来说，这些都是根本的问题。而对于马克思理论的评述，以及对随后所发生事件的分析——尤其是当民族主义与阶级斗争以怪异的方式连接在一起时而出现的一系列现象——都能帮助我们以更恰当的方式描述问题，尽管我们还不能有效解决这些问题。

劳动价值论的哲学与社会学本质

在以上阐明的哲学与历史学前提基础上，我们现在试着厘清马克思关于资本的论证结构，并在黑格尔意义上探索资本的逻辑学与现象学特征。鉴于黑格尔从现象学出发——一种关于表象的理论——把我们引向了逻辑学——一种关于所有表象普遍本质的理论——马克思在《资本论》中则反其道而行之。马克思宣称其掌握了与恩格斯所共同见证的历史现象，并表明其论证方式是从抽象到具体，即从根本的本质（劳动价值）到表象。原因在于，如果没有关于本质的知识，现象就只能是一种欺骗之物，或者一种神秘化的东西，而资产阶级经济学家则抱着某种邪恶信念利用它去自欺欺人。如果我们不从本质出发，而是像资产阶级经济学家那样直面现象，就无法理解——作为一种体系的资本主义本源（既是辩证性的又是起源性的）。或许人们也能整合出经验上的概括，但这却无法理解其整体的运作机制，即不能将其理解为一种整体性（马克思的发现之一）。因此，从亚当·斯密那里承接而来的不变资本与可变资本、固定资本与流通资本间的混淆，一开始似乎显得无足轻重，随之就会造成一种误解，最后几乎是有意识地模糊了剩余价值的来源。不变资本与可变资本之间的区分，构成了整个劳动价值理论的前提。它以奠定了马克思整个理论大厦的经验假设为基础，也就是说，以人通过劳动过程而对自己生命进行生产的观念为基础。另外，固定资本与流通资本之间的区分仅基于流通的过程，相对于生产领域而言，其不过是表象领域。

　　马克思依照黑格尔，甚至参考了亚里士多德的分析，从对这一主题的本质描述出发，竭力揭示出那些真正的质的区分，它们就隐藏在量的诸多构型（这经常令《资本论》的读者感觉是一种无用且烦琐的序列）的同质性之下。实际上，隐含在同质性的量的原理当中的，是具有质性本质的经验实据，加之对应于这些本质元素的历史实例，都成了《资本论》第一卷（唯一 一卷由马克思亲自校验）最吸引人的地方。与亚里士多德的研究不同，这些研究并不是静态的，它们具有辩证性的消除力，其能够清除量的不恰当原理，并令这些数据超越自身而被重置到一种总体性当中。由此，我们将直面具体的历史现象（如马克思在《资本论》第三部分描绘当时的英国市场以及无产阶级状况)。

　　或许阐明马克思论证过程的最好方式，就是用他自己的话表达出来：

　　　　在第一册中，我们研究的是资本主义生产过程本身，作为直接生产过程考察时呈现的各种现象，而撇开了这个过程以外的各种情况引起的一切次要影响。但是，这个直接的生产过程并没有结束资本的生活过程。在现实世界里，它还要由流通过程来补充，而流通过程则是第二册研究的对象。在第二册中，特别是在把流通过程作为社会再生产过程的中介来考察的第三篇中指出：资本主义生产过程，就整体来看，是生产过程和流通过程的统一。至于这个第三册的内容，它不能是对于这个统一的一般考察。相反地，这一册要揭示和说明资本运动过程作为整体考察时，所产生的各种具体形式。资本在自己的现实运动中就是以这些具体形式互相对立的，对这些具体形式来说，资本在直接生产过程中，采取的形态和在流通过程中采取的形态，只是表现为特殊的要素。因此，我们在本册中将要阐明的资本各种形态，同资本在社会表面上，在各种资本的互相作用中，在竞争中，以及在生产当事人自己的通常意识中，所表现出来的形式，是一步一步地接近了。①

----

① Karl Marx, *Capital*, Samuel Moore and Edward Aveling (trans.), Vol. Ⅲ, Chicago: Charles H. Kerr and Co. , 1932, pp. 37 – 38. ——英文版译者注

在这里，马克思对其著作的研究方法和结构（我们之前称其为"从本质向表象的运动"，而这一表象就是生产总值的分配成了被神秘化的东西，其中每个人都被欺骗了）以及被保留下来的诸多表象进行了重要说明。被我们看作本质的东西包括劳动价值、剩余价值的源泉以及生产过程本身；而表象则是市场、供求规律、资本的竞争以及收入（第三卷）。中间环节是流通过程、个人与社会资本的周转，以及时间因素的功效（第二卷）。在我们看来，正是没能有效理解这种哲学性以及起源性的方法，才使有些经济学家认为，在《资本论》的第一卷和第三卷之间存在矛盾。马克思的经济哲学中的确可能存在其他矛盾，但绝不可能是从马克思起源性以及辩证性的论述中所得出的矛盾，因为这一论述的目的不仅是要阐明一种规律，还要理解（从这一术语最重要的意义来说，就是只有一种自觉的无产阶级才能理解的）整个资本主义体系的起源及其运作的秘密。维科（Vico）是马克思著作中常被提及的人。他曾言，人类史与自然史间的差别在于，我们并不创造后者，却创造了前者。早在1837年，即前面提到的马克思写给父亲的信里，他就通过引用黑格尔《精神现象学》前言中的段落，来揭示他的方法，这与外在于其研究对象的数学家的方法差异巨大。

在生动思想世界的具体表现方面，例如，在法、国家、自然界、全部哲学方面，情况就完全不同：在这里，我们必须从对象的发展上细心研究对象本身，决不应任意分割它们；事物本身的理性，在这里应当作为一种自身矛盾的东西展开，并且在自身求得自己的统一。正如黑格尔表明的那样，真理乃是其自身得以实现的工具。

《资本论》第一部分包含着马克思理论体系的基本原则（一种经验与伦理的前提，可以让人回想起费希特的独断论），即从古典经济学家那里逐步发展出的劳动价值论。我们已经得出（在文章开头所得出的哲学前提）人生产、再生产，并在更大规模上再生产自己的生命以及一般的生存资料。价值在绝对意义上，是由人经过生产和再生产其集体生活的集体劳动（作为一种整体性）而产生的。价值概念在马克思那里又被称作"实体"，这也影射到了黑格尔（尤其是《精神现象学》中关于"教化"的部分）。当它被分化到商品交换以及等价率中时，即在这一过程中，特殊的商品寻找到它反映在另一种商品里的价值，并最终以一般等价物的形式，也就是货币的形式，使自身价值获得了对象化的实现，那么，它将不再是一种商品，而是以一种对象、一种对象性的异化，毋宁说，以绝对价值的形式，令交换价值实体化，而我们必须把价值本身与其所设定的以上形式区分开来。这种实体的现实化使人在创造自身的历史中发生异化，也使人类劳动的创造力得以化身为一种对象，即事物本身。这同时突显出了人类的权力意志，它总会遭遇量的秩序限制，因为一种既定的量总会被另一种量所超越，甚至在资本主义生产模式进入历史之前就是如此。

> 货币在质的方面，或按其形式来说，是无限的，也就是说，是物质财富的一般代表，因为它能直接转化成任何商品。但是在量的方面，每一个现实的货币额又是有限的，因而只是作用有限的购买手段。货币的这种量的有限性和质的无限性之间的矛盾，迫使货币贮藏者不断地从事息息法斯式的积累劳动。①

基于历史原因，先于真正意义的资本家的那些货币贮藏者和借贷人，即使资本家的出现成为可能，也在某种意义上成了资本家的历史前兆。这种预兆是有一定意义的。他所进行的交换行为只是在"M－C－M"这一公式意义上单纯为了获取货币，而不是在"C－M－C"的交换意义上获取实物，实际上，他这是在攫取权力。但是对于这种权力意志，即建立在价值之上的价值，也是历史中人对人造成的肆意剥削根源。马克思仅是提出了它，却没有在其早前青年时期的谴责中（例如他基于黑格尔的普鲁士国家哲学背景而对政府官僚的批判），具体指出它是否在历史终结

① Karl Marx, *Capital*, Samuel Moore and Edward Aveling（trans.），Vol. Ⅲ，Chicago：Charles H. Kerr and Co.，1932，Vol. I，pp. 149 – 150. ——英文版译者注

的时候仍然存在。《精神现象学》中关于"教化"的章节，其实可以与《资本论》进行有趣对照。黑格尔在那一章节中，把社会实体界定为两个方面，即国家权力与财富，并且表明权力意志如何在个体当中受其野心和贪婪所决定，以及国家权力与财富如何联合起来造成了社会分裂。马克思只注意到其中一方面的运动，即"建立在价值之上的价值"，并且把第一方面只是作为附加现象；尽管当代历史事件或许佐证了黑格尔的观点。

但是，我们打算搁置这一考察而转向《资本论》的结构。与黑格尔《精神现象学》内容类似的过程在于，生产者因为商品和货币而发生异化，这种巨大的异化构筑了资本的根基。实际上，资本正是马克思理论中的主角，它由人创造，却最终在历史上开始统治人，并把人还原为资本运作机制中的一个简单要素。当然，在资本主义的"M－C－M"公式背后所隐藏的，不仅囊括了一个阶级对另一阶级的剥削，也包含着剩余价值的全部源泉，它使从 M 到比其具有更多价值的 M′成为可能，但这一切不过是无产阶级异化的结果。最终，资本家以自己的方式与无产阶级一样发生了异化。

资本家只有作为人格化的资本，他才有历史的价值，才有像聪明的利希诺夫斯基所说的"没有任何日期"的历史存在权。也只有这样，他本身的暂时必然性才包含在资本主义生产方式的暂时必然性中。但既

然这样，他的动机，也就不是使用价值和享受，而是
交换价值和交换价值的增值了。（难道我们不能把这当
成马克思那里原始的权力意志吗？）他狂热地追求价值
的增值，肆无忌惮地迫使人类去为生产而生产，从而
去发展社会生产力，去创造生产的物质条件；而只有
这样的条件，才能为一个更高级的、以每个人的全面
而自由发展为基本原则的社会形式创造现实基础。（这
是值得强调的伦理准则。）资本家只是作为资本的人格
化才受到尊敬。作为这样一种人，他同货币贮藏者一
样，具有绝对的致富欲。但是，在货币贮藏者那里表
现为个人狂热的事情，在资本家那里却表现为社会机
制的作用，而资本家不过是这个社会机制中的一个主
动轮罢了。①

　　一篇简短的研究文章的确很难使我们审视马克思价值
理论的整体意图——实体化为货币的创造性实体，但我们
想要强调的则是——它除了经济方面的哲学与社会学特征。
从黑格尔哲学以及古典经济学家那里得出的价值概念，被
解释为社会必要劳动。通过这一概念，马克思首先想要表
达的是，这种劳动的产品构成了一种巨大的集体生产，一
切个体生产者由此被团结在一起，尽管这是一种无意识的

---

① Karl Marx, *Capital*, Samuel Moore and Edward Aveling (trans.),
Vol. Ⅲ, Chicago: Charles H. Kerr and Co., 1932, Vol. I, pp. 648 – 649. ——
英文版译者注

行为；重要的并不是他们的个人工作时间，而是他们的社会工作时间。另外，马克思想要说明的是，这种劳动应当对应于一定时期的社会需要，以及这些需要的社会分配。

不仅在每个商品上只使用必要的劳动时间，而且在社会总劳动时间中，也只把必要的比例量使用在不同类的商品上。这是因为条件仍然是使用价值。但是，如果说个别商品的使用价值取决于该商品是否满足一种需要，那么，社会产品量的使用价值就取决于——这个量是否适合于社会对每种特殊产品的量上一定的需要，从而劳动是否根据这种量上一定的社会需要，按比例地分配在不同的生产领域。（我们在论述资本在不同的生产领域分配时，必须考虑到这一点。）在这里，社会需要，即社会规模的使用价值，对于社会总劳动时间分别用在各个特殊生产领域的份额来说，是有决定意义的。

考虑到资本主义的危机及其体系的崩溃，马克思补充道："这一点，只有在这种比例的破坏使商品的价值，进而使其中包含的剩余价值不能实现的时候，才会影响到必要劳动和剩余劳动之比。"① 没有了剩余价值，整个体系就会

---

① Karl Marx, *Capital*, Samuel Moore and Edward Aveling（trans.），Vol. Ⅲ, Chicago: Charles H. Kerr and Co., 1932, Vol. Ⅲ, p. 745. ——英文版译者注

瓦解。这种价值理论的社会特征及含义是相当明显的，它既表现为从事生产的劳动者团结一致的本质形式，也表现为特定历史时期社会需要的特殊形式。

重要的是，务必要区分好绝对价值（人的自我生产和再生产）与其在资本主义背景下所必须设定的特殊形式，即生产并不会以使用价值获得原则性的调整，而是以利润的增幅以及根值于人对人剥削的"价值的扩张"为准。马克思曾在《资本论》中罕见提出，在未来无阶级的社会中，一种专属的计划会从作为自己命运主人之人的自由维度出发，对生产与消费进行调整并令其趋于和谐。

事实上，自由王国只是在必要性和外在目的规定要做的劳动终止的地方才开始；因而按照事物的本性来说，它存在于真正物质生产领域的彼岸。像野蛮人为了满足自己的需要，为了维持和再生产自己的生命，必须与自然搏斗一样，文明人也必须这样做；而且在一切社会形态中，在一切可能的生产方式中，他都必须这样做。这个自然必然性的王国会随着人的发展而扩大，因为需要会扩大；但是，满足这种需要的生产力同时也会扩大。这个领域内的自由只能是：社会化的人，联合起来的生产者，将合理地调节他们和自然之间的物质变换，把它置于他们的共同控制之下，而不让它作为盲目的力量来统治自己；靠消耗最小的力量，在最无愧于和最适合于他们的人类本性条件下，来进行这种物质变换。但是不管怎样，这个领域始终是一个必然王国。在这个必然王国的彼岸，作为目的本身的人类能力发展，真正的自由王国就开始了。但是，这个自由王国只有建立在必然王国的基础上，才能繁荣起来。工作日的缩短是根本条件。①

最后，我们希望回到马克思研究方法的根本旨趣上：从本质性的生产出发进而演化到表象性的市场，并透视资本主义体系下这种本质与表象间的冲突。收入——利益、商业利润、租金以及工资——的分配，使马克思提出的伟大人类学与哲学问题，最终在资产阶级经济学家那里被隐藏了起来。当以同质性的量的原理来看待分配问题时，从人类劳动角度来说，它的本质属性就消失了。这里出现了人类异化的最深刻形式。资本主义是一台不会思考的、靠自身运转的机器，其中，人只是那些齿轮罢了。在马克思看来，无产阶级作为一种普遍阶级，它的任务正是要思考这台机器真正的动力源泉，并通过一场彻底的革命从根本上解决问题，从而理解这一现象的本质，使现象与本质达到同一。

剩余价值论的历史本质

到目前为止，我们并没有专门阐述马克思的剩余价值

---

① Karl Marx, *Capital*, Samuel Moore and Edward Aveling（trans.），Vol. Ⅲ, Chicago: Charles H. Kerr and Co., 1932, Vol. Ⅲ, p. 954. ——英文版译者注

论，一部分原因在于，它已广为人知，而我们做到心知肚明便足矣；另一部分原因在于，当下我们还没有充分强调马克思辩证法的根本历史特征，在澄清此事之前，对于剩余价值的提及还是应当有所保留。资本主义与其亲手缔造的无产阶级掘墓人，是一对相互的范畴（我们已经考察了它们的逻辑发展），也是一种历史的范畴。

剩余价值论的整体机制是众所周知的。对于货币或者生产资料的占有，使资本家得以购买劳动力，但这却不能与劳动生产力以及社会生产力相混淆。我们已经看到，劳动力是价值的唯一源泉，也是在这一过程中发生异化的主体。正如马克思明确表明，这种创造性的主体发生对象化的过程是那一体系的关键。

剩余价值通过利润率而转化为利润形式的方式，只是生产过程中已经发生的主体和客体颠倒的进一步发展。我们已经在生产过程中看到，劳动的全部主体生产力怎样表现为资本的生产力。一方面，价值，即支配着活劳动的过去劳动，人格化为资本家；另一方面，工人反而仅表现为物质劳动力，表现为商品。①

但是，这种异化模式却模糊了剩余价值论。实际上，

---

①　Karl Marx, *Capital*, Samuel Moore and Edward Aveling（trans.）, Vol. Ⅲ, Chicago: Charles H. Kerr and Co., 1932, Vol. Ⅲ, p. 58. ——英文版译者注

资本家只是借助"M - C - M′"（M′ > M）的公式，成功增收了他的资本，因为其能够幸运地在市场上发现"这样一种商品，它的使用价值本身具有成为价值源泉的特殊属性，因此，它的实际使用本身就是劳动的物化，从而是价值的创造。货币所有者在市场上找到了这种特殊商品，这就是劳动能力或劳动力"。① 在一种表面自由化的社会当中，他通过像与其他一切商品交换的交换那样，保留了这份力量。但这种交换的标准是什么，而这种劳动力的劳动价值又是什么呢？这种人的劳动力会再生产，或者扩展为大量生存资料的产品。结果，在维持和保存生产力的必要生存资料意义上，工资的规律便决定了劳动的价格。这里的模糊性体现在，是否必要生存资料的质与量是被一次性决定的，以及是否社会需要的历史变化是一种变量函数。我们不应忘记，马克思是基于一种特殊的无产阶级状况而展开论证的，他进行一般化的对象是十九世纪英国无产阶级的特例。

工资与劳动力间的交换，形成了一种合法性的表象；实际上，它正是人对人进行尖刻剥削之所在。因为这种劳动力在现实中的生产，要比它所消耗的多得多，并且这种交换条件不可避免地会再生出这样一种状态，其中，工人注定要去工作，而资本家却能安心地坐享其成（因此，个体劳动者与资本家便成了社会阶级整体中的不同要素，并且只能是相互对立的要素）。

---

① Karl Marx, *Capital*, Samuel Moore and Edward Aveling（trans.）, Vol. Ⅲ, Chicago: Charles H. Kerr and Co., 1932, Vol. I, p. 186.

但是，如果"资本家较货币贮藏者而言，成了一名更精明的家伙"，如果他发现了比投入的货币收获更多货币的方式，那么这是因为，相应的历史条件已经形成和发展到——使出卖劳动得以可能的程度了；实际上，这种劳动市场与古代的奴隶制并没有什么两样。在这里，马克思的逻辑贯穿了它所阐释的整个历史。马克思提出的基本问题在于：究竟是什么使得英国无产阶级，即一切无产阶级典型的未来形式得以可能呢？（这正是说的阁下的事情）康德曾提出这样的问题：经验如何得以可能？他以永恒的范畴形式回答了这一问题。马克思则问道：什么使得资本主义以及无产阶级事件或者历史现象得以可能？他以一种逻辑来回答这一问题，而这种逻辑反过来又只能与历史紧密相关，即一种已经创造的历史与尚未创造出的历史。然而，从类似角度来看，一种绝对的先验当然是不可能的，而当今所做的修正，可能马克思从来都没有设想过。

马克思从这种历史经验和现象出发，从而得出了现象的本质（生产）：

因此，让我们同货币占有者和劳动力占有者一道，离开这个嘈杂的、表面的、有目共睹的领域，跟随他们两人进入门上挂着"非公莫入"牌子的隐蔽生产场所吧！在那里，不仅可以看到资本是怎样进行生产的，还可以看到资本本身是怎样被生产出来的。赚钱的秘密最后一定会暴露出来。

劳动力的买和卖是在流通领域或商品交换领域界限以内进行的，这个领域确实是天赋人权的真正伊甸园。那里占统治地位的只是自由、平等、所有权和边沁。自由！因为商品例如劳动力的买者和卖者，只取决于自己的自由意志。他们是作为自由的、在法律上平等的人缔结契约的。契约是他们的意志借以得到共同法律表现的最后结果。平等！因为他们彼此只是作为商品占有者发生关系，用等价物交换等价物。所有权！因为每个人都只支配自己的东西。边沁！因为双方都只顾自己。使他们连在一起并发生关系的唯一力量，是他们的利己心，是他们的特殊利益，是他们的私人利益。正因为人人只顾自己，谁也不管别人，所以大家都是在事物的前定和谐下，或者说，在全能神的保佑下，完成着互惠互利、共同有益、全体有利的事业。

一离开这个简单流通领域或商品交换领域——庸俗的自由贸易论者用来判断资本和雇佣劳动社会的那些观点、概念和标准，就是从这个领域得出的——就会看到，我们的剧中人的面貌已经起了某些变化。原来的货币占有者成了资本家，昂首前行；劳动力占有者作为他的工人，尾随于后。一个笑容满面，雄心勃勃；一个战战兢兢，畏缩不前，像在市场上出卖了自己的皮一样，只有一个前途——让人家来鞣。①

---

① Karl Marx, *Capital*, Samuel Moore and Edward Aveling (trans.), Vol. Ⅲ, Chicago: Charles H. Kerr and Co., 1932, Vol. I, pp. 195 - 196. ——英文版译者注

　　这种关于剩余价值生产本质的独特分析，并没有掩盖整个过程的普遍特征。在实际当中，资产阶级之所以作为一个整体，其原因在于，剩余价值的分配以及由不变资本和可变资本比例提高而导致的利润率下降趋势，令他们团结在了一起。一旦资本主义体系的运作机制在历史上难以为继（危机理论与崩溃理论），资产阶级为保全自身就需要防备无产阶级，在这样的压力下，它就会意识到自身作为一个阶级的存在。

　　但正是无产阶级在资本主义体系下所遭受的极端异化条件，使人的解放理念具体化为一种普遍阶级。并且，通过意识的活动，无产阶级得以否定它的异化并创造一种新的历史。因此，我们绕了一圈，又回到原来的起始点上，即马克思对异化的哲学研究以及无产阶级的历史角色。不幸的是，在马克思打算进一步深入分析那一社会阶级的地方，即根据之前对资本主义体系研究而得出具体成果的地方，《资本论》却止步于此了。

资本与历史哲学

　　在文章的最后部分，我们试图表明《资本论》的结构，如何根植于历史现象当中（资本主义的危机、资本主义的历史起源以及十九世纪的英国无产阶级）。然而，在前面的部分我们却重点强调了马克思思想的哲学前提（人在历史中的异化理论、以价值扩张作为人之动力的权力意志，以及必然呈现出人类解放理念的普遍阶级概念）。马克思的历史哲学不能撇开对其具有重要影响的黑格尔哲学。黑格尔对历史的反思，以对历史的彻底超越而达到了巅峰，可马克思仍然停留在历史内部来谋求改变。从《资本论》之后所发生的相关事件来看，以及从对马克思研究成果的全新分析视角看，结果就是一种历史哲学的双重性：它是历史事件的同时，也成了当下的必然。

需要审视马克思理论的一切根源及其全部哲学背景，并根据后续事件对《资本论》做出最为翔实的评述。本篇文章的目的正是要引入这种严谨的研究方法。我们相信，有必要在当代对马克思主义进行一次清算；我们也认为，在马克思的愿景及其著作中，存在一种有待我们实现的历史哲学模型。不管怎样，如果没有认真考察马克思所构建的理论大厦的哲学前提与结构，马克思主义就是不可取代的。

第四部分

真理与存在间的关系问题

M&H

第八章
黑格尔现象学中的人类境况

活动与行为的合理性

海姆（Haym）是黑格尔《精神现象学》的重要评论者之一，他曾指出："《精神现象学》既是一种被先验心理学所扭曲了的历史，也是被历史所扭曲了的先验心理学。"知识储备不足的读者，极容易被其演化发展的本质给搞糊涂。黑格尔想要弄清的是，为什么自我意识会在普遍生命背景下产生，又是什么样的特殊关系构成了生命与自我意识的根基。生命与自我意识间的彼此萦绕，幻化出有关生与死的斗争问题，其中每一种意识都谋求置另一种意识于死地，也由于强行把他者拖拽到这一冲突中，而令自己的生命充满风险。在这里，我们面对的是必然具备相应历史定位的具体事件，还是一种能够解释自觉的诸个体间准永久（quasi-permanent）关系的神秘事件呢？黑格尔时常会做出戏剧性的描绘，并带有一种烂漫情怀，对此感兴趣的读者可能会问，一旦奴隶成为主人的主人时，主人又会成为什么；或者说一旦奴隶转变为主人时，他又会成为什么样子。黑格尔的解释于此戛然而止，并且在没有任何明确过渡的情况下，就承接到了斯多葛主义上，即"背负着锁链坐在王座上"而保有其自由的人。爱比克泰德（Epictetus）与马可·奥勒留（Marcus Aurelius）的形象被一同唤出，而过分关注那些故事的读者只能驻足脚步，望眼欲穿地等待主奴冒险的最终结局。

《精神现象学》是所有哲学著作中独一无二的，不论谁想要把握它的旨趣，都必须直接面对这部著作中相关过渡环节，与诸多综合发展主题之间的逻辑衔接。如果把它看作一种哲学小说的话，那么它还是哲学吗？或者说，它还是每一种要素都能在逻辑层面彼此链接的严肃哲学著作吗？卢西安·赫尔（Lucien Herr）曾指出："在黑格尔那里，过渡环节总是被感性引导的。"然而，如果我们能够理解一般意义上的源自感性层面的指控，那么对赫尔的评判就难以苟同。当许多黑格尔主义者把黑格尔哲学仅解释成一种泛逻辑主义时，赫尔的确在那一时期有效坚持了黑格尔辩证法的创造力。但这并不是重点。我们现在必须尝试着理解黑格尔的实际意图。我们应把目光集中到对"自我意识"章节的研究上——整个《精神现象学》极为重要也最富深意的章节——以期表明它既无意于关注历史与先验心理学，也不是要对本质进行分析。简言之，黑格尔试图分析的东西乃是历史活动的根基，他研究的是人类存在的普遍条件，这构成了人类行为本身的可能性。正如我们如今理解的那样，人总是处于特殊的历史情境当中，但这总是以一般条件为前提的。对这些条件加以甄别很重要，因为它们对于每一种人类境况本身都显示出一种恒定性。问题源于将这些条件进行抽象的方法本质。我们在前面提到过，"对本质的分析"这样的表述，并不能描绘出我们的思想，它会留下一种人类本质或者人的本质的印象，就像斯宾诺莎与休谟假设的那样。但黑格尔并无意于发现这样的本质，他不仅不信这一套，还在其早期著作中批判这一观念。对黑格尔而言，人即精神，也就是历史与集体的发展；他所渴望的真理正是在历史中，也是借助于那一历史所呈现出的。我们相信，黑格尔给自己提出的问题在于，如何能把人类历史以及一种可能的真理，或者说理性，根值于由此构思出的历史发展当中。为了把握黑格尔出发点的原创性，需要把他与其前辈和继任者进行比较。例如，康德就提出过与黑格尔类似的问题。他曾表明，就经验知识而言，人类知识的条件是什么。可是，尽管康德向自己提出有关知识的问题，却至少在其主要著作中忽略了人类追求知识的历史条件，这或许说明了——他没能解决这一问题的原因。由于理性本身也是有历史前提的，所以就合理性与事实性而言，人类的行为要先于理性的概念。因此，在《精神现象学》的逻辑发展中，理性另辟了一个新的章节，并被安排在讨论自我意识需要从他者那里获得承认的章节之后，这绝非偶然。

我们现在转向黑格尔最伟大的继任者之一，即马克思。马克思有效指出，黑格尔在《精神现象学》中偶尔会描绘出"人类境况的真实特征"。但是，马克思并没能理解贯穿于历史事件与人类行为自身根基内部的必然性。他完全沉浸在黑格尔的思想中——他的博士论文以黑格尔自我意识辩证法，去解读德谟克利特与伊壁鸠鲁原子说之间的关系——以至于拒绝面对关于其本源的问题。结果，他选择从一般的事实出发，尽管它们极具丰富性，却也单纯只是可能饱受其他人诟病的事实。马克思以历史中的阶级斗争作为一种本质现象；当然，他将其联系到劳动概念上，又把劳动本身联系到人与自然的根本关系上，却没有对其辩证法的基础做出任何明确说明。与康德相反，马克思从理性的角度提出事实，由此导致了其思想中的不确定性。这只能借助黑格尔的《精神现象学》获得澄清，因为马克思明显是从那里获得灵感的。鉴于历史横贯了思想以及人活动的整个领域，所以，我们必须深度挖掘历史的根基，并像黑格尔在《精神现象学》中表现的那样，追问什么才是自我意识或者人的存在的条件。当然，正如黑格尔以独到的自我意识清晰表明，我们所关注的并不是严格意义上的人类学分析。这绝非一个人被看作生物学上的类的问题，而是出现在人的生命核心的问题，即人意识到这样的生命作为其存在的条件，并通过这种意识的觉醒创造出一种全新的存在维度。同时，这又生成了一种历史，其中有意识的人造就并且揭示了一种理性真理。

人类境况与自然之间的关系

巴尔扎克说过，"沙漠是只有上帝而没有人的世界"；黑格尔秉持类似的纯自然视角，认为纯自然只是一种自在的存在，在人那里其并不能被赋予意义。"自然界是隐蔽了的精神"。普遍生命作为自我意识的真实对象以及条件，在有生命的诸个体间的不定多样性那里并不存在；"它是自身发展着的同时又消解了其发展过程的，并且在这种运动中简单地保持着自身的大全"，但除了对能够反思生命的（人类）自我意识而言，它都不能作为一种可能的整体而存在。"它是简单的类，这个类在生命自身的运动过程中，不是作为这种简单的类而自为存在的；在这个结果中，生命指向着一个它自身以外的他物，亦即指向着意识。对于意识来说，生命便作为这种统一或类而存在着"。①

以上从黑格尔那里引用的论述，足以概括自我意识与生命间的关系。它们表明自我意识如何显示为普遍生命意识的必然崛起，而这种普遍生命就是"世界的灵魂、普遍的血脉，其弥漫在一切事物中，它的流动不是任何障碍性的差别所能干扰或阻滞的"。② 这种浪漫主义的绝对在超人性方面，会让人联想到斯宾诺莎的上帝，它也是"普遍的、

---

① *The Phenomenology of Mind*, p. 224.

② Ibid. , p. 208.

不可磨灭的实体，以及流动着的、自我同一的本质实在"。①
人的欲望和劳动，即"劳动与对否定的耐心"会作用其上，
以达到掌控它的目的。诚然，这种否定原则已经以鲜活形
式呈现出来，它们要么在宇宙的时间上表现为彼此交替，要
么在空间上呈现为相互并置。但这只是一种特殊的表现，
或者一种有限的形态，在生命过程中它会抑制自身，并在
造就新的生命形态中死亡。这种死亡并不是内在化或超越
性的，它仍然处于这种特殊生物之外，尽管它会赋予这种
特殊生物以活力。如果得不到回应的话，那么这样的"死
亡与生成"就会驻留在那一静谧的自然界中，从而等候着
"人的逻各斯"对其进行表达。但是，自我意识必须显现在
这种普遍生命的背景下，因为后者本身已经是自我意识必
须成为的东西了；而这种"自我同一"的复现在这里就是
一种辩证的必然性，《精神现象学》前面的所有章节就是为
此做铺垫的。得以最先面对意识的对象，现在被确定为普
遍生命；自我意识发觉——将其看作一个整体的东西就是
生命，即它自己的生命。自我意识也发现——这一生命既
立即成了与自身同一之物，也是与自身相异之物。意识归
属于这种普遍的生命共相，但在其中它却察觉到正游离于
自身之外，因为它同时也是"一种特殊的生命形态"，一种
固定的有机体。只要它是生命的自我意识，就会因成为普
遍的类而变得矛盾。"这种普遍的类，并不会像动物的生命

---

① *The Phenomenology of Mind*, p. 227.

那样存在"，也不是一种特殊的、固定的存在之物。这样的矛盾根值于苦恼意识的核心处，但其解决方式却恰好形成了人类历史的理性与真理。

在其早期著作中，黑格尔以爱的形式构思出意识所必需的二元论，但爱只能是一种"向原始且忧郁的天真的回归"。黑格尔完全忽略了任何自然哲学。然而，从耶拿时期开始，他便效仿之前的同学兼好友谢林，着力反思有机生命以及生物的一般辩证法。进而，他慢慢理解了——有机生命的自我意识，如何把自身提升到高于生命的位置，并且尽管它反思着生命，却又把生命置于自身的对立面。这样的反思是一种否定性活动，同时也是意识的创造性觉醒。"它铸就了从无到有的全能性"，生成了一种全新的存在维度。在呈现其真理并以期成为生命真理的过程中，生命的自我意识成了异于生命的某物。这里的难点在于，如何理解生命的自我意识，尤其能够通过反思的活动，去否定只是作为一种反思的生命，或者说，它如何能够在不沉迷于对现存事物进行单纯反思的情况下，而生成一种新的存在形式。为了在自我之中重现使生命得以可能的宇宙过程，并通过这样的重现，创造一种有别于生命历史的历史——因为精神由于是对自然的反思而必然高于自然——这成了意识显现为一种真正创造的奥秘。但这一奥秘不是别的，就是个人或者群体的存在。为了复现生命的这种宇宙运动，黑格尔揭示了自我意识的条件，并以此在承认过程中阐明，一个自我意识与另一个自我意识间具有怎样的相互关系。

我们必须紧紧跟随以下发展路径，即从自我意识把自身界定为（生命的）欲望的阶段，到令自身作为需要承认的阶段。这一过程在创造了普遍性的要素并最终得出理性要素的同时，也使得"我就是'我们'，即群体的我，而'我们'就是我"的历史成为可能。

欲望：斯宾诺莎主义与黑格尔主义

在解释黑格尔将其作为理论起点的生命哲学过程中，参照斯宾诺莎的思想，并令之与黑格尔的生命哲学加以对比，或许是大有裨益的。普遍生命是一种实体，它被看作一切特殊生命存在的无限本源。每一种那样的特殊存在都表现为单一个体性的有限形态，其恰好源自这种普遍生命。任何个体都在死亡与生存的生命过程中表现为实体。生命在某种程度上既借助于每个个体，又排除了任何个体来实现自身；它似乎成了某种超越性的外在偶然，与诸个体独有的"肯定性的特殊本质"相悖。就个体自身来说，它只能在其现存形态中获得保全，而无法包含生命的本质冲突。每一种本质都是肯定性的。《伦理学》第三部分的"命题五"，已经排除了同一个体内部蕴含冲突的可能。"只要一物能消灭他物，则它们就具有相反的性质，也就是说，它们不能存在于同一主体中"。在黑格尔看来，斯宾诺莎并没能理解个体自身的本质，而这一本质恰恰能呈现出实体真正的无限性；他也没有把否定看作某种由否定性机制所制约的东西。斯宾诺莎的（非人的）哲学，或许能够很好地解释永远不会超越自身的自然界（神或自然）生命，但却无法把控人的存在，因为只要人的存在表现为一种生命意识，就一定会揭示出这种自在中所蕴含的自为。

我们或许可以具体考量——个体在这种自然的自在状态下能体察到什么。每一个生命承载者只有通过成为存在物才是鲜活的；在某一特定时刻，即当他获得一种世界视角时，就会感悟到普遍生命，而在与他者对立的过程中（斯宾诺莎对此得出的是一种从本质到外部对立的无根据过渡），他便完全确立了他自己，并在否定自己作为特殊存在物当中充实了自身。这种否定之否定体现出了类的运动。因此，它呈现为死亡与繁殖的过程，就像我们看到生命"以静谧的洪流"方式，在彼此间持续波动那样。每一个特殊个体只有在死亡时才会达到普遍，而它的死亡又会与另一种特殊存在相对照，可这种特殊存在又将反过来选择与其创造者割席而坐。但是，此般分割或者分离虽然造就了肯定性的存在，或者说造就了通过时间与空间传达出的本质，却同时也表现为这样一种失败过程，即普遍生命从不会成功令自身觉醒，而总是在即将发现自身的时候功亏一篑。这并不是"概念的纯粹不安"，就像自我意识的时间流动那样。只有意识到死亡并力图超越它的人才能做到觉醒。因此，感受到死亡这一绝对主宰的恐惧后，奴隶就会跃居到主人之上，而主人作为主人却只知道生命的危险性。但所有直观的危险加在一起，也不如奴隶的实践，因为在经历了死亡的恐惧后，奴隶便知道如何利用自己的生命从中获得解脱。

即便在生物性的自然中，个体也总会被潜在的冲突所萦绕；它需要从另一个个体那里来补足自身。"有机个体这一理念就其自身而言就是类，即普遍性"……"个体自身是无限的，因此它相异于自身并以'他者'的形式外在于自身"。① 它以性别的分化而存在，其中每一个体都涵盖了大全的理念，但却"把自身视作一个他者，并且又认识到了这种成为他者即是成为自身，最终抑制了这样的对立"。可是，对这种分化的抑制，在动物层面并不会导致理念的具体显现，而只能导致其在另一个体内部对这一过程的重复。然而，就其自身来说，"个体就是理念，他也只能作为理念存在。因此，在个体中存在着成为理念与不成为理念之间的冲突"。这就是为什么个体是"绝对冲动"，而不单纯是保持既有状态的存在趋势，其原因正是这一内在矛盾使然。斯宾诺莎的自然哲学被一种辩证哲学取代了，在这一过程中，辩证法是唯一在人的意义上针对其自身的运动，因为"有机自然并没有历史"。②

可以看到，在自然界中，理念的循环只有通过重复相同的过程才能闭合。诚然，孩子是对统一的追求，但他反过来又会成为一种特殊的存在物，"阻滞那些与其本质相对立之人成为理念"。孩子的成长就是父母的死亡。然而，即

---

① *Jenenser Realphilosophie*, Vol. I, 1803 – 1804, p. 130.

② *The Phenomenology of Mind*, p. 236.

便在动物层面，也存在能够预感到意识的时刻，即处于疾病的时刻。在病态时，有机物内在地与自身相分立。曾经安于一种特殊存在的生命，开始与一般意义上的生命相冲突。在病态的有机体那里，这样的特殊性时刻与普遍生命间的冲突，构成了历史的肯定性及其宿命。黑格尔在其早期著作中，研究了人与人类历史的这种分裂。通过在有机体的病态中了解意识的征兆，即始终与自身达到一种内在分裂，并且只要它意识到"生命的肯定性就是生命的苦恼"，那么这同时就是一种苦恼意识。由此，黑格尔调整了这种相互比较的意义。人的自我意识的胜利，恰恰表现出有机体的失败。毋庸置疑，"动物的病态乃是精神的本源"，并且尼采有关"人作为生病的动物"这一主题，① 也能部分反映出这方面的真相。但是，人在本质上正是通过把疾病内化，从而打破了限制的存在。人借助他的全部历史，并用精神的意义来面对死亡，因此得以在否定中幻化出肯定之物。"正是承载着死亡并通过死亡而保全自身的生命，才能称得上是精神的生命"。又如，虚度其生命却不知思考死亡的主人，由于在死亡面前连一刻都不愿退缩，这是不可能达到奴隶层次的，因为奴隶已经"在其存在的根基处战栗颤抖了"。如果奴隶不能把这种焦虑置于死亡之上，那么，他就确实只能是隐忍疾病的病态动物。可一旦奴隶承认疾病并超越了它，那么他便随即开启了新的视域，并使

---

① F. Nietzsche, *The Genealogy of Morals*, Horace B. Samuels（trans.），New York：Russell and Russell Inc.，1964, p. 155. ——英文版译者注

精神生命成了不断超越其宿命的创造性生命。

我们已经详细探讨了黑格尔对普遍生命的解读，因为这对理解处于这种生命核心地域的人类境况十分必要。它是对我们生命意旨的描绘，尽管这样的意旨被个体深深隐藏起来了。有机生命为了澄清自身，就必须转到（人的）自我意识上。

在《精神现象学》中，黑格尔把自我意识呈现为普遍的欲望。就此而言，它仅仅成了一种同语反复，即"我就是我"，① 或者说成了这种统一的运动，其一定会为自己再造出我们已经发现了的普遍生命过程。黑格尔认为，自我意识乃是中介，而正是这一中介表达出了欲望与其对象间的关系。后者起初只是围绕在其周围的世界，就像特殊生物的世界作为其"环境"那样。在下一阶段，它成了一种总体性的生命本身，并且欲望在根本上也"指向了生命本身"。欲望以及对生命的欲望一开始是同一个东西。可生命随即成为某种外在且异化于自身之物。自我的生命变成了自我的对象，并在外部世界开始蔓延。欲望，或者说，我们在个体生命中所认识到的绝对冲动，只有在外部世界发现自身的过程中，才能是自为的。

黑格尔对这一现象的分析相当简短，令我们无法推断出它的意义，也在其中看不到从现代哲学家那里常能发现的现象学描述。严格说来，并不存在单纯作为客体的客体，

---

① *The Phenomenology of Mind*, p. 219.

也没有单纯作为主体的主体，内与外并无严格的区分。我的内在生命并不会就其自身而存在；它要通过我与外部世界的交流，或者按照我的规划而专门赋予外部事物以意义而存在。黑格尔是从以下方面回到这一观点上的，即人类个体或者说单个个人的本质，以及个体所面对的世界，同时，也是个体离开他人就无法被理解的世界。"或许现象学的主要造诣，[1] 就是能把极端的主观主义与极端的客观主义，统一在其世界的概念或者理性的概念当中"。

为了与这个世界保持关联，欲望必须重新发现自身。但是，如果不通过这个世界的中介，欲望也无法认识到自身。因此，自我对于自身来说，甚至在生命的最初阶段，似乎成了外部世界的直接资料。与此类似，我的有机生命构成了自我欲望的对象，并且通过对自身的否定所提取出或对簿出的反抗，自我便掌握了独立意义。然而，自我意识必须得到满足并在这种分裂中充实自己，可它只有以另一个自我的形式，即另一种鲜活的自我意识形式才能达到这一点。"自我意识只有在另一种自我意识中才能得到满足"。[2] 另一个自我的存在是自我存在的木休论条件。

正如个体生命只能通过从另一个体那里发现自身而获得充实那样，构成自我的欲望也只能把自身作为另一欲望的

---

① 也就是胡塞尔与海德格尔的贡献；cf. M. Merleau-Ponty, *Phenomenology of Perception*, C. Smith（trans.）, London：Routledge and Kegan Paul, 1962, Preface, p. xix。

② *The Phenomenology of Mind*, p. 226.

对象才能存在。因此，生命的欲望就成了另一个欲望的欲望。毋宁说，从这种现象的必然互惠性来说，人的欲望总会是另一个欲望的欲望。所以在人类的爱中，欲望对自身而言，就表现为另一个欲望的欲望。自我需要被另一个自我所秉持。由于自我在本质上即是欲望，所以，自我期望在另一个自我那里寻求到的就是其欲望的欲望。只有动物才会满足于抽象的否定或者一种死亡的放任当中。但是，自我的欲望必须令自身达到不朽，而只有当它的对象也是一种欲望，即与自身欲望既同一又相异时，它才会不朽。所以，自我会出现在另一个自我那里，而另一个自我又会作为自我而出现，每一方只有通过这种互惠的承认才会存在："它们承认它们自己也就是在彼此间相互承认对方。"①

然而，这种能够直接显现在爱之中的承认，也面临着再次沦陷为无生命自在状态的危险。这就是为什么在一个自我意识与另一自我意识间的相互承认中，黑格尔会对这一过程给出一种别样的理解方式。为了存在，每一个自我意识必须被另一方所承认；最终，每一方都要求从另一方那里获得承认，因为没有这种承认它就不能存在，除非它仅作为一种活物，而不是作为普遍生命或者绝对欲望的意识。这一结果类似生存与死亡的斗争，即为了声誉的斗争，其中人与人之间为了获得作为人的承认而发生着交往，因为如果没能在斗争的胜利中获得这种承认，那么每个人都无法

———

① *The Phenomenology of Mind*, p. 231.

"证明他们自身以及相互间的彼此"。

但是，这种斗争的结果却具有欺骗性，并会导致一场僵局。伴随着对手的死亡，源于斗争的真理将消融为纯粹的自然状态。这种自然状态总是当下的，同时永远紧密交织在一个自我意识与另一个自我意识的互惠性中；它是其彼此分立的始源，且一直是最根本的。这种自然状态的面貌，在奴隶对主人的单方面承认中表现得更为明显。奴隶从对死亡的恐惧中退却，只能使其彻底成为普遍生命的奴隶。但通过基本的劳动过程，他变得比主人更有效地主宰这一"不可磨灭的实体"。随之我们可以看出，普遍的劳动如何能与来自他者的有效承认一起，使人的存在显露出它的真相。目前，重要的是要注意到，黑格尔并没有把与死亡、劳动现象以及单向承认的斗争，看作历史的基本事实，而恰恰看作自我意识的条件；这些条件奠定了历史的基础，同时也使历史成为可能。与此类似，斯多葛主义的抽象承认使超越奴役得以可能，尽管这已然包含在了自我意识的纯粹互惠性当中。但它却不够充分，因为其只能形成一种抽象自由，以及一种形式上的平等。这种平等仅是一种平等权的假象，即消除奴隶制而成全无产阶级的假象，而这正是马克思后来所极力谴责的。

正如黑格尔指出，人的存在的一切条件，或者说生命自我意识的一切条件，都被囊括在了欲望需要得到另一个欲望的承认中，也可以说，被囊括在了一种主体间性当中，它是使生命意识成为有别于生命反思之物的唯一途径。正是通过这种必需的主体间性，以及与自然或者普遍生命的关系，人和历史，或者按照黑格尔的话说即精神，才是可能的；"意识需要进一步把握的，就是关于精神究竟是什么的经验——这样的绝对实体，在其反对作为这一实体组成部分的充分自由与独立当中，完成了对自我相关（self-related）与自我存在（self-existent）的诸多不同自我意识的统一：我就是'我们'，即群体的我，而'我们'就是我。"①

真理与存在

黑格尔所称的"必然性"，是一种逐步呈现自身意义的必然性，"它隐藏在已发生的事件中，并且只在最后关头才会显现"。因此，普遍生命又折回到生命意识当中，因为只有后者才能澄清它所依据的看不见的必然性。与此类似，生命的自我意识也重复着具有生命的生物运动。但是在这里，认知的中介活动构筑了自我意识的普遍性，其表征着彼此交织的欲望，而意义已然呈现在那些交织的欲望中。这种普遍性对绝对冲动而言是最根本的，并且必须通过精神的中介发展获得实现。从避免使用"演绎"这一不恰当的术语出发，我们不至于陷入泛逻辑主义解读的谬误之中。或许这也能以一种更恰当的路径，去看待卢西安·赫尔关于"过渡环节总是被感性引导"的评论。因为辩证法既有

---

① *The Phenomenology of Mind*, p. 227.

创造性和描述性特征，同时（在黑格尔的意义上）也兼具
概念性特征。它就是概念本身，并通过以下三方面的本质
要素而变得清晰起来，其构成了人类历史的根基，即自我
意识、另一个自我意识以及普遍生命，或者说作为一种独
立实体的自然。至于其他方面，黑格尔也相当清楚这种必
然性的具体特征，他并没有令其与描绘或者后验相对立，
"它是与自身相异的概念，也是必然性发展为直观资料的概
念。但通过这种必然直观，它同时又是自存的，并能从概
念的角度了解这一点"。为了找到它的对应物，我们必须从
当代的意向性分析方法出发，来解读黑格尔的必然性概念。

或许我们本应当在承认过程中给予"自然的生存"这
一角色以更多关注。如果没有它，自我意识间的斗争只能
导致纯粹而简单的解决方式。死亡与快乐都是独特的"解
决状态"，因为它们缺少对象性的一面或对象性的生存方
式。"另一方面，劳动是受到限制和检验的欲望，是延迟以
及缓期了的消逝；换句话说，劳动勾勒并且陶冶着事物。
与对象形成的否定性关系，成了对象本身的形式，成了某
种永久存留下来的东西。因为正是对于劳动者而言，对象
才具有独立性"。① 以上引述包含了我们想要证明之物的本
质内容。如果我们补充，思想被黑格尔反过来界定为是萃
取出自然形式的劳动，并且是揭示了如下方面的劳动真理，
即"依照对象化而得出的形式，它并不会成为与通过劳动

---

① *The Phenomenology of Mind*, p. 238.

来陶冶事物的意识相异的东西，因为那种形式正是其在这一过程中才能真正实现的纯粹自我存在"，① 那么，我们便能够理解一种合理性或者一种真理——如何借助辩证法在这一层面获得阐释了。我们在这里面对的恰恰是理性条件，它产生的必然性与其内容，完全可以被证明是同一的。因此，理性本身便根植为一种人的事件，而精神同样如此，它正是那一事件的历史。

劳动具有双重功能。首先，劳动使自然人化，并赋予其自我意识的形式。它把自身内部所具有的东西进行外化，因而呈现为一件作品或者一种人的目标，其不再是认知层面单纯的物。自然不再是人无法掌控并在其面前战栗的力量（只有神而没有人的世界）。自然就其宇宙意旨而言已经成了自我意识，它的自在现在成了一种自为。人通过这种劳动而发现自身，并与自然达到和解。除非奴隶作为一个斗士在历经生命的艰险中超越生命，否则，他就仍不能理解通过劳动来解放自己。奴隶并没有实现这一目标，但斯多葛却代其实现了。他理解人的自由，而当所有人都变得自由，并且自在且自为地认识到一种曾经只是形式上的直接真理的时候，那么，这种第一真理就会真相大白。

其次，劳动对人的存在传递出一种真正的一致性和普遍性。第二方面特征的重要旨趣毫不亚于第一方面，因为

---

① *The Phenomenology of Mind*, p. 239. ——英文版译者注

它专门达成了仍被奴隶所忽视的必然承认或普遍性。也就是说，奴隶曾经遗忘的是，当他承认主人的时候却没能要求对自身的承认。得到了源自某人的承认而自己却拒不承认那个人，或者承认别人而自己反倒不被承认，它们都是颠倒自身的虚假中介环节。因此，劳动争取对自身的承认就是必要的。正是在劳动中——独立的却也是对自为存在的反思——自我意识得到了他者的承认。进一步来说，它一定要在实践中才能获得承认，而这也构成了人与人之间新的斗争根源。它不再是与死亡的斗争，即发起承认的原始运动，却仍是一种冲突，因为只有集体劳动才是有意义的。最终，全体人类种群在其全面的内在冲突与统一中获得了表达，并借助劳动成全了自身，而这样的劳动将不再是一种特殊任务，它会预见出人类的全部意旨。

在《精神现象学》中，黑格尔回到了"人的劳动"这一主题上，并以一种赋予其合理解释的开放态度，将它看作每个人和一切人的活动以及历史的根基。基于这种关联性，我们必须阅读讨论"物"①的重要章节。因为物构成了人类历史的一般条件，以及一种鲜活真理的基础，这一真理在人类历史进程中找到了相应表达方式，或者应当说创造了自身。② 当然，特殊的影响由于其特殊性终将消逝掉，但不会消逝掉最终会被确认的东西，这就是消逝之消逝。

---

① "Perception, Thing, and Deceptiveness", *The Phenomenology of Mind*, pp. 161 – 178. ——英文版译者注

② *The Phenomenology of Mind*, p. 430.

它不是别的，正是"对象本身"，同时也是每个人及一切人的产物。由于它是对象化之物，所以它是为他的（for-the-others），又由于它有着与自身相异却又是自身本来的意义，所以它也是为己的（for-the-self）。在这一层面，人类历史的意义作为一种真正的价值而成为可能；这种意义立即变为人的自我意识的根本规划，也通过创造物层面的相互承认，成为对合理化与可证性保持开放维度的东西。让我们补充一点如下的观察，也就是说，借助于人类的对象，《精神现象学》发展为一种历史，而这种对象在严格意义上就是黑格尔所称的"真理"，即"本质上的精神实体……其中确定性的意识把自身看作一个'事实'—— 一个在意识面前的真正对象，而这个因自我意识诞生的并属于意识本身的对象，在恰当意义上仍是一个自由独立的对象"；① 这一普遍谓语的真理也就成了主语，并成为创造自身并作为自身保证的鲜活真理。基于以上观察，我们便能理解黑格尔的问题，其当然也是我们自己的问题，即关涉真理与存在之间关系的问题。我们或许会问，人如何能够借助存在的中介，并在扬弃这一中介的过程中，从存在的核心处参透真理："人神"状态同时被"神人"状态确证着。黑格尔并没有以清晰的向度解决这一问题，但它真能被解决吗？这是我们今天在面对存在主义、马克思主义以及基督教时所提出的相同问题。可不管怎样，《精神现象学》的价值在于——它

---

① *The Phenomenology of Mind*, p. 431.

已经提出了人类任务的基础及其可能的合理性，并且，当
永恒真理的经典教条与先验意识概念，在历史事件面前蹒
跚不前时，它已经指明了一条通往那些基础的道路。

第九章
论黑格尔的《逻辑学》

"逻辑"的一般概念

安德烈·马尔罗（André Malraux）曾言："我所称的艺术，是对诸生物间或生物与对象间迄今为止还不为人知但却显而易见的关系表达"。任何事物的显现，就好像必须被给予表达的直接生命体验那样，而这种表达将成为具有启示和创造意义的双重发现。最一般的表达形式无疑是人类的语言，由于所有人都会不同程度地趋向于它，所以，这值得我们进行专门描述。语言可被称作"生命体验的逻各斯"，或者说"存在的逻各斯"，即它的普遍启示。对存在的表达似乎成了人的独有事业，也成了意识的真正意旨。意识通过这种方式，演变为存在的普遍自我意识，或者说存在的逻各斯，恰恰也构成了黑格尔《逻辑学》的本质。在严格意义上，逻辑学乃是关于存在的严肃诗学，其通过人的承载和转接呈现开来，也是借助哲学家特有的意识而展示出的一种普遍自我意识。这就是理念，其表现在人的判断中，绝非任性的或主观的简易创造。

从以上角度总结的逻辑学，这种哲学描绘似乎充满悖论性，并且会立即产生诸多反对意见。的确，在"绝对知识"的概念中，存在直接成了反映，而思想也直接成了存在。黑格尔深知这当中的悖论性，因而他发觉有必要撰写一部关于其《逻辑学》的大部头导论式著作，即《精神现象学》。后者向作为思想的意识信念说明了"存在并非其本身"，并且存在的主观确定性并不同于它所渴望的客观真理。

想要完全放弃经验表征并不容易，因为经验可以作为一种场域，通过它能向我们提供真理。或者说经验也可以作为一种工具，借助它，我们便可抓住真理。[①] 但这样的工具或场域，会令我们与绝对以及我们希望对其进行反思的存在，永久隔离开来。由这样的观念体系所导致的结果，不可避免地会成为根深蒂固的怀疑论，或者一种批判哲学。它把与人类知性相关的客观真理，区别为一种绝对的且不可达成的，并只能成为信仰对象或彻底先验论的自在。黑格尔哲学反对任何先验概念，它是保留在本有基础上，而决不会离弃这一方面的严肃哲学尝试。并没有关于另一个世界的问题，也不存在物自体或者先验说。然而，有限的人

---

① *The Phenomenology of Mind*, p. 133.

类思想并不会拘泥于自身的有限性中；它会超越自身，而它所揭示或呈现出的东西就是存在本身。因此，这并不是人能否恰当表达存在的问题，而是存在本身在人那里找到了表达方式和切实证明。哲学作为绝对知识，恰恰就是这样的表达。哲学之哲学不过是哲学为表达存在的功能意识罢了。

在《精神现象学》中，黑格尔的出发点是朴素意识，它从一开始就划定了主观与客观之间，以及确定性与真理之间的区分，但却以一种原始统一为背景。这样的区分预设了一种本源性的同一，也可以说一种中性的经验，它是既非主体也非客体的经验。然而，只有通过主体与客体、确定性与真理的图式，来引入这样的区分并反思生命的经验，意识才能获得发展。《精神现象学》所描绘的是如下方面的旅程，即有限的意识或者人的意识扬弃了它所提出的那一区分，这也构成了其发展的本源，以及如其所是那样的一贯方式。作为一种有限且独特的意识，我体验着存在，目睹着存在，并将其视作可以把握的真理。我试图了解它，也就是说，试图给直接呈现在我面前的东西以一种准确构型，但这样的确定过程却会意欲出某种一致性的意义或基础。

概念作为存在的逻各斯，与被自我所体验到的存在之间，其相互关系的本质究竟是什么呢？只要一方被看作（和语言分不开的）概念，而另一方被看作是客体，那么，主观确定性与客观真理就是相互对立的。倒不如像黑格尔表明的，其实概念与客体的叫法并没有什么区别。因为这就是一方为另一方提供尺度的问题，也是一种生成了一切人类经验基础的现象。那一经验的发展经历了如下跌宕起伏的过程，即最开始作为独立于自我的绝对，最终呈现为相对性和暂时性之物。当意识发现（一种历史发现，即绝对知识本身的启示）客体本身就是概念而概念就是客体本身，以及存在本身就是意义而意义就是存在本身时，它就会通过与那个原始起点的再次统一而超越自身，由此，以上的区分总会再生。正是在人具有了意识的那一刻，黑格尔的逻辑学才是可能的，而确定性与真理间以及主体与客体间的区分，也才能在一种更宏大的统一背景下确立下来，也就是说，在一种彻底的朴素知识背景下确立下来。因为这种朴素知识预设出了原始的同一，以及最为宏大的绝对知识，就像区分被扬弃了那样，这一绝对知识又会与那个原初起始点重新统一，并确证着它。

存在进入思想并得到表达，也就是说，存在通过作为其解释者的人而被思考和表达，尽管人并没有意识到自己就是存在的解释者，直到他在自己的历史中（一种实践的历史）扬弃了意识的异化阶段。的确，有限的意识设定了（这正是《精神现象学》的意义所在）一种超越自身的绝对真理，就像它也会设定先于存在本身的对存在的解释那样，以及设定人类的知性相对于神的知性而言，只能是一种堕落那样。最终，确定性总是在某种程度上置于真理的超越性之下。而为了确定性的稳固，真理必然也是一种概念和逻各斯，但却是一种神圣的、先验的逻各斯，即当人们想要把握它，却总是被它逃脱掉的逻各斯。相信能够通过其生命体验而掌握真理的有限意识，往往会看到它折返或者退回到自身当中，即退回到一种自为的真理而不是意识的真理当中。因此，这从根本上来说是一种苦恼意识，它把确定性与真理以及概念与存在的根本同一，投射到一个先验的且总是遥不可及的上帝那里。

正如其标题表明，《精神现象学》专门讨论了意识的现象维度，并且描绘了对苦恼意识的历史性超越。人已经达到这样一种知识境界，此时那个遥不可及且先验的上帝彻底消亡了。意识与其必须予以揭示和表达的直接存在之间发生对立。就导致这种对立发生的分离而言，人类的意识理解了它的意义，并克服了自身的异化，进而从这一角度，凝结出一种精神的历史。人在这一历史开端和结尾处，都能直接发现存在和意义的同一。朴素意识本身就是存在，它开始令自身与存在分离，是为了能够表达存在。普遍的自我意识，即绝对知识，就是获得了表达，并被赋予了意义的存在。因为在意识当中表现为主客二分的知识，在存在本身当中，则表现为存在本身的内在知识，即成为表象、占取意义、理解自身又生成自身的存在形式。这就是为什么黑格尔的《精神现象学》与《逻辑学》尽管源自不同的视角，却能够互补为哲学的大全。

在《精神现象学》中，黑格尔把人类经验追溯为——借助其自身相对性才得以发展的，或者说在主观维度中才得以发展的经验。存在一种直观性，以及一种分离了的原始同一性，因为"在其所表达出的区分当中，乃是直观之物的确定性或者一种感性意识——这是我们由此出发的起始点"。① 但正是通过经验的反身性差异所成就的那种同一性意识，才构成了《精神现象学》的目标。因而，感性意识唯一能直面的东西现在已经达成了。蕴含在直观性中的巨大丰富性，如今被揭示为或赋予为表达；经验的这些不为人知却又显而易见的诸多关系或本质，在人类经验的发展中，已经被发掘并变成了显在之物。但是，它们却呈现为主观的形式以及特殊的元素，任何人都没能抓住它们与存在总体性之间的关系。它们的表现在现象学中，也就是说，成了或多或少撕碎了存在的现象。无疑，意识在一开始发现它们的时候是将其看成绝对之物的，但随后意识就令其变得相对化并超越了它们，而没能看到蕴含在其中的真理。意识忽略了这里的真理，不仅因为现象学分析的针对性——与批判哲学相对——恰恰在于对自在存在（in-it-self）与为我存在（for-us）的区分，还因为这种区分必然会使一切经验相对化。但是，在这些关系揭示自身的同时，人类的意识也处在扬弃那一后期区分的过程中，其最终成了先验上帝与永远臣服于他的有限意识间的区分。意识发现这种先验性不是别的，正是那种原始统一或者根本直观性。因此，它会把根本的直观性如其所是地重新思考为第

_____

① *The Phenomenology of Mind*, p. 806.

二种力量，这种力量进而通过意识成为绝对知识，即确定性与真理、概念与存在的预定同一。整个过程以一种循环的形式展开——由于这一循环是一种整体内在的哲学，所以它对黑格尔的体系具有本质意义——其中，一旦绝对知识达到了它的目的，就会确证出批判性反思中介的独立出发点。后者非但不是多余的，反而具有本质意义，因为它揭示出唯一能够直面的直观性或者提出的知识，暗指的就是知识、自我解读以及中介。因此，绝对知识不再是意识的知识，而是关于直观性本身的知识，即关于其内在解读的知识，以及通过人类思想（关于其自身知识的存在）而达成的中介知识。① 意义也不再是与客观存在相对立的主观意义，而恰恰是存在的意义。如果还有任何关于主体性的可能，那么，它也必然会指向作为存在本身的主体性，或者指向黑格尔在思想中所意欲之物。正如他表明其整个哲学都"遵照着把最终的真理把握为，或者表达为主体而非实体"。②

黑格尔的表述相当缜密但也十分晦涩，或许应该以一种更简要的方式来表达其意图。在《精神现象学》中，黑格尔既呈现出如今在胡塞尔意义上称之为"本质"的相关启示（其通过表达亦可称得上是一种创造性的发现），也阐述了人所经历的如下旅程，即他扬弃了人类知识的相对性，这种相对性要么源自一种不可言说的实体，要么源自一种

---

① *The Phenomenology of Mind*, p. 86.
② Ibid., p. 80.

先验的上帝。同样，在《精神现象学》中，我们也探讨了对这些本质的揭示，其早已成为艺术家与哲学家的目标。但是，这些解读仍区别于存在本身，它们依旧是属人的，或者多少属于自明的或主观的解读，即缺乏本体论根基并且无法声明本质的必然性。在黑格尔的逻辑学之后，现象学的成果拒绝作为绝对知识。这一成果就像文化哲学那样，虽然积累了大量的经验财富及表达模式，却也并未超出人道主义或者人对存在的解读。

　　在这样的努力下，物自体的幽灵从未消失，并坚持令人道主义折回到超越一切知识的信仰当中。在耶拿时期讨论"信仰与知识"① 的重要文章里，黑格尔实际表明，人道主义与信仰都遵照一种难以企及的先验性。现在，当代哲学往往会在这两个端极之间摇摆，并期望驻留在某一方面。同理，这仍是一种意识哲学，却也是令黑格尔在《精神现象学》中所担起的任务得以进一步发展的哲学。当代的现象学意在描述，即从特殊意识的生命体验中，或者一切人类经验的结构性本质中进行抽象，而只要这些本质获得了表达并进入逻各斯领域，它们就会把特殊物转化为普遍物。然而，这种从生命特殊性到普遍性的转化，必须依照其自身的可能，就好像本质必须被真正呈现为存在的本质结构那样；否则，它们就会面对绝对主观性的危险。这就是为什么现象学哲学在与哲学本身——作为严肃的科学——脱

_____

① "Glauben und Wissen", in *Erste Drukschriften*.

离关系后而达到了巅峰，并成了一种人类学或者人道主义（如果你愿意这样说的话），而非严格意义上的哲学。倘若我们也注意到，文学本身就是在寻求那些不为人知，却又显而易见的关系并祈求成为哲学，尽管它永远也都达不到这一点，那么，或许我们应当说哲学已降格为文学了。意识哲学不可避免地将终结于这样的主观化中，即便它公开表达出了先验自我的概念。它的命运体现在当代哲学对它的如下评论中："它的发展是物质性的，或者寓于特殊的本质当中，其动力源自超越每一种特殊本质的必然性。并非意识哲学，而仅是概念哲学才能产生一种知识理论。创造的必然性并不在于行动的必然性，而是基于辩证的必然性。"

显然，黑格尔的《精神现象学》并不想停留在现象学层面，却要在超越它后，到达隐匿在经验当中的——有时也隐匿在历史偶然性当中的——本质观念的起源那里，以此证明这些本质通过一种辩证的必然性彼此关联在一起。这种必然性基于思想与存在的绝对统一，而这里的存在，就是令自身开放到思想与知性面前的存在。存在的逻各斯是存在对自身的反思，进而，绝对知识或者说本体化了的逻辑，就通过现象学对它的确证得到了实现。实际上，这也证明了绝对即主体。它反思自身并且是自明的，在其最高级别的表现形式当中，它的意旨直接显现在了人类意识那里。最重要的是，我们万不可忽视《精神现象学》与《逻辑学》之间的一致性。它们表现为相同本质，前者通过人类经验（没有任何东西不是人类经验的一部分）获得揭示，后者则表现在关于存在本身的思想中，而这种关于存在本身的思想，乃是能表达出存在的绝对意义，同时也能揭示它的普遍自我意识。"相反，绝对知识的每一个抽象环节都对应着一种模式。在这一模式中，精神作为大全合成了它的表象。正如实际存在的精神，并不会比它（绝对知识）更丰富那样，同理，精神就其实际内容而言也不会更贫乏"。① 因此，黑格尔的《逻辑学》构建了从经验中揭示出的那些本质的辩证法，并且，正如存在独立于人类意识而对自身加以反思那样，《逻辑学》也对此提供了确证。不是人创造了哲学，而是哲学通过人创造了自己。哲学之哲学的基础在于一种对应性的关于观念本源的意识，即把形而上学夯实为哲学逻辑的尝试。

逻辑的一般图式

正如贝奈戴托·克罗齐指出，黑格尔的《逻辑学》是一种哲学的逻辑。在黑格尔看来，思想从不是形式上的，而总是关于存在的思想，或者关于"事物本身"的思想。因此，除了不能规定分析思维的一切内容和意义外，划定出它的一般规律是没有问题的。相反，概念、判断与原因，则被看作与意义的发展相关，却不能作为逻辑工具。具有

---

① *The Phenomenology of Mind*, p. 806.

主导性的概念是关于"形式"的概念。在这样的概念中，意义是由思想的内容，也就是由绝对生成的。黑格尔的《逻辑学》作为关于哲学的逻辑，就是对绝对存在的表达。因为它对表达保有开放的态度，并令源自人类历史中的不同哲学得以发声。过去的每一种哲学都能从一般的角度表达绝对，就像莱布尼茨从单子的角度表达整个宇宙那样。黑格尔在耶拿时期完成的一篇关于其宏大哲学体系的文章中表明，"每一种哲学就其自身来说都是完美的，并且又都好似真正的艺术品一样，在自身中蕴含着一种总体性"。①每一种哲学体系都会思考"绝对"，并谋求对之表达。与艺术的对比，反映了黑格尔耶拿时期受谢林思想的影响，但在美学讲演录中，黑格尔同样表明诗——在其最普遍的意义上——是如何与哲学相关联的。因为诗借用了语言的形式，而语言则生成了普遍自我意识的存在，也允许单一经验的有限性和特殊性转化到普遍层面。正是语言创造了普遍之中的个性化，或者说，创造了特殊与普遍间在存在意义上的统一表现形式。语言既明确了言说的对象，也呈现了言说的主体；语言是这样的声音，即"当其言说的那一刻，它就意识到自己不再是没有自我的声音"。

康德发现了经验对象的条件与经验知识的条件，在先验逻辑中的同一，而黑格尔的《逻辑学》正是对这一发现的发展。可是，康德拒绝把先验逻辑转向哲学的逻辑，并

---

① "Differenz des Fichteschen und Schellingschen Systems", in *Erste Druckschriften*.

令"物自体"的幽灵游荡在可能的经验之外。但黑格尔却把康德关于自然与自然思想的同一性观念推向极致，并令范畴不仅作为诸多现象的图式化概念，更将其作为对绝对的表达。没有什么能够超越范畴之外，而通过范畴，绝对得以被表达为客体以及关于客体的思想。每一个范畴都是那种原始同一性的特定元素，并在一种特殊的哲学体系内获得丰富和发展。尽管对它的驳斥乃是它自身表现出的不够充分的结果，因为其秉持着特殊性或者偏好性的视角，可正是这样的特殊性，才使严格意义上的历史得以可能。①每一个范畴都是大全或者绝对。虽然它是一种特殊的或不全面的表达，但却是必要的表达，亦须被看作发展过程中的必经阶段。

因此，在黑格尔的《逻辑学》中，哲学史的现实本源与范畴的观念本源就存在一致性。但这样的对照却并不完美，因为历史要臣服于当下的变迁以及特殊境况。只要存在着没有获得表达的意义——或者异化了的意义——就会存在误解，或者更确切地说，就一定会存在误解。黑格尔尝试把范畴置于新的序列中以展现其内在图式，这与数学家形成了直接对照，因为，数学家会不遗余力地重启系统思考——历史中出现的诸多数学概念。但是这样的比较也未必恰当，原因在于，数学家可以从其概念背后的关系内

---

① 参见 *The Phenomenology of Mind*, p. 806，知识的异化不仅体现在意识中，也体现在自然和历史中，以及早期对绝对知识的零散评注："哲学必须令自身异化。"

部进行抽象；相反，尽管哲学逻辑并未被局限在现实本源中——这种本源构成了人类经验认识绝对范畴之表象的条件，但哲学逻辑却必须呈现出观念本源，并澄清把不同范畴彼此连接起来的辩证法，这是由它们相互间的不全面性，以及作为它们发展内在动力的必然超越性所决定的。作为一种哲学逻辑，黑格尔的《逻辑学》预设出了哲学的所有体系，他在《逻辑学》的附注中也不断提及这一方面。① 但与此同时，《逻辑学》也尝试着以揭示出一切范畴间相互联系的观念本源，来代替这些体系的历史。观念本源不再被看作历史性的元素，而是逻各斯的元素以及对存在进行反思的元素。它既是直观性的，又是推理性的。说它是直观性的，因为它总是关于包含了存在及其自身的直接总体性思想；而说它是推理性的，因为它也以间接思考方式，在自身的每一方面中，呈现出后者的总体性。它会驻足于每一方面对其加以深思和丰富，就好像这一方面成了唯一方面那样。最终，它会发现其不足并发起对这一不足的必然扬弃。"实际上，在成为概念的东西与贯穿其中的概念发展之间，并不存在本质上严格且固定的区分"。

一切事情的发生都好像那个唯一的范畴，即绝对。它设定着特殊的形式，并令自身完全发展到倾尽其丰富性的程度。同时，它又在外在上保有那一相同的范畴，也就是对存在的绝对反映，同时，在确证自身本源的情况下发展

---

① *Science of Logic*, W. H. Johnston and L. G. Struthers (trans.), London: George Allen and Unwin, 1961.

并构成自身。这种思想必然是具有循环性的，其通过自己的发展而提供了自身的证明。反过来，这一证明或者辩证法非但不会外在地作为认识存在的工具，实际上已然成为整合存在的内在发展。这一证明或者辩证法并不外在于它的对象，即外在于绝对，此乃其自身的运动。同时，它也不是与其对象相疏离的知识工具。正是绝对本身借助这一方式而划定了自身。诚然，绝对的确以这一方式划定着自身，也就是说，最终只是想要成为它一开始就假设成为的东西。绝对只能以划定自身的方式存在，"其必须宣称自己在本质上是绝对的结果"。① 或许我们由此便能理解黑格尔《逻辑学》的发展脉络了——其以存在为开端，进而过渡到概念或者意义，又在这样的运动中划定作为存在的意义，以此折回到起点那里，并尽可能开启一轮新的循环。的确，《逻辑学》的循环模式恰好可以用这句话表达："存在即是意义，意义即是存在。"它起源于直观，或者说假设作为一种绝对本源的自在存在，而只要这一存在得以发展，就会设定出作为意义的有效表达。但是意义随即又变成了存在，同时颠覆了那一直观，并作为过去被未来所吸纳。值得注意的是，黑格尔在其早期著作中，使用的确证性以及命定性等理念，在《逻辑学》中如何以这种普遍性方式被赋予了明确表达。《逻辑学》以其作为终章的"绝对理念"，即存在与意义的同一，反过来指向了一种原初的直观。但在

---

① *The Phenomenology of Mind*, p. 82.

这种重塑了的形式中，那一直观则把自身呈现为自然。自然在作为直观的意义上就是绝对理念。因此，自然与逻各斯之间便存在非中介性的同一，而这种规定性的同一一旦变成自为存在，也就变成了精神。自然在这一过程中，会再次将自身反思为逻各斯。

让我们进一步考察意义与存在的同一，而对这种同一的证明，则显示了《逻辑学》的根本内容。能够对存在的诸多范畴与概念，或者意义进行中介的元素，在于本质。理解黑格尔《逻辑学》的关键，在于呈现出如下这些根本方面的相关范畴：存在或者直观的逻辑，本质或者反思的逻辑，以及概念或者意义的逻辑。第一方面表现为永恒的当下存在。第二方面表现为永恒的过去存在："存在即为已经存在"；① 第三方面表现为未来存在，它不断地成为当下形态。因此，暂时性就成了概念或意义的永恒性，也构成了存在的主体性，并令自身既与存在相关联，又与存在相脱离。存在与自然一样，都是一种失去了的意义，但同时也是一种只能以存在形式而存在的意义。它并不是一种应然，而表现为未来的虚假无限性，就像关于本源或者绝对直观的理念，表现为过去的虚假无限性那样。绝对作为主体，它的意义就在于成为直观与中介、直觉与推理理性的

① "我们或许会注意到，德语助动词'sein'的过去式是由'Wesen'（Essence, 本质）一词表示的：我们则把过去的存在指定为 *gewesen*"。*The Logic of Hegel*, W. Wallace (trans.), from the *Encyclopaedia of the Philosophical Sciences*, London：Oxford University Press, 1959, Chapter Ⅷ, section 112。——英文版译者注

现实统一。中介并不能被理解为一种媒介，而应作为一种现实的总体。当黑格尔在《精神现象学》中谈及基督教时，就把由意义向存在的永恒回溯，看作它们相互作用的准则。基督教总是在竭力回溯出一种绝对本源，以此重新发掘人与神间的真正通路。不同的教派和教堂，都已经在向这种绝对的回溯中，寻找到了静修之道："这种向始源的复归，基于想要获得概念以及终极原则的本能；但它却在第一重历史表象的直观存在意义上，把本源与那一概念的朴素性相混淆了。"① 这样的混淆可谓司空见惯，因为对于本源的寻求或者说对直观的需要，总会萦绕在我们的思想当中。但也同样存在这一方面的对立面，即我们还会被意义所纠缠，而这种意义要么表现为一种遥远的未来，要么就与存在的直观处于根本对立中。基于以上两个方面，思想会把表象，或者存在与本质，或者存在的可理解条件相分离。之所以如此，主要在于两种世界的观念使然，其中一个世界会被看作另一个世界的原因。意识以直观的形式代表自身，就会以如下恰当形式，幻化出对于绝对的本质中介，即以直观形式通过时间和空间范畴来代表中介本身："然而，像'过去'和'距离'这样的条件，都仅是直观获得中介或者变得普遍的不完善形式。"②

因此，存在的逻各斯通过范畴的发展，首先表达出存在的直观，因为范畴对于直观的描述，会被预设在任意官

---

① *The Phenomenology of Mind*, p. 764.

② Ibid. , p. 763.

能认知的描述中。当然，中介是必要的，可它却也具备普罗透斯般的能力而幻化出不同形态。尽管思想总是关于存在的总体性与整合性的思想，即一种直觉式的思想，但它却从自身的丰盈和发展中抽象出来，并从一开始就把自身既设定为存在，又设定为非存在，或者在这两者间不断摇摆，而这种摇摆则把矛盾内化了。存在就是非存在，因为它正在生成着；它不断虚无化却也总是存在于那里，因为它从未停止过那一生成。具体的思想表现为中介上的错乱，其从一项过渡到另一项，却未曾从这些事项相互间的角度思考它们。质与量的范畴表现出存在的直观及其错乱。伴随其中一个范畴的出现，另一范畴随即消失了，而中介运动恰好就是这些范畴的共生与分离，因为它们既相互否定，也彼此需要。由此，矛盾就以最关键形式呈现在直观当中。从这些范畴出发，可以明显看出黑格尔是如何回溯到哲学史中一些经典人物那里去的，他们包括巴门尼德、赫拉克利特以及原子论者等。通过尺度的范畴，以及质的存在与量的存在的现实统一，黑格尔试图呈现出古希腊思想中最重要的观念，即柏拉图那里向本质范畴转变的工具。

本质的范畴不仅表现为存在与非存在间直接对立，也表现为包含非存在在内的对存在的反思。从这个角度来说，中介就不再是一种直接过程，而是从一个事项到另一事项过程中的反思。简言之，或许有人会说，这里的矛盾在于可理解的本质与表象间的对立。存在不会再过渡到非存在；相反，它（并不单纯面向意识，因为拉丁语"*videtur*"具有

"被看到"与"似乎是"的双重含义）面向的却是自身。存在以这种方式对自身进行二重化。由此，表象成为本质的必然，就像本质成为表象的必然那样。这两个领域在彼此间既互相需要，也互相矛盾，每一方都是另一方的对照。这种区分的设定，构成了历史主线的逻辑基础。诸如斯宾诺莎与莱布尼茨那样的哲学家，都尝试着夯实存在的可理解性根基，但是，可理解性与表象的同一，以及实体与其存在模式的同一，始终是困扰他们的一个问题。

正如《精神现象学》表明，人令自我意识发生异化并创造出一个上帝，进而通过上帝来解释人本身。同理，存在也令自身发生异化（对自我的反思），从而设定出超越了表象与现象的绝对。对存在的反思成了另一种存在，即本质，由此存在的可理解性便达成了。尽管本质范畴的全部发展，就是为了通过本质与表象的彻底同一来克服那一区别，但本质依旧区别于现象。本质的可理解性完全呈现在表象当中，黑格尔将其称为"有效的实在"。从后者的角度而言，正是实在令自身现实化，使得表象的必然性与偶然性之间不再有差别。也正是实在作为一种可理解的实在，其发展过程就成了自我理解的过程。黑格尔表明，实在并不是绝对的显现，而绝对将永远区别于实在。实在是这样的呈现，它没有觊觎着超越自身或者依赖自身，而是满足于自身本有的呈现。实在也不是一种绝对内容的显现，使得表象作为其形式紧紧依附于它，因为它的形式与内容是同一的："由于绝对是一种自足的解释过程，也是一种完全同一于自身的模式，所以它并不表现为内在与外在的对立，而是一种自在且自为的绝对呈现。从这个角度来说，它就是实在。"依附于直观层面的朴素思想，其现实的发展进程，使自身提升到把表象看作可理解的本源层面，进而便能反思自身了。但它又会折回到自己的朴素状态中，可这一次折回的却是更具张力的层面，正是在这里，经过反思的必然性直接揭示了自身。只要本质是一种自我解读而不再简单看作被理解之物，那么，它也就不再是实在的条件，而将成为实在的意义，并同一于实在。

黑格尔把《逻辑学》的第三部分命名为"主观逻辑"。这一概念占据了本质的位置，因而从更恰当的角度来说，《逻辑学》也成了一种意义逻辑。意义在这一过程中将同一于实在或者存在本身，就是把自身揭示为意义的那种原始存在。《逻辑学》的巅峰，即绝对理念，正是这种作为存在的意义，也是向作为中介实在的直观的复归。直观的逻辑或者说存在，对照于官能认知的描述，乃是有关存在的伟大形而上学。本质逻辑转而成了对官能认知的可理解性思想的补充，即关于本质的形而上学。但是，由于绝对通过概念逻辑把自身揭示为主体，其不仅作为能够解读的存在，还是一种创造了自身的自我解读的存在。因此，概念逻辑便同一于其自我证明出的具体实在，也对照于——自康德以来就试图以意义思维代替本质思维的那些哲学体系。然而，黑格尔却通过中介消解了存在与概念的区分。存在就是概念，概念也是存在，它们之间的无尽转化生成了自我反思。从存在向本质的过渡（也就是向反思的过渡），以及通过反思之反思而从反思向作为意义的直观回归，不禁会令人回想起当代的现象学思潮。

哲学史家或许会在黑格尔主义中区分出两条线索。他会首先指出一条历史哲学路径，其在所谓的人道主义那里达到了顶峰（这是黑格尔主义最常见的结论）；进而又会描绘"绝对知识"的概念，作为对以往哲学的外部反思。绝对知识恰好形成了一种整体全面的内在哲学，其中，除了中介的外在暂时性外，思想能够把一切从时间里抽象出来进而超越历史。有可能在《逻辑学》中把黑格尔的历史哲学（完全是一种人类历史的哲学）与"绝对知识"的概念进行调和吗？或许我们应当接受《精神现象学》的提议，即把历史仅看作绝对知识的铺垫，或者换句话说，看作一种哲学的反身性逻辑。但这将在某种程度上意味着我们所了解的既往历史的终结，或者至少意味着人类历史全新阶段的出现。同时，绝对知识会超越人道主义，因为自我意识只能呈现出存在的历险，并且，绝对知识作为一种关于绝对的哲学，它本身将超越一切历史。意义与存在（或者说上帝之死）间所设定出的同一性，将开启一场新的征程。对此，历史的概念就显得不再那么恰当了。

译后记
法国马克思主义发展和
后现代思想萌芽的理论中介

一、伊波利特——"我们时代的意识"

伊波利特值得作为专题研究对象，不仅因为其在法国学界的学术地位，更主要原因在于，有关战后法国学术思想发展，或者说战后法国马克思主义发展史，通过某一具体人物研究及其与同时代思想家的对比，进而最大程度呈现出这一特定时期的思想图示，在国内国际还鲜有例子。伊波利特之所以有此资格，一方面是其较早与科耶夫一道将黑格尔思想引入法国，从而发挥了原创性、开拓性作用；另一方面则是其思想中所包含的对意义、主体、差异、语言等方面的探讨，已经预设了整个 20 世纪下半叶法国哲学思想各个维度可能产生的萌芽。就像福柯在法兰西学院就职演讲（接替伊波利特传给他的教席）时最后道明："伊波利特详尽展开了自己的问题——带有怪诞欲望逻辑的精神分析学；数学以及话语形式；信息理论及其对生活分析的应用——简言之，所有这些领域都引发了逻辑与存在的问题，并由此形成了反复交织又不断解开的联结。"① 法国《世界报》则直接在伊波利特的讣告中，称赞其为"我们时代的意识"。② 因此，亟待我们完成的不仅是要重新挖掘伊波利特的思想价值，更是要借此呈现出法国战后思想的诸多理论渊源。

众所周知，伊波利特首先将《精神现象学》翻译成法语，但在翻译背后，却也暗藏着伊波利特一段相对曲折的研究经历，而这与其独立的学术思考密不可分。在他凭借数学和哲学方面的出色表现，成功就读巴黎高等师范学院期间，就听过阿兰（Alain，1868—1951，法国哲学家、教育家，原名埃米尔-奥古斯特·沙尔捷，后以阿兰的笔名闻名于世）关于黑格尔的讲座，但直到 1929 年离开巴黎高师，他才真正对黑格尔产生浓厚兴趣，自此开始认真阅读黑格尔。然而，当时几乎没有关于黑格尔著作的法译本，尤其是《精神现象学》。因此，他一边自学德语，一边从头开始阅读研究。20 世纪 30 年代末期，伊波利特在巴黎一所中学教授哲学，其时他小心翼翼地避免参加科耶夫的讲座。用他的话说，是"因为害怕受到影响"。后来在被他称为

---

① Foucault, Michel, "The Discourse on Language", In *The Archeology of Knowledge*, A. M. Sheridan Smith (trans.), New York: Pantheon, 1972, p. 237.

② *Le Monde*, 1968.

"让·瓦尔和科耶夫的文章的双重刺激"下，从 1936 年开始才正式翻译《精神现象学》。伊波利特的遗稿保管人迪娜·德雷福斯夫人（Mme Dina Dreyfus），把这一艰辛历程称作"独自的本笃会式的苦修"。①

伊波利特的直接影响既来自其教师身份，也来自法语版《精神现象学》及其评论性著作《黑格尔〈精神现象学〉的起源和结构》的出版。在当代那些法国知识分子明星中，一些最重要的人物在某种程度上都是他的学生。福柯和德勒兹是在巴黎高师的预科班上，经伊波利特才开始认识和接触黑格尔的，而德里达则在巴黎高师直接师从于他。但长期以来，伊波利特的学术地位却没有得到应有的重视。詹姆斯·马尔登（James Muldoon）将此看作一种"被遗忘的中介"，并借助福柯思想中"被忽略的黑格尔因素"表明："黑格尔对福柯的影响被忽视的主要原因之一，如果不是被遗忘的话，就是因为福柯早期导师之一、伟大的法国黑格尔主义者伊波利特缺乏认可。"② 纵观中外文献，对伊波利特的思想研究，要么是与其他学者的对比，要么是作为思想史的一部分加以介绍，却鲜有专题性的研究解读。在这个意义上，伊波利特的确"缺乏认可"，而笔者翻译的目的，就是希望正视他的"中介"作用。不论在黑格尔与

---

① Jean Hyppolite, *Genesis and Structure of Hegel's Phenomenology of Spirite*, trans. Samuel Cherniak and John Heckman, Evanston: Northwstern University Press, 1974, p. xxvi.

② James Muldoon, Foucault's forgotten Hegelianism, *Parrhesia*, Number 21, 2014, pp. 102 – 112.

马克思思想关系的回溯上，还是法国学术思想的现实转向上，伊波利特都发挥了重要影响，因此更是值得我们研究的对象。正如马尔登进一步指出，"伊波利特从主体的现实经验转向了概念思想的逻辑分析上，强调把人类语言的结构作为黑格尔逻辑学的基础，这对于后结构主义的一代产生了深远影响。反人道主义的批判，试图借助深层次结构体系的分析，进而对现象性主体的现实经验去中心化，而福柯及其同时代人都非常热衷于此"。①

举例来说，当伊波利特讨论黑格尔哲学中的"差异"概念时，就已经含射了 20 世纪 60 年代法国哲学关于这一问题的整个哲学体系。在他看来，差异必须被提升为矛盾，其发生在不确定的诸多差异被视为对立物的过程中。每一事物的差异都在于能发现相对于自身的他者，因而在将不确定的诸多差异对立起来后，每一事物所凸显的意义之所以可能，恰恰在于这样的对立，就像自然正是通过与人文的对立才获得意义那样。所以，每一事物都包含着自身的对立面，也就是一种自我矛盾的存在。但随后法国哲学又倾向于将差异从自我矛盾回溯到不确定的差异当中，德勒兹 1954 年对《逻辑与存在》的评论就是顺着这一反向还原路径进行的，②而德里达则认为要继续将相互的对立看作彼

---

① James Muldoon, Foucault's forgotten Hegelianism, *Parrhesia*, Number 21, 2014, pp. 102 – 112.

② 参见 Jean Hyppolite, *Logic and Existence*, trans. Leonard Lawlor & Amit Sen, Albany: State University of New York Press, 1997, pp. 191 – 195。

此的矛盾。不论怎样，这些理论发展实际都是伊波利特的思想遗产，而他的遗产还在于令法国哲学变得"不那么学究气"。受其影响的哲学家有阿尔都塞、巴迪欧、巴利巴尔等，他们都不喜欢学院哲学围绕概念和哲学史讨论问题的方式，其中最具代表性的就是福柯。伊波利特极为欣赏福柯，称他为"当代哲学的化身"，其早期的考古学方法之所以可能，很大一部分原因，也是参照伊波利特在黑格尔哲学中的语言转向。福柯发现黑格尔之所以吸引人，主要在于伊波利特驳斥了存在主义者和现象学家——关于意识和经验优先的主张（如科耶夫）。伊波利特认为，那些将黑格尔的"自我意识"转化为"人"的说法，"在相当程度上伪造了黑格尔的思想"。① 对福柯来说，黑格尔之所以能思考日常经验背后的深层逻辑，就在于经伊波利特解读后，"生命的悲剧"在逻辑中找到了意义，进而思想的起源形成了一个系统结构，使得本身最终在逻辑中被表达出来。可见，伊波利特的"中介"作用，在这些伟大思想家背后始终蠢蠢欲动，深度的挖掘和剥离工作亟待我们完成。

实际上，伊波利特走向了黑格尔，同时也要求远离黑格尔；他利用了马克思，同时也放走了马克思。伊波利特借助马克思与黑格尔完成的哲学超越，并不在于他由此获得的学术成就。从黑格尔主义角度来说，这一目的早已蕴含在了它的开端中，即反映在了他的学术旨趣当中。正如

① 参见 Jean Hyppolite, *Logic and Existence*, Leonard Lawlor & Amit Sen (trans.), Albany: State University of New York Press, 1997, p. 20。

约翰·赫克曼（John Heckman）指出，对法国人来说，"关于黑格尔的问题绝非历史的或学术上的好奇，而是一种现实问题。无论黑格尔被看作通向马克思主义的直接指引，还是防卫马克思主义的最后屏障，重要的都不是黑格尔本人，而是对他的理论进行怎样的应用"。① 在福柯看来，这一切的背后，都要感谢伊波利特帮助他们逃离黑格尔而发挥的积极作用：

> 然而，我尤其感激的始终是伊波利特。我知道，在许多人看来，他的著作还是与黑格尔紧密相关的，但不论借助逻辑学还是认识论，不论通过马克思还是尼采，我们的时代都在试图逃离黑格尔：我早期关于话语的理论，也可以说是完全背离黑格尔的。
>
> 但要真正摆脱黑格尔，就必须准确认识到我们脱离他而必须付出的代价。假定我们意识到黑格尔在一定程度上或者不知不觉中接近着我们；那么它就呈现出一种知识，并且这知识使我们既可以去反对黑格尔，也可以去思考仍然是黑格尔主义的东西。我们必须确定在何种程度上，反对黑格尔主义可能就是他针对我们的诡计之一。最终，他恰恰一动不动站在那里等候着我们。

---

① Jean Hyppolite, *Genesis and Structure of Hegel's Phenomenology of Spirite*, Samuel Cherniak and John Heckman (trans.), Evanston: Northwestern University Press, 1974, p. XV.

如此的话，那么我们都要感激伊波利特，因为正是他孜孜不倦为我们并且带领我们探索出一条道路。在这条路上，我们可以摆脱黑格尔并与之保持距离；同样在这条道路上，我们发现自己只能以一种另类的视角重新面向他，进而最终再一次背弃他。[①]

二、对苦恼意识的传承和对人道主义的警惕

法国右翼黑格尔主义者，起初都将黑格尔理解为关于绝对的、神秘的以及宗教的哲学家，让·瓦尔的《黑格尔哲学中的苦恼意识》，就通过青年黑格尔文本表现了这一观点。虽然瓦尔在法国复兴黑格尔的过程中发挥了举足轻重的作用，却依存于那种宗教背景。这种存在主义的解读，从黑格尔通向了克尔凯郭尔，正像他在研究完成苦恼意识之后，便开始走向克尔凯郭尔研究那样。但瓦尔顺着黑格尔的思路，对苦恼意识进行了一种相对普遍化的解读，也就是把无限的上帝与有限的自我对立起来，将其阐释为某种自我内部的斗争。进而，苦恼意识成了一切形式的与自身对立的经验，成了辩证运动的原力。"分裂、罪恶和折磨这些主题……将一点一点地被转化为和解和

---

① Foucault, Michel, "The Discourse on Language", In *The Archeology of Knowledge*, A. M. Sheridan Smith (trans.), New York: Pantheon, 1972, p. 235.

幸福"。① 因此，如果黑格尔超越了传统基督教，那么就走向了一种新的关于人的宗教。在这种宗教中，基督教式的救赎和解，将与古希腊式的美好愿景结合。瓦尔以一种有效中和了苦恼意识和"巨大的否定力量"方式来呈现它们："所以在他（黑格尔）身上看似否定的东西实际上是绝对肯定的……不仅灵魂所承受的痛苦确证了精神，不仅通过对神圣幻影的信仰获得肯定……不仅苦恼意识在快乐的意识那里能找到一席之地……我们甚至还可以说，苦恼意识恰恰就是快乐意识的阴面。"② 在直观的或者自在状态下，偶然意识被迫卷入存在的曲折之中而无法挣脱出来，但苦恼意识却发现了这种矛盾，并将自己视为分裂的自为意识。"有时，它超越了生命的偶然性，达到了真实和不变的自我确定性；而在另一些时候，它将自己降维到确定的存在，并将自己视为一种受困于'此在'中的意识。善变且无本质的，'指的正是自我的矛盾意识'。"③

伊波利特在一定程度上承接了瓦尔对苦恼意识的理解。在他看来，"黑格尔的早期作品全部指向了《精神现象学》中的'苦恼意识'一章。和解与综合在《哲学全书》那里达到了巅峰，但早在发现这些之前，黑格尔就已经意识到

---

① Jean Wahl, *Le Malheur de la conscience dans la philosophie de Hegel*, Paris: Rieder, 1929, p. 29.

② Ibid, pp. 147 – 148.

③ Jean Hyppolite, *Genesis and Structure of Hegel's Phenomenology of Spirite*, Samuel Cherniak and John Heckman (trans.), Evanston: Northwstern University Press, 1974, p. 194.

无限与有限，以及人与绝对的悲剧性对立，而在犹太教与浪漫主义的研究中，他又仔细考察了这种冲突的存在形式"。① 黑格尔在《精神现象学》分析自我意识的最后部分表明，"于是这里就出现一场对敌的斗争，在这场斗争里，对敌的胜利毋宁是一种失败，获得一个东西毋宁意味着与它的对方失掉了同一的东西。对于它的生命、它的存在和活动的意识，只是对于这种存在和活动感到痛苦，因为在这里，它只意识到它的反面才是它的本质，并且意识到它自己的虚妄不实"。② 因此，一个人所感知到的关于他自己的意识，最终引发了苦恼意识的生成，从而将自身置于其对立面，同时又在其中重新发现自身。它暗含着与天真幼稚且简单直接的生命决裂，同时表现为处于存在的静态规定性之上的高瞻远瞩。这样的存在，作为对每一种特定存在形态的不断否定，本就源于世界内部。伊波利特将此应用到了马克思主义方法论中。在他看来，对象化是人在本质上通过劳动或者工作，使自己成为一个对象并且表征或外化出自己的过程；而异化则是人一旦外化出他自己，就会发现自己与自己相异，也将在其劳动中察觉到自己"并非自己"，或者说，根本不能发现和认识自己的过程。但黑格尔却恰好将以上两者混淆了。这种迷失的认知或者自我

---

① Jean Hyppolite, *Studies on Marx and Hegel*, J. O'Neil (trans.), New York: New York Press, 1969, p. 23.

② [德] 黑格尔. 精神现象学（上卷）[M]. 贺麟，王玖兴，译. 上海：上海人民出版社，2013：200.

同一的缺失，在人的自我外化中成了最大不幸，不论在客体层面还是社会以及主体间性层面均如此。个体既不能在他的劳动中，也不能通过他人认识自己。人完全被他的产品击垮了。因此，他不能在其他人的灵魂那里看到自己的映像，也不能在集体的建构中，把自己看作一个种属性的要素，而只能看到——被他自己亲手造就出来的东西所碾压的迷失性自我。这就是苦恼意识的经历，黑格尔对此仅从哲学角度开出了药方；但在马克思看来，那不过是一种可怜的补救。

　　如果瓦尔以苦恼意识解读黑格尔，那么科耶夫就以主奴辩证法为核心开启了人道主义建构方式。他试图剥离黑格尔那里的"绝对"，或者将"绝对"等同于人类精神，进而完成了一种无神论的、人类学的解读。但科耶夫的问题在于——直接把自我意识等同于人本身，进而把黑格尔的逻辑学简化为现象学背景下的人类学。伊波利特对此则保持了警惕：一方面，在其关于黑格尔的全面解读性著作《黑格尔〈精神现象学〉的起源和结构》中，关于主奴辩证法的章节都没有超过三页；另一方面，伊波利特表明，黑格尔的思想已经超越了人类，而表达的是一种精神现象本身的发展逻辑。他反对科耶夫那种普遍的人道主义解读，而更接近于海德格尔的《关于人道主义的书信》观点。"每一种人道主义或者建基于一种形而上学中，或者它本身就成了这样一种形而上学的根据。对人之本质的任何一种规定，都已经以那种对存在之真理不加追问的存在者解释为前提；

任何这种规定，无论对此情形有知还是无知，都是形而上
学的"。① 人道主义在本质上仍是形而上学的，而且阻塞了
存在本身的问题，而这也正是伊波利特在《逻辑与存在》
中指出的——现象学与逻辑学之间关系的问题。在他看来，
从现象学如何通向绝对知识，这是最具黑格尔性质的一个
发问。黑格尔从相关性的角度对这两方面进行了链接，伊波
利特认为，正是这种相关性，对现象学和逻辑学进行了彼
此预设。"一方面，精神现象学是关于经验的理论，呈现着
经验的内容。它的根源似乎是与知识相异的，但同时表明
了这种经验乃是绝对知识的前提。现象学提供了绝对知识
的土壤，即建立在人类经验和这种经验表现出的有限性的
双重基础上的关于存在的普遍知识。另一方面则以普遍的
自我意识为开端，它同时代表着思考本身，其语言成了存
在与这一反思的同一……经验与逻各斯并不是相互对立的，
经验的话语和存在的话语，即后验与先验，是相互关联且
彼此需要的。如果没有绝对知识作为前提就不可能形成经
验，但是经验的路径却直指绝对知识。"② 逻辑学预设着现
象学，在于其只有通过人类历史才能使逻辑显现；而现象
学预设着逻辑学，在于正是概念解释着或者支撑着经验。
因此，在伊波利特看来，这种相互之间的关联表明，人正

---

① ［德］海德格尔. 海德格尔文集·路标 ［M］. 孙周兴，译. 北京：
商务印书馆，2014：379 - 380.

② Jean Hyppolite, *Logic and Existence*, Leonard Lawlor & Amit Sen
(trans.), Albany: State University of New York Press, 1997, pp. 35 - 36.

是"普遍或者存在的逻各斯之家"。① 但这种相互关联并不意味着黑格尔把人等同于普遍自我意识。经验不能被还原为概念，概念也不能被还原为经验。

伊波利特这种对现象学和逻辑学的非还原性解读，有效终结了当时比较流行的科耶夫对黑格尔的人类学建构。"正是由于伊波利特，任何对黑格尔的阅读都不再能把人推展到一种成为绝对、成为历史的目的，或者成为虚无的根源的自大位置上……因而，伊波利特对这种关系的解读，无疑点燃了法国反人道主义的火焰，就像海德格尔在《关于人道主义的书信》中已经燃起的那样。简言之，在萨特的《存在与虚无》之后，《逻辑与存在》足以开启一个统领法国思想的主题。如果没有《逻辑与存在》，那么德勒兹、德里达以及福柯哲学中的差异概念就不会存在。"② 同样，阿尔都塞发现，伊波利特对黑格尔进行了一种克制的、与科耶夫相对立的非人类学解读。阿尔都塞引用《逻辑与存在》的最后一章，强调青年马克思在把费尔巴哈的人类学投射到《精神现象学》时，就已经摧毁了黑格尔的激进主义，即摧毁了把每一种对象化变成异化、把每一种异化变成人的异化、把整个精神的异化史变成人的主体异化史的激进主义。"现在，正如伊波利特先生非常清楚指出的那样，对于黑格尔的思想来说，没有什么比这种人类学的历史观更

① Jean Hyppolite, *Logic and Existence*, Leonard Lawlor & Amit Sen (trans.), Albany: State University of New York Press, 1997, p. 187.

② Ibid, pp. viii – ix.

陌生的了。在黑格尔那里，历史是个异化的过程，但这一过程却并非以人作为主体而展开的。"① 伊波利特对黑格尔主体概念的解读，强调了人类存在的悲剧成分。虽然与科耶夫一样关注主体的历史维度，即主体的暂时性，但这种关于历史的哲学话语并不包含人道主义成分，也没有对主体作为历史行动者的阐释。卡罗琳·威廉姆斯（Caroline Williams）指出，"伊波利特确实把人类经验的条件解读为争取承认的斗争，并把这种斗争看作固定在欲望上的：对他者的渴望和获得他者的认可。然而，主体不可能辩证地认识这些经验。正如伊波利特认为无限的实现'将永远处在被推迟的状态'"。② 这在本质上表现为对人道主义的扬弃，因为绝对精神包含了人，但人却并非绝对精神的唯一代表，它们也在相当程度上反映了现象学与逻辑学的对照关系。

三、一种普遍意义的认识论断裂：马克思主义与科学

伊波利特认为，马克思著作的本质，在于为历史进程提供了新的解释路径，而这种努力既凝结成了思想，也是旨在改造人类及其社会的行动。这要从马克思主义方法论或者对科学的认识论上加以考察。伊波利特从巴什拉的

---

① Louis Althusser, "Marx's Relation to Hegel", in *Politics and History*: *Montesquieu*, *Rousseau*, *Hegel*, *and Marx*, Ben Brewster（trans.）, NLB, London, 1972, p. 182.

② Caroline Williams, *Philosophy and Psychoanalysis*: *Lacan*, *Kojève and Hyppolite on the concept of the subject*, Parallax, 3: 1, pp. 41–53.

"认识论断裂"视角指出，借助于科学史，即一种反复考量、周而复始的历史，巴什拉揭示了诸多概念与科学理论的建构过程。在《马克思主义视域下的"科学"与"意识形态"》一文中，伊波利特承认了那种"理论实践"。不仅阿尔都塞将其应用到马克思科学理论中，这种新的科学精神在一般意义上，更与经验论和实证论有明显区别。"对于科学概念，甚至某一物理学领域的精准阐释，与对现实经验的解读或者直接理解，即我们日常所称的'实在'，其实是存在着反题的。巴什拉把他的全部精力都放在了科学与经验论的区分上。然而，最终的结果并没有导致一种唯心主义，而是一种关系性的唯物主义。科学概念可以单独界定理性，巴什拉通过这种研究巧妙地描绘出了理论实践——没有借助于那些完全符合他目的的术语——它意识到，'科学'在被视为直接经验的过程中，总会不断遭遇诸多障碍。结果，在对科学史的反复考察中，就会出现诸多中断和断裂。"① 在科学概念对理性的界定中，或者"'科学'在被视为直接经验的过程中，总会不断遭遇诸多障碍"的过程，会直接令人联想到卢卡奇在《历史与阶级意识》中提出的"直观性"，即资产阶级经济学家对现实以"拿来主义"不假思索的直观，作为出发点的假象前提。但在马克思那里，科学并不是以具体事物为出发点的经验解读，而是借助于抽象和概念——认识的对象——的重新建构。

---

① Jean Hyppolite, The "Scientific" and The "Ideological" in A Marxist Perspective, Simon Pleasance (trans.), in Diogenes, vol. 16, 1968, pp. 27 - 36.

这在《政治经济学批判导言》中已经获得了清晰的表述：

> 从实在和具体开始，从现实的前提开始，因而，例如在经济学上从作为全部社会生产行为的基础和主体的人口开始，似乎是正确的。但是，更仔细地考察起来，这是错误的。如果我抛开构成人口的阶级，人口就是一个抽象。如果我不知道这些阶级所依据的因素，如雇佣劳动、资本等，阶级又是一句空话。而这些因素是以交换、分工、价格等为前提的，比如资本，如果没有雇佣劳动、价值、货币、价格等，它就什么也不是。因此，如果我从人口着手，那么，这就是一个混沌的关于整体的表象，经过更确切的规定之后，我就会在分析中形成越来越简单的概念；从表象中的具体达到越来越稀薄的抽象，直到我达到一些最简单规定。于是行程又得从那里回过头来，直到我最后又回到人口，但是这回人口已不是一个混沌的关于整体的表象，而是一个具有许多规定和关系的丰富的总体了。

> 第一条道路是经济学在它产生时期在历史上走过的道路。例如，十七世纪的经济学家总是从生动的整体，从人口、民族、国家、若干国家等开始；但是他们最后总是从分析中找出一些有决定意义的抽象的一般关系，如分工、货币、价值等。这些个别要素一旦多少确定下来和抽象出来，从劳动、分工、需要、交

换价值等这些简单的东西，上升到国家、国际交换和世界市场的各种经济学体系就开始出现了。

后一种方法显然是科学上正确的方法。具体之所以具体，因为它是许多规定的综合，因而是多样性的统一。因此它在思维中表现为综合的过程，表现为结果，而不是表现为起点，虽然它是实际的起点，但也是直观和表象的起点。在第一条道路上，完整的表象蒸发为抽象的规定；在第二条道路上，抽象的规定在思维行程中导致具体的再现。①

伊波利特认为，这种概念的生产使现实对象得以保持完满，它并没有像黑格尔那样与事物的起源混淆不清。现实的起源与科学的建立往往是分离的，这并不是一种经验论，亦非黑格尔的辩证法。在黑格尔那里，自身总是显现在本质之中。马克思已经指出，实在在黑格尔看来乃是思想的结果——"把实在理解为自我综合、自我深化和自我运动的思维的结果，其实，从抽象上升到具体方法，只是思维用来掌握具体并把它当作一个精神上的具体再现出来的方式，但绝不是具体本身的产生过程"。② 而马克思关于具体本身的生产，无疑是把黑格尔倒置过来的又一次实践历程。伊波利特不仅肯定了这一方法，并由此从逻辑与存

① 马克思，恩格斯. 马克思恩格斯全集（第46卷上）[M]. 北京：人民出版社，1979：37－38.

② 同上，第38页。

在的角度，肯定了结构主义的马克思主义发展向度，甚至表明"这一理性领域，可以媲美弗洛伊德对无意识的发现"。尽管自马克思以来的许多历史学者受其启发，而且列宁对俄国历史现状的分析深化了这一理念，但它却并未被意识到，甚至有时候是被无视的。这种科学从生产与生产方式的关系出发，进而规定了历史领域。在《1857—1858年经济学手稿》中，马克思阐明了社会分配（收入、利润等）如何密切关联于这些生产方式。对历史有深远决定意义的并不是某些特定历史事件，具有决定性的因果关系亦不会清晰浮于历史表面；其既非机械的因果论，也不是易于表达的主题。受不同需要支配的历史领域，即诸多内在关联的实践，必须借助一种隐藏在结果中的结构性因果关系重新审视。伊波利特指出，马克思仅通过一种图像的形式，尝试着对这种因果关系进行了说明。"在一切社会形式中都有一种一定的生产，决定其他一切生产的地位和影响，因而它的关系也决定其他一切关系的地位和影响。这是一种普照的光，它掩盖了一切其他色彩，改变着它们的特点。这是一种特殊的以太，它决定着它里面显露出来的一切存在的比重。"① 社会显现出的各种各样需要，并不像黑格尔表述的那样，是一种从属于整体性的直接表现。这种缝合点主要受那些需要中的一个所支配，其既可能是政治的，也可能是意识形态的（就像十八世纪的反宗教斗争或者列

① 马克思，恩格斯. 马克思恩格斯全集（第46卷上）[M]. 北京：人民出版社，1979：44.

宁对俄国最薄弱环节的分析）；甚至可能发生这样的情况，即代表决定性因果关系的经济需要被彻底消除掉了。"这些需要中的每一个都构成了多元决定的根基。替代与汇聚现象的产生关系到历史领域。因此，这一领域的科学知识推断出对思想的细致解读，其与黑格尔主义大相径庭；并没有关于历史的史诗，唯有科学知识使政治实践的战术和策略成为可能。为了避免误解，必须对这种科学，即这种理论实践的本质加以评述，其绝不能与人类社会发明的现代技术相混淆。在我们当前以技术专家主导的世界中，承认这种科学的科学性可以排除诸多困难，在精神分析领域同样如此。如今，在编纂科学史的时候，如果能比较容易地发现所有物理学或数学的认识论断裂，即源于经验想象且与有效的科学概念相符合的断裂，那么，人类科学就不是这样了。马克思在历史唯物主义视域下开辟的理性领域，既不是政治经济学，也不是历史学，它在概念上重新统一了两者。"①

如果历史唯物主义与其他科学一样，是一种关于人类历史的科学，那么它在理论实践面前，只有通过诸如政治的、经济的以及意识形态的实践，才得以可能。任何在表意上隶属非科学的东西就都是意识形态，就像马克思在《德意志意识形态》中界定的那样。因此，历史唯物主义与它的哲学的区别，即与辩证唯物主义的区别，总是很模糊

---

① Jean Hyppolite, *The "Scientific" and The "Ideological" in A Marxist Perspective*, Simon Pleasance (trans.), in Diogenes, vol. 16, 1968, pp. 27 – 36.

的。从意识形态角度出发，伊波利特认为，主宰整个西方哲学史的不是"知识问题"，而是意识形态的解决方式。也就是说，这种解决方式首先是由实际利益——与知识相异的宗教利益、道德利益和政治利益——所主导的。它不是一种知识，而是一种"再知识"（re-knowledge）。这里的意识形态实践与理论实践有很大差别。但关于这种差别的知识则源于辩证唯物主义，它本身必须是非意识形态的。然而，正是这一点才形成了一切关于理论实践的理论，从而也形成了关于其自身实践的理论。当一门科学已完全作为关于这种差异的发展运动时，它就必须处于一种相信那种断裂、反思其自身差异的状态。正如阿尔都塞在《保卫马克思》里指出："马克思主义应该成为，而且也能够成为认识论问题的对象，而这个认识论问题能否被提出，又完全以马克思主义的理论总问题为转移。对于一种既作为历史科学（历史唯物主义），同时又作为哲学（它能够认识各种理论形态的本质和历史，因而在把自己当作对象的情况下，也能够认识自己）的辩证理论，这是必然的事情。马克思主义是在理论上敢于迎接这个考验的唯一哲学。"① 在某种程度上，正是这种辩证唯物主义自我发展、自我否定和自我扬弃的自为路径，使伊波利特将其近乎看作一种绝对知识。

---

① ［法］路易·阿尔都塞. 保卫马克思［M］. 顾良，译，杜章智，校. 北京：商务印书馆，1984：19–20.

四、意义的逻辑——与梅洛-庞蒂之争

伊波利特意识到尼采思想与黑格尔具有高度相似性。所谓"上帝死了"，在黑格尔那里即意味着——在现象世界背后并没有理念世界，也就是没有先验的"超越"。"黑格尔的逻辑学既不承认自在，也不承认理念世界。绝对只能在现象世界予以思考。绝对的思想在我们的思想中思考自身。在我们的思想内部，存在把自身呈现为思想或者意义的情况，而黑格尔的辩证逻辑就像哲学逻辑一样，是对彻底的内在领域的表达。"① 伊波利特十分注重对意义的解读，不断在意义当中发掘一种"模糊性"。虽然他强调与梅洛-庞蒂很接近，都坚持对黑格尔的"反人道主义"解读，而他们的思想特征却存在很大距离。梅洛-庞蒂和伊波利特都致力于形成一种哲学表达模式，这种模式可以避免纯粹形式的或者纯粹感性的表达陷阱。梅洛-庞蒂尝试着引导出这种二分法，其与伊波利特对黑格尔"思辨的"表达模式解读非常相似。特别是他强调哲学语言的"中介"特征，即在描述性和创造性表达之间运动的特征，表明正是从伊波利特那里接续过来的。但不同之处在于，在伊波利特看来，我们不可能从一种知觉直接走向表达，也就是从一种非表现物走向表现物，从无意义走向意义。思想的过程或者思

---

① Jean Hyppolite, *Logic and Existence*, Leonard Lawlor & Amit Sen (trans.), Albany: State University of New York Press, 1997, pp. 58 – 59.

想的发展，就是表达的过程。简言之，思想是从意义到意义、从表达到表达、从确定性到确定性的过程。"我们在这里或许接触到了黑格尔主义的根本要点。借助于这一思想拐点，我们能从概念角度思考不可思之物，从而通达使黑格尔同时成为最伟大的非理性主义者和最伟大的理性主义者的境界。我们并不源于逻各斯，而是逻各斯通过保有自身的方式呈现自身；由于它是个体性的自我，是绝对，所以它也在思考着不可思之物。它在与无意义的对比中、在与自然混沌存在的对比中思考着意义，并将这种混沌反映在它的矛盾当中。逻各斯将仅作为思想的思想提升到自身之上，因为它使思想与自身发生了矛盾；逻各斯进而把这种矛盾转变为思辨方式，由此反思绝对本身"。①

　　这种逻各斯的自我呈现非常重要，因为伊波利特向我们表明，在黑格尔那里，正是逻各斯通过持续的自我矛盾而呈现了自身。他者总表现为逻各斯式的他者，最终遗留下来的只有意义。他把黑格尔的逻辑学称为"意义的逻辑"。正如德勒兹在对伊波利特的评论中指出，"哲学必须是存在学而不能是别的什么东西；但只存在意义的存在学而不存在本质的存在学。"② 德勒兹正是受伊波利特启发，才最终成就了《意义的逻辑》一书。关于书中对伊波利特的回应，德勒兹表明："意义的逻辑必然要在意义和无意义

---

① Jean Hyppolite, *Logic and Existence*, Leonard Lawlor & Amit Sen (trans.), Albany: State University of New York Press, 1997, p. 102.

② Ibid, p. 191.

之间确立起一种原始的内在关系类型，即一种'共现的模式'（mode of co-presence）"，①但是德勒兹建构出的这种"内在关系"并不是基于矛盾，而是见诸无意义的对比之中。这种对比的另一种视角则体现在梅洛-庞蒂那里。在《知觉现象学》中，梅洛-庞蒂表明现象学的目的在于——我们和我们所处的世界中，理解意义与无意义之间的关系究竟是什么。实际上，知觉现象学表明，对意义的追溯要回到逐步呈现的经验分析当中，现象学反思的任务就是要明确主体的首要经验。换句话说，现象学就是要尝试理解和描述日常经验的意义。"在'sens'（意义，方向）一词的全部含义中，我们重新发现了一个朝着或指向非他之所是的同一种基本概念，我们始终以这种方式到达一种作为绽出的主体概念，到达在主体和世界之间主动的超验性关系。世界与主体、与只不过是世界计划的主体是不可分离的，主体与世界、与主体投射的世界是不可分离的。主体是在世界上的存在，世界是'主观的'，因为世界的结构及其连接是通过主体的超验性运动显现出来的。"②因此，"在某种意义上，任何意识都是知觉的意识"。③伊波利特从语言角度表明"语言之前无意义"，就是与梅洛-庞蒂相对立的。从伊波利特角度来说，梅洛-庞蒂恐怕很难将非语言或前语

---

① Deleuze, *The Logic of Sense*, Mark Lester (trans.), Constantin V. Boundas (ed.), New York: Columbia University Press, 1990, p. 68.

② ［法］梅洛-庞蒂. 知觉现象学［M］. 姜志辉，译. 北京：商务印书馆，2001：538.

③ 同上，第495页。

言（或者说无意义的）的领域与语言领域合并，因为语言才是能真正表明意义的场所，类似海德格尔"语言是存在之家"那样。伊波利特认为，在艺术中，诗歌是"至高无上的"。与其他艺术形式不同，诗歌可以用语言表达自己的意义。并且，诗歌是"怀旧的，一种直接的语言，它唤起了一种原始但却丢失了的存在语言"。① 诗意的语言仅次于正当的哲学话语，或者是一种中介性的存在语言。正如迪米特里斯·阿波斯托洛普洛斯（Dimitris Apostolopoulos）指出："虽然伊波利特声称黑格尔主义的'根本要点'是'思考意义与无意义关系'的逻各斯，但他对意义、无意义和表达之间关系的解释却与梅洛-庞蒂背道而驰。即使梅洛-庞蒂后期著作不再提出知觉和语言之间的根本关系，也很少将知觉定义为主要研究文本，但知觉意义仍持续激发着使用语言的主体反应。此外，感性经验仍然被定义为一层由语言意义补充的'无声的'意义。尽管知觉意义和语言意义相互交织，但它们并不相同。对梅洛-庞蒂来说，重要的是它们仍存在着本体论上的差异，即使做出了一些改进，梅洛-庞蒂坚守的原则仍然可能是伊波利特会完全反对的。"② 简言之，伊波利特与梅洛-庞蒂的核心差别在于——意义是从无到有的过程还是从有到有的转变。实际上，这

---

① Jean Hyppolite, *Logic and Existence*, Leonard Lawlor & Amit Sen (trans.), Albany：State University of New York Press, 1997, p. 44.

② Dimitris Apostolopoulos, *Sense, Language, and Ontology in Merleau-Ponty and Hyppolite*, in Research in Phenomenology, Vol. 48, 2018, pp. 92 –118.

是一个需要划分视角加以看待的问题。从知觉现象学来说，主观性必然发挥着决定性作用，表现为一种从无到有的意义创造过程；而从语言学角度来说，由于语言的出现本身必然带有能指作用，所以，其在所指下的不断滑动必然带来意义的转向。两者在根本上都是在描绘意义的变动，是逻各斯的一体两面。

五、差异、矛盾和否定性

黑格尔在关于多样性的辩证中发现了否定作用，也就是说，事物既是其所是，也是其所不是。在伊波利特看来："黑格尔的辩证法把这种他异性上升为矛盾。否定归属于事物和不同的确定性之中，因为这些确定性是存在区别的。但却意味着它们显而易见的肯定性将证明是一种实实在在的否定性。这种否定性将对立凝结在否定之中；否定将成为实在辩证法与逻辑辩证法的巨大推动力。"① 这是一种大全内部的关系性存在，事物是其所是不在于其自身的肯定性，而在于与他者对比中的否定性；对立之所以成为必然，不在于存在各类事物、各种模式、诸多单子的多样性，而在于每一个都与其他对象，甚至全部对象处于关系之中，所以，它的区别就体现在与其他所有对象的区别当中。"一个事物所体现的彻底区别将其与大全重新连接，从而将差

---

① Jean Hyppolite, *Logic and Existence*, Leonard Lawlor & Amit Sen (trans.), Albany: State University of New York Press, 1997, p. 113.

异还原为本质且内在的差异，即还原为事物或确定性与他者对比出的差异。"① 以这种方式确立的差异性，意味着事物最根本的"质"被发掘出来，即对立之所以不可避免，是因为量性的差异被转化成了质性的差异。在黑格尔看来，质的优先性在于其不能在脱离他者的情况下被定义，每一种质都与其对立面有内在的关联。这种内在的关联，或者说矛盾，使得黑格尔推导出整体性的存在。

早在 1802 年，耶拿时期的黑格尔在对"量"的范畴研究中，就批判谢林无法区分存在的质性特征。② 谢林把一切有限的实在，仅看作源于绝对的不同程度的偏离，是围绕在"同一性"附近的震动。这种思维模式能巧妙契合于自然直观，但在构思精神生命时却显出不足，因为精神中存在的乃是诸多根本的且质性的对立。"对立是质性的，同时，既然绝对之外没有任何存在，那么对立本身就是绝对的，并且正是由于它是绝对的，它才能扬弃自身"。③ 关于"对立本身就是绝对的"，意味着对立（Gegensatz）成了矛盾（Widerspruch），并且对立已经内在于绝对当中。换句话说，绝对乃是主体或者自我的现实化。值得注意的是，黑格尔对多样性、对立以及矛盾进行了区分。他认为，多样性可以通过外在于事物的反思活动进行把握；对立乃是通

---

① Jean Hyppolite, *Logic and Existence*, Leonard Lawlor & Amit Sen (trans.), Albany: State University of New York Press, 1997, p. 115.

② G. W. F. Hegel, *Jenenser Logik, Metaphysik und Naturphilosophie*, G. Lasson (ed.), Leipzig, 1923, pp. xiii – xxiv.

③ Ibid, p. 13.

过相互对照，进而彼此具有了相互关联的两种事物间的关系；而矛盾则显示为对立在其中已经是每一事物的内在属性了，即每一事物在自身中都包含着它的对立面。矛盾因此成了主体内部的矛盾，这也是主体获得发展的原因所在。因此，关系就不再是两种预先存在且独立的事项之间的对比结果。黑格尔以下三方面主题从而变得一致了——绝对即主体，对立即绝对，实在即发展。这有助于我们理解黑格尔为何坚持使用主体概念，因为主体先于它的判断存在，而正是生命判断创造了主体。从这个角度来说，被归置于远离了其自身发展的那种绝对——什么都不是，不过是一种空洞直观。

反思与对立都不能被置于绝对之外，而恰恰应当处于绝对的核心处。与费希特不同，黑格尔并没有把无限设想为对知识的超越，他也不认为应将对立的世界还原为简单偏离，即像谢林那样把差异仅变成外在的表现。黑格尔的观点在于，量上的差异显示的正是具体事物的本质。被确证为"生产力"的无限，使得一切具体的对立空洞化，而只提供了一条消除所有差异的深渊。如果关乎发展的直观仍然只是纯粹的直观，并不能感知到其一切现实性上的障碍物，以及某种内在的东西，那么它就不是"精神从未停止进行否定"的直观。正如伊波利特在黑格尔耶拿文本研究中指出："如果绝对真的是生产性的，那么，它就一定会被认作一种否定的力量，一种内在的活动性，它会把分裂与对立置于自身当中，以此来否定自己。我们在这里看到了一种关于绝对的神秘图景，它为了成为绝对，而把自身分裂、撕碎为断片。但在黑格尔那里，这个神秘概念却通过辩证哲学得到了改造，而这样的哲学，则是通过把智识的推力融入存在当中，以此种韧性来获得印证。黑格尔的创造力并不表现在那个神秘图景中，而是致力于对其进行概念转化。驱使人们阅读《耶拿逻辑》的奥妙，就表现在神秘直观与思想体系的互动关系中，因为它抓住了各类逻辑关系的鲜活实在。"① 黑格尔掌握了思想的运动，其致力于对不同事物以及相关事物间的差异进行无尽联合。在这一过程中，抽象化或者说否定性力量成为了一种本质元素。所以，相对于就彼此相关的事物进行区分，联合就必须是一种抽象，反之亦然。

这种推导出整体大全的方式，即把差异提升为矛盾方式，是德里达和德勒兹坚决反对的。虽然他们都认识到黑格尔将差异转化为本质差异的重要性，甚至说，如果没有伊波利特在《逻辑与存在》中对本质差异的分析，德里达甚至不会提出"延异"的概念，但在德里达和德勒兹那里，要想建构一种根本的差异概念，矛盾就必须退回到一种多样性或者他异性之中。德里达指出，"我尝试着将延异……与黑格尔的差异相区分。黑格尔在《逻辑学》中将差异看作矛盾，仅是为了将其溶解于、内化为以及提升到一种本体的神学，或目的论综合的自我呈现

---

① Jean Hyppolite, *Studies on Marx and Hegel*, J. O'Neil (trans.), New York: New York Press, 1969, p. 7.

当中。"① 而在德勒兹看来，差异哲学在于构建一种内在的而非概念性的差异。但正是在类的概念中所呈现出的与同一性的关系，差异才会走向对立，才会被推广为矛盾。因此，伊波利特强调黑格尔趋向矛盾的做法，最终恰好证明了—— 一种对黑格尔人道主义的解读方式。"我们的主张在于，差异本身不仅不是'既成的'矛盾，并且其不能被还原为或者回溯为矛盾，因为后者不比差异更深刻，而是更不深刻"。② 德勒兹在对《逻辑与存在》的最后的部分同样指出："意义的存在学是整体思想在其作为形式之诸环节的种种规定中认识自身。在经验与绝对之中的是相同存在与相同思想；但思想与存在间的外在的、经验的差异，已然让步于与存在同一的差异，让步于思考自身的存在的内在差异了。因此，绝对知识实际上将自身与经验知识区分开来，但它只是通过将无差异本质的知识一并否定掉来达到的。"③ 从德勒兹的解读中不难看出，解构主义似乎已经发展为一种势不可挡的趋势，而伊波利特在此过程中无疑充当了被解构的对象。

在开启了法国哲学的黑格尔转向后，伊波利特进一步要做的就是借助马克思完成自己对逻辑与存在的现实说明。

---

① Jacques Derrida, *Positions*, Alan Bass（trans.），Chicago and London：Chicago University Press, 1981, pp. 10 – 11.

② Gilles Deleuze, *Difference and Repetition*, Paul Patton（trans.），New York：Columbia University Press, 1994, p. 51.

③ Jean Hyppolite, *Logic and Existence*, Leonard Lawlor & Amit Sen（trans.），Albany：State University of New York Press, 1997, p. 194.